JN304009

正義の研究 5

合意形成論

藤川吉美著

成文堂

はしがき

　本書は，私がボストン在留中（Harvard 哲学科客員研究員・instractor，1972～74，81～82）ロールズ哲学（正義論・法哲学・政治哲学・社会哲学）に魅せられ，爾後，続けてきた一連の正義の研究をまとめた最終巻『正義の研究5：合意形成論』である。

　無我夢中の人生だったが，すでに36年が経過した。驚きを覚える。当時はハーバードにクワイン，ロールズ，パットナムなど，また MIT にチョムスキーなど，さらに，ボストン大にコーエンなど著名な哲学者が大勢いて科学哲学の最後の華をアメリカに咲かせていた時期だったが，当時，ロールズは流行に頓着せず，功利主義の克服と新しい公正としての正義概念の完成に向け，地道に我が道を歩んでいた。

　問題は，彼の方法論であったが，彼は伝統的「社会契約論」からヒントを得て独自の契約論的方法を樹立し，原初状態における思考実験によって「公正としての正義」という新しい正義概念を発見した。私は彼の難渋な方法論に悩まされ，より単純な方法論がないものかと模索したが，遂に辿り着いたのが『一般抽象化理論』（大竹出版1988）の「具体的な偶然的諸要因の体系的捨象による抽象的諸法則の探求」の方法論であった。この視点からすれば，彼の契約論的方法も，具体的な諸事象から抽象的法則へ至る一種の抽象化方法であり，しかも，よりシンプルな方法である。

　ニュートンは，リンゴの落ちる光景を見て「万有引力の法則」のヒントを得たとされるが，そのヒントとは自然科学者たちが無意識に用いている抽象化の方法である。こうした方法論によって，契約論的な方法論はより明快に理解され，事後の研究を加速してくれた。プラトンのアカデメイアもアリストテレスのリュケイオンもそうであったとされるが，師澤田充茂先生は「論理を知らぬ者，哲学をやるべからず」とよく学生に語っていた。科学哲学でもそうだが，とくに社会科学の分野，とりわけ，政策問題や正義問題に論点を移すと，論理が事象の裏を照らすランプとなる。

　表面の事象に心を奪われないで，その奥に潜む物事を深く知るには，確か

に論理の光が必要である。社会科学はややもすると利害のからむ現実の風景に心を惑わされがちであり，裏に隠れた原因や理由には関心が及ばない。治療が必要でも，対症療法しか念頭に浮かばない。今日，顕著になってきた社会の病いには，なぜ，そうなったか，原因は何かと問うべき原因療法の時代を迎えた。こうして，政策問題はすべて正義問題に還元される。そして，権利係争を含むすべての政策問題は，正義の視点から論理的に解明され，合意形成に基づき，最適解／均衡解を求めなければならなくなった。しかし，困ったことに，肝心な「何が正義か」さえ，まだ，共通の認識がない。

それに，経済的協力はグローバル化し，社会的協力の高度情報化も急速な動きを呈してきた。しかし現実の世界には，まだ，社会的協力の理念(正義原理を核とする)と共通ルール(憲法を公理とする)と実効性のある共通の「法の支配」がない。これを「ジャングル状態」というなら，まさに現実の世界はジャングル状態である。国内では，人殺しの自由はなく，もし，人を殺せば処罰される。100人を殺せば100倍も罪は重い。だが戦争では，英雄として称賛される。戦争は，人間の理性と良心を奪って猛獣にもどし，生命の尊厳も権利も価値も，すべての生存条件を奪い取る。

せっかく人間は，生きるために戦うというジャングル状態から，生きるために協力する経済的・社会的協力の状態へ移り，その仕組みを構築したにもかかわらず，もう時代遅れとなった。国家の古い仕組みでは，現実のグローバル化と高度情報化に対処できなくなったのである。早急に，万国万民の合意形成に基づき，グローバルな政治的・経済的・社会的協力のための共通の理念・共通ルール・実効的な「法の支配」の新しい仕組みを導入しないと，地球環境問題，自爆テロ問題，核拡散問題，国際犯罪の問題など，一国では手に負えない問題が続出している。今後も世界のジャングル状態が続けば，権利係争と社会不安は極限に達し，この世界は，不信と憎悪と恐怖の渦巻く戦場と化すかもしれず，また，闘争と混乱の末に，人類の墓場に姿を変えるかもしれない。

私は戦時中，人間の心に宿る悪魔を知った。本来，国民の生命と財産を守るべき国家が家族の幸せと父・夫・子の命を奪い，生活の基盤まで奪い取って一家を地獄のドン底へ蹴り落とす。これが野獣に戻った人間の姿である。

理性と良心を取り戻し，あの悲惨な戦争をなくす仕組みを考えなければならない。幼心(おさなごころ)に宿った悪魔退治の夢がこれまでの「正義の研究」の糧となって，やっと最終巻に辿り着いた。

今後，日本は何を羅針盤として，どう国の舵を取っていくべきか。世界は日本の選択に注目している。過去の歴史を正しく理解し，安定したグローバルな協力に向けて，正しく舵を取っていかなければならない。具体的には，現実のグローバルな協力の時代に即した公正な政治的・経済的・社会的協力のための理念と共通ルールと実効的な「法の支配」の仕組みの構築に向けて取り組むことである。日本が過去を反省し，世界から愛され，信頼される途は，これしかないことを理解したい。

私はもっと推敲を重ねたかったが，光陰矢の如しという。考えれば考えるほど，新しい問題がエンドレスに続く。しかし一応，本著でいうべきことは言ったので，諸般の事情から上梓に踏み切った。読者諸賢のご意見とご批判とを賜れば幸いである。

なお，本書には『公正な政策に求められる諸要件』(千葉商大経済研究所：藤川プロジェクトの研究成果2004～2006)が含まれている。こころよく転載許可を頂戴した研究所長に対し心から謝意を表したい。

2008年2月10日

佐倉市にて

藤 川 吉 美

目　次

はしがき

第1章　ジャングル状態 …………………………………1

1.1　社会の原点への回帰 ………………………………1
　1.1-1　社会の原点　(4)
　1.1-2　思考実験：交通ルールなき路上の状態　(5)
　1.1-3　ジャングル状態の特徴　(5)
　1.1-4　自由と規制の両立　(7)

1.2　個々人の善（美・聖）概念の対立 ………………………9
　1.2-1　価値三元論について　(10)
　1.2-2　価値体系論について　(10)
　1.2-3　価値の逆支配の不合理　(12)
　1.2-4　「善」の定義　(17)
　1.2-5　善（美・聖）概念の画一化の不合理　(19)
　1.2-6　両立可能な善美聖概念に向けた規制　(20)

1.3　自然から等しく賦与された生きる権利の行使 …………21
　1.3-1　自然権：自然はすべての生きものに
　　　　　等しく生きる権利を与えた。　(22)
　1.3-2　本有機構：自然は生きる権利の行使に
　　　　　必要な機能を付与した。　(23)
　1.3-3　思考実験：拡大ホメオスタシスの役割　(23)
　1.3-4　自己責任としての権利係争　(25)

1.4　体力・知力の練磨と生命力の強化 ………………………27

1.5　幸福追求の自由と「幸福」の定義 ………………………28

1.6　生命力を支える自尊心 …………………………………30
　1.6-1　自尊心の充否と愛憎　(32)

第2章　力の正義と争奪戦 ………………………………35

2.1　ジャングル状態のジレンマ ……………………………35
- 2.1-1　医者のジレンマ：抗癌剤を投与すべきか否か　(37)
- 2.1-2　白菜に虫のジレンマ：殺虫剤を散布すべきか否か　(37)
- 2.1-3　鶏泥棒のジレンマ：自白すべきか否か　(37)
- 2.1-4　囚人のジレンマとマキシミン・ルール　(39)
- 2.1-5　両立不能な善美聖追求のジレンマ：　(41)
- 2.1-6　両立不能な利益追求のジレンマ：　(43)
- 2.1-7　両立不能な幸福追求のジレンマ：　(44)
- 2.1-8　両立不能な自尊心充足のジレンマ：　(45)
- 2.1-9　両立不能な生きる権利行使のジレンマ：　(47)

2.2　ジャングル人の争奪戦と力の正義 ……………………49
- 2.2-1　強者と弱者の問題　(49)
- 2.2-2　善（美・聖）概念の衝突　(51)
- 2.2-3　利益争奪戦　(52)
- 2.2-4　幸福争奪戦　(52)

2.3　生きる権利（自然権）の衝突，生きる自由の争奪戦 ……53
2.4　自尊心の侵害→憎悪→争奪戦の悪循環 ………………55
2.5　戦争回避のための「力の正義」の放棄 ………………57
- 2.5-1　ジレンマ回避の仕組み　(57)
- 2.5-2　戦争回避の仕組み　(57)

第3章　猛獣から人間へ──「生きるために戦う」から「生きるために協力する」へ── ………………59

3.1　理性と良心，論理と倫理 ………………………………60
- 3.1-1　理性の獲得と論理の洞察　(60)
- 3.1-2　良心の獲得と倫理の洞察　(62)

3.2　進化する正しい協力の仕組み …………………………64

3.2-1　古代ギリシア時代の正しい協力の仕組み　(64)
　　3.2-2　ヘレニズム期（アレキサンドロスの死（前323）から
　　　　　　ローマの東方征服まで）の仕組み　(65)
　　3.2-3　中世ローマ世界（ゲルマン民族移動4-5世紀～ルネッサンス
　　　　　　期14-15世紀）の生きるために協力する仕組み　(66)
　　3.2-4　大学の閉鎖，神学の哲学支配，神の意志たる
　　　　　　絶対的な仕組み　(67)
　　3.2-5　ルネッサンス，大学の復権，新しい協力の仕組みの探求　(68)
　　3.2-6　宗教改革，聖俗分離，自由の回復に向けた
　　　　　　生きるための協力の仕組み　(70)
　　3.2-7　中世最後のスペインの繁栄と新しい協力の仕組み　(71)
　　3.2-8　イギリス経験論，社会契約論，イギリス式民主主義の
　　　　　　協力の仕組み　(73)
　　3.2-9　大陸合理論，自我の確立，フランス式民主主義の仕組み　(74)
　　3.2-10　自由な風土と科学技術の飛躍的発展による
　　　　　　協力の仕組みの変化　(76)
　　3.2-11　功利主義の台頭，資本主義の勃興，
　　　　　　自由優先の協力の仕組み　(79)
　　3.2-12　功利主義の反省，社会主義の勃興，
　　　　　　平等優先の協力の仕組み　(80)
　　3.2-13　脱功利主義の試み，公正な分配のための協力の仕組み　(81)
3.3　半ジャングル状態の功利主義　……………………………………82
3.4　多数決と数の暴力　……………………………………………90
　　3.4-1　多数決の本来の目的　(91)
　　3.4-2　多数決規則（majority rule）の誤用防止の処方箋　(91)
　　3.4-3　多数決に必要な真なる前提　(94)
　　3.4-4　証拠主義に基づく多数決　(98)

第4章　合意形成への途
　　　　──生きるために協力する仕組みを求めて── ……………105

- 4.1 「生きるために戦う」は「生きるために死ぬ」というジレンマ …107
- 4.2 「生きるために協力する」仕組みの導入 ……………………109
- 4.3 合意形成と価値判断の諸問題……………………………………111
  - 4.3-1 科学から排除すべき個人的価値　(115)
  - 4.3-2 社会科学の暗黙裡の前提は社会的価値　(115)
  - 4.3-3 自然科学の暗黙裡の前提は自然的価値　(116)
  - 4.3-4 個人的価値の根拠　(119)
  - 4.3-5 社会的価値の根拠　(120)
  - 4.3-6 社会的価値判断における正／邪の計算体系　(123)
  - 4.3-7 社会的価値判断に必要な「理由体系」の有効期限　(124)
- 4.4 合意形成に基づく「理由体系」のパラダイム転換……………127
  - 4.4-1 社会的協力に必要な共通の羅針盤の導入　(127)
  - 4.4-2 武力による羅針盤の統合から，合意形成による羅針盤の統合へ　(129)
  - 4.4-3 真実ゆえの合意形成か，合意形成ゆえの真実か　(130)
  - 4.4-4 正当ゆえの合意形成か，合意形成ゆえの正当か　(130)
  - 4.4-5 合意形成の歴史的推移　(133)
  - 4.4-6 合意形成のドメイン（当事者域）　(135)
  - 4.4-7 何のための合意か（合意目的）　(138)
  - 4.4-8 何についての合意か（合意対象）　(140)
- 4.5 完全合意と不完全合意……………………………………………141
  - 4.5-1 多数決と不完全合意　(143)
  - 4.5-2 タルスキーとロールズ：完全合意（均衡解）へ導く方法　(145)
- 4.6 合意形成の根拠……………………………………………………148
- 4.7 合意形成の定義……………………………………………………149
- 4.8 批判に対する反論…………………………………………………152
  - 4.8-1 実存主義の問題　(152)

4.8-2　真理相対主義の問題　(154)
　　　4.8-3　正義相対主義の問題　(156)
　4.9　合意形成の諸要件……………………………………………176

第5章　合意形成の方法
　　　──原初状態における均衡解の探求──……………179
　5.1　社会的協力の仕組み：理念と共通ルール………………182
　5.2　「理念」にひそむ正義概念の卓越性と不可侵性…………183
　5.3　価値による価値の支配……………………………………186
　5.4　思考実験の場：原初状態（original position）…………190
　　　5.4-1　不知のヴェール：合意形成を妨げる諸要因の排除　(191)
　　　5.4-2　排除すべきでない一般的情報　(193)
　　　5.4-3　マキシミン・ルール：危険な賭けの回避　(194)
　　　5.4-4　不知のヴェールとマキシミン・ルールによる
　　　　　　「均衡解」の探求　(196)
　　　5.4-5　社会的協力の仕組みの根幹たる「正義原理」の定式化　(201)

第6章　公正な政策の要件
　　　──正しい政策の根拠を求めて──……………………207
　6.1　正義問題としての政策問題………………………………208
　6.2　政策の諸法則………………………………………………210
　　　6.2-1　政策判断Pが正しい（公正／正義に適う）ためには、
　　　　　　当為前提Aは正しく、そして事実前提Bは真
　　　　　　（真実／真理）でなければならない。　(210)
　　　6.2-2　当為前提Aが$a_1,\cdots,a_m$からなるとき、Aが正しいのは、
　　　　　　$a_1,\cdots,a_m$のすべてが正しいとき、そのときに限る。
　　　　　　（$A \equiv a_1 \cdot \cdots \cdot a_m$）　(211)
　　　6.2-3　事実前提Bが$b_1,\cdots,b_n$からなるとき、Bが真であるのは、

　　　　　　　　　　$b_1, \cdots, b_n$のすべてが真であるとき，そのときに限る。
　　　　　　　　　　($B \equiv b_1 \cdot \cdots \cdot b_n$)　(211)
　　6.2-4　政策判断Pには，2値論理の「1-0計算」が活用される。　(212)
　　6.2-5　すべての政策判断Pは，「政策の法則」に基づき，
　　　　　　二種類の前提AとBから導き出される結論である。　(213)
　　6.2-6　政策判断は科学的探究である。都合のよい情報だけを
　　　　　　前提としてはならない。　(215)
　　6.2-7　政策判断の推論が正しくないのは，当為前提Aが正しく，
　　　　　　事実前提Bが真であるにもかかわらず，結論Pが
　　　　　　正しくないときに限る。　(217)
　　6.2-8　学術的な政策の立案→国会における政策の選択→
　　　　　　政府による政策の実施→社会的な政策の評価という
　　　　　　一連のサイクルにおいて最も重要な点は，
　　　　　　政策判断の前提批判である。　(218)
6.3　誠実の原理（principle of sincerity）……………………………219
6.4　責任の原理（principle of obligation）とノブレス・オブリージ　…220
6.5　公正の原理（principle of fairness）……………………………226
6.6　多数決の原理（principle of majority decision）………………227
6.7　合意の原理（principle of agreement）…………………………229
6.8　公正な政策の原理…………………………………………………234

第7章　競争から協力へ
　　──不信・憎悪・恐怖からの解放──……………………………241

7.1　国家の限界…………………………………………………………245
　　7.1-1　国境を越えたグローバル経済の現実　(246)
　　7.1-2　一国では対処不能な環境破壊の現実　(248)
　　7.1-3　国の手の届かない企業活動の現実　(249)
　　7.1-4　法の支配が及ばない国際テロ問題　(252)
　　7.1-5　失墜する政府の管理能力の現状　(257)

7.1-6　国家の使命とその終焉　(258)
　7.2　国家から連邦への論理的な必然性……………………………260
　　　7.2-1　生きるために戦うから，生きるために協力するへ　(260)
　　　7.2-2　「力の支配」から「法の支配」へ　(261)
　　　7.2-3　国々の対立と競争から協力の時代へ　(264)
　7.3　グローバル時代の羅針盤……………………………………266
　　　7.3-1　カントの永久平和論　(267)
　　　7.3-2　ラッセルの「世界連邦」と「世界政府」　(269)
　　　7.3-3　ロールズの「万民の法」　(281)
　7.4　グローバルなジャングル状態からグローバルな協力状態へ………286

第8章　世界政府の不可欠性
　　　――戦争のない世界の仕組み――　………………………291
　8.1　ジャングル状態では戦争は避けられない……………………292
　8.2　戦争回避のための仕組み………………………………………295
　8.3　万国万民のための世界政府の仕組み…………………………299
　　　8.3-1　公正な仕組みに必要な「不知のヴェール」の仮定　(300)
　　　8.3-2　最も安全確実な仕組みへ導く「マキシミン・ルール」　(301)
　8.4　万国万民のための公正な社会的協力…………………………303
　8.5　万国万民のための公正な社会的協力の理念の定式化………304

第1章　ジャングル状態

> 1.1　社会の原点への回帰
> 1.2　個々人の善（美・聖）概念の対立
> 1.3　自然から等しく賦与された生きる権利の行使
> 1.4　体力・知力の練磨と生命力の強化
> 1.5　幸福追求の自由と「幸福」の定義
> 1.6　生命力を支える自尊心

　かつてロックやデカルトは，中世トミズムの呪縛から自己を解き放ち，一切の先入観をまず白紙に戻し，経験的，理性的に疑いようのない前提に立脚して確実な根拠の上に知の再構築を試み，天才の世紀（科学技術の時代）を迎えた。いま再び地上がジャングルの奇観を呈するパラダイム転換期にあって，私たちは知の再構築に向け，すでに古びた知の前提を問い直すべき時を迎えた。本章では，まずジャングルの原点から，社会的協力の仕組みを基礎づける「人間の本性」について検討を加えたい。

1.1　社会の原点への回帰

　ホワイトヘッドはいう。「ある時代の哲学を批判するとき，その解説者らが明白にその正当性を擁護せんとする知的主張に主な注意を向けてはならない。その時代のいろいろな哲学体系を支持する人びとが無意識に仮定している幾つかの基本的前提がある。こうした仮定は自明なこととされ，ものごとを表現するときに他の仕方が思い当たらないことから，自分たちがいま何を仮定しているのか気づかないようである。そうした仮定に立脚すれば，ある一定の哲学体系の型が存在することになるが，じつはその体系群がその時代の哲学を形成することになるのである」[1]と。

　要は，前提批判である。哲学史や科学史が示すように，すべての学問は，

Dialogues of Alfred North Whitehead, A Metor Book 1954 表紙

　人間の知的進化の過程において各時代に自明の理とされ，無批判に仮定されてきた前提の批判を契機として進歩してきた。これは学問の分野だけではない。日常的にも，交渉決裂や問題の紛糾などに際しては話を原点に戻し，双方の前提批判をへて，双方が納得しうる新たな原則を探り，新たな前提に基づき「合意形成」に辿り着く方法の有効性は周知の事実である。

　とくに，利害関係など複雑な要因が絡みあう社会問題の場合には，然りであって，話が平行線を辿って合意に至らない究極の理由は，互いに対立した前提の矛盾にある。これを取り除かないと問題は解決しない。現実の状態を白紙に戻し，社会の原点から「御破算で願いましては」と前提批判を繰り返すのである。

　私たちは社会 S に生まれ，S で育ち，いつの間にか S の常識を身につけ，それを自明なものと仮定して己の認識枠組の前提に措定しがちであるが，その前提はヘラクレイトスの「万物流転の法」にしたがって，すでに人間の知的進化に取り残された時代遅れの陳腐な迷妄と化しているかもしれないからである。

　私たちの見る世界は，世界そのものではない。選ばれた「認識枠組」(理論や仮説やモデルなど) を通して見えてくる世界にすぎない。認識枠組を取り替

---

1)　ホワイトヘッドは，ソクラテスのように，哲学体系の前提批判を重視した。A. N. Whitehead, *Science and the Modern World*, ch. 3, The Century of Genius, 1925 を参照。

1.1 社会の原点への回帰

えると，世界は違った様相を呈してくる。自然観や社会観も，選ばれた認識枠組みと相対的である。

ところで，その認識枠組を特徴づけるのは，私たちが自明の理として暗黙裡に仮定している基本的前提であるから，その認識枠組ではどうにも説明できない問題に出くわしたり解決できそうもない難問に遭遇したりするとき，その閉塞状態から打開する方策は，その認識枠組を見直し，自明なものとされている一組の基本的前提を検討するしかない。

こうした認識枠組の原点への回帰とその前提批判によってはじめて，そこで仮定されている人間の本性や社会の捉え方が不合理であるとか，間違った抽象化方法に基づいているなど，当該枠組に潜むさまざまな基本的諸難点を見つけ出し，これを契機に合理的な抽象化方法[2]によって求められた一組の合理的な前提を選択し，新しい認識枠組の再構築を図ることになる。これを「パラダイム・シフト」[3]という。

こうした原点回帰の方法は，社会体制について言えば，ロンドン市街が流血に染まったイギリス「市民革命期」の社会契約論者ホッブズ，ロック，フランスのルソー，ドイツのカントなどによって採用され，民主主義体制の哲学的基礎を確立したが，これがなければアメリカの「独立宣言」も，フランスの「人権宣言」も，実際には，日の目を見ることはなかったであろうし，また，旧封建体制から近代民主体制へのパラダイム・シフトも成し遂げられなかったに違いない[4]。

かつて17世紀の社会契約論者たちは，理性が己に命じた自然状態から社会状態へと移行すべき理由を「個人の幸福追求の自由と安全の確保」に求めた。しかし科学技術の急速な発展により，経済活動はグローバル化の一途を辿り，高度情報化がそれを加速させ，お金も情報も光速で地球上を駆け巡る時

---

[2] 詳細については拙著『一般抽象化理論』大竹出版，1988を参照のこと。
[3] T. S. Kuhn, *The Structure of Scientific Revolutions*, 1962. 中山茂訳『科学革命の構造』みすず書房，1971。
[4] この詳細は拙著『正義の研究3：社会思想史』－価値基準の進化－成文堂，1997，pp.49-172を参照されたい。なお A. P. d'Entrèves, *Natural Law*, Hutchinson House, A. P. ダントレーヴ『自然法』久保正幡，岩波書店1952は「自然法」について類似の主張をおこなっている。

代となった。核拡散や国際テロ，無差別殺戮や環境破壊など深刻な問題に直面して世界は困惑している。一国では如何とも為し難く，国の主権を前提にした「国連」でも手に余る問題の山積である。

　もともと社会は，個人の生命・財産の安全と幸福追求の自由を守るためにある。しかし，現実はどうか。イラク戦争の現状をみても，いったい国とは何か，誰のため，何のための国かと思わざるを得ない状況にある。「国が国に対して狼」の戦争状態はホッブズのいう「人が人に対して狼」の比ではない。現実の社会を一旦白紙に戻し，永遠の相の下に，理性と良心の声にしたがい「国が国に対して狼」という窮状を打開し，人類滅亡の危機を回避し，合理的な社会的協力を保障する新しい認識枠組の形成に向けて世界的に協力していくべきときがきたようである。

1.1-1　社会の原点

　まず「社会」(society) とは，合意に基づき，社会的協力の理念と共通ルールとを共有する人びとからなる集団をいい，空間的には，その理念と共通ルールが及ぶ範囲をいう。

　社会の原点は，合意形成 (agreement) も社会的協力 (social cooperation) の理念も共通ルールも存在しない自然状態 (natural state) である。現実社会から理念と共通ルールを取り払って白紙 (tabula rasa)[5] に戻した「原初状態」(original position)[6] である。

　伝統的な社会契約論者たちは[7]「自然状態」を戦争状態（ホッブズ）／平和状態（ロック）／楽園状態（ルソー）／無法状態（カント）と仮定し，独自の人間観に立脚して最も望ましい社会に関する合意点を探索したが，このとき仮定された外部環境に関する前提が厳しいか否かで自然状態の様相は違ってくる。外部環境が豊穣なら美徳に満ちた楽園状態の仮定は安全かもしれない。しか

---

5)　ロックは最初の心を白紙とし，一切の観念は経験に由来するとした（J. Locke, *Human understanding*, 1690, vol. 2)。
6)　ジョン・ロールズは，社会の原点を「不知のベール」で覆われ，「マキシミン・ルール」にしか頼れない「原初状態」(original position) に求めた。J. Rawls, A *Theory of Justice*, 1971. Ch. III を参照のこと。
7)　拙著『正義の研究3：社会思想史』成文堂，1997, pp.49ff を参照されたい。

し外部環境が厳しくなると，悪徳が増大し，万人の万人に対する闘争という戦争状態が現れてくる。

　自暴自棄に陥っていない限り，戦争状態を望む人はいない。誰もが美徳・平和・安全を望むが，人の美徳／悪徳は外部環境の関数であり，悪徳と戦争と不安の主な原因は貧困であるから，美徳と平和と安全のためには，外部環境を豊かにするのが一策である。人間が社会的協力の共通の理念とルールとを導入し，社会をつくった理由はここにある。社会的協力の理念も共通ルールもない「原初状態」は，たとえ自然環境がどうであれ，己が王である以上，弱肉強食の「ジャングル状態」（jungle state）に違いないからである。この事実は次のような思考実験から明らかであろう。

1.1-2　思考実験：交通ルールなき路上の状態

　いま一斉に，すべての「交通ルール」が廃止されたとしよう。シグナルは，すべて撤去され，スピード制限もなければ，車は左というルールもない。すべての人が気の向くままに車の舵を切り，走りたいように走る。左右を蛇行しながら猛スピードで追い越していく暴走車もあれば，前をのろのろと横切っていくトラクターもある。おっ正面から真っ赤なスポーツカーが突進してくる。さて，舵を右に切るべきか，それとも，左に切るべきかと逡巡のすえ，けっきょくブレーキを踏むタイミングを逸してドカーンと正面衝突，お陀仏である。これが共通の交通ルールなく，交通規制のないアナーキー的なジャングル状態の虚しくも悲しい顛末である。交通ルールがなく，ゆえに，交通規制のないアナーキー状態が路上のジャングル状態である。交通規制がないから，路上は戦場と化し，機関銃や大砲で重装備された戦車しか走れず，丸焼けの車が道路脇に転がる。この凄惨な交通戦争の状態こそは，通行の自由が最小／ゼロの「ジャングル状態」（jungle state）である。

1.1-3　ジャングル状態の特徴

　自然は万物の母であり，すべての生きものの産みの親である。母なる自然は，生きとし生けるものすべてに対して天命をまっとうすることを祝福し，生きる権利を平等に付与し，同時に，その権利を行使するために欠くことの

できないさまざまな能力を与えた。しかし，生きものが生きる環境は，その生きものにとって温和な場合もあれば，逆に生きる能力を越えるほど厳しい場合もあろう。

　もし，私たちの置かれた環境がきわめて温和な状態にあり，互いに存在を願い，価値を尊び，利益を思い遣り，自尊心を充たしあう（相互的な愛に充ちた）牧歌的な状態にあるなら，私たちの「内部環境」（皮膚から内の環境）も，相互尊重や相互扶助や憐憫の情など「愛」に由来する諸美徳に溢れるであろう。逆に外部環境が厳しくなり，置かれている状況が険悪になると，相互不信が高まって，陰湿ないじめや老人幼児の虐待，盗みや強盗や殺人など愛とは逆に，相手の存在を望まず，価値を尊ばず，利益に配慮を注がず，自尊心を傷つけ合うといったような「憎」に由来する諸悪徳で満たされるであろう。これは自然が等しく与えた生存権の行使に他ならない。

　また，ジャングル状態には自由がない。いかなる自由も公的に保障されない。基本的な生きる自由さえ保障されない。明日か，今夜か，一分後か，いつ誰かに殺されるか，いつ野獣の餌食になるかわからない。すべては自己責任に属する。これがジャングル状態における「弱肉強食」の実態であるが，私たちは，こうした奪い合いや殺し合いのジャングル状態から脱却してより温和な外部環境に生きるために，荒々しい自然状態の「緩衝帯」として社会環境を導入し，自由を公的に規制する方策を講じたわけである。

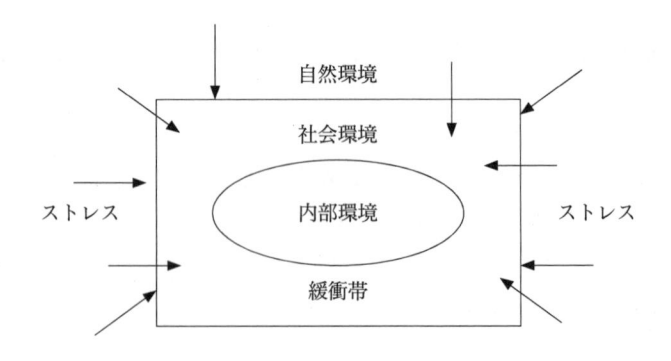

1.1-4　自由と規制の両立

　すべての人は，自由を欲し，規制を嫌がる。いかなる人も，最大の自由を求めて規制を忌み嫌う。しかしこれは，前述の「交通ルール」の思考実験から明らかのとおり，自由と規制を「トレード・オフ」の関係にあるとみなす間違った見方である。

　公的な規制がなければ，自由は奪い合いによって消滅してしまう。だから，自由を保障するために，自由は規制される。公的な最適の規制によってのみ，自由は保障されるのである。これを「自由のための自由の規制」[8]という。人びとは，各人各様のしかたで利益や幸福など，己にとって善い私的・一般的価値，己にとって美しい芸術的価値，己にとって聖らかな宗教的価値を追求する。しかし放任状態に場合には，両立不能な自由と自由との争奪戦に陥るから，すべての自由を両立可能な範囲内に線引きし，合理的に規制を施すのである。そのための措置であり，自由の奪い合いを未然に防止し，最大の自由を平等に保障するための規制である。規制のための規制（自由の「制限」）であってはならない。

　自由と規制は，両立する。自由と規制は，「トレード・オフ」(trade-off)の関係にもなければ，また，二律背反（antinomy）の関係にもない。ジャングル状態の人びとは，自分にとって善い（美しい，聖らかな）もの，一般に利益追求や幸福追求など，私的価値の追求に対して何の規制も加えられない無制約的な自由（自由の放任）のなかで生きている。これが個々人にとって最大の自由を享受する状態かといえば，そうではなく，逆に，ジャングル状態における無制約的な自由の放任状態というのは，自分にとって享受できる自由が限りなくゼロに近い壮絶な自由争奪戦の状態である。

　外部環境の豊穣／欠乏によって違いはあろうが，いかに豊穣であれ，規制のない自由の場合，どこまでが自分の権利かという公認の権利／義務に関す

---

8) 自由の規制は，ただ，自由のために限る。自由のため以外の自由の規制を「自由の制限」といい，これは許されないという主張は，J. Rawls, *A Theory of Justice*, Harvard University Press, Cambridge, Part2, 1971, 拙著『公正としての正義の研究』成文堂，1989, p.144ff, 拙著『ロールズ哲学の全体像』成文堂，1995, p.85ff を参照されたい。

る共通の判断基準を欠いていることが問題なのであって、このことは「通行の自由」を例証として用いた上記の思考実験からも明らかであろう。

　すべての人は両立可能な最大の自由を求めるから、放任状態では、自由を求めて互いに奪い合いが生じ、最悪の場合は命を失い、自由は消滅する。自由の争奪戦を防ぎ、自由を守るためには、合意形成に基づき一定の規制を加えなければならないが、規制は強すぎると監獄の中の平和となり、弱すぎると規制の功を奏さない。ゆえに、規制は適正なものでなければならない。

　では、適正な規制とはどういう規制か。それは後にメンバーとなる当事者たちによって合意形成される社会的協力の理念（とくに正義概念）が論理的に含意する規制、言い換えると、選ばれた共通ルールに則った規制である。重要なのは、自由と規制は対立概念ではなく、自由の規制は、ただ自由のためにのみあるという点である。他に理由はない。交通規制も通行の自由のためである。

　しかも、誰もが最大の自由を求める。ゆえに、自由に対する適正な規制は、下図の点aのように、その規制によって自由が最大化されるとき（点bにあるとき）、そのときに限る。けっして、規制のための規制であってはならない。すべての公的・社会的な規制について、規制の目的は、あくまでも、自由の最大化のためである。

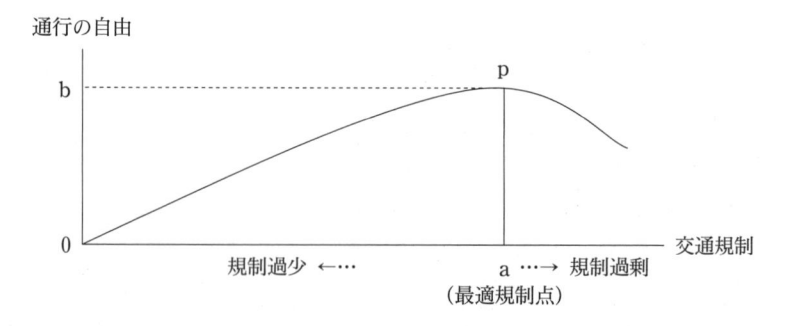

　以上、「通行の自由」を例証として、規制なきアナーキー状態が自由の最大化の状態ではなく、互いに自由を奪い合ったり殺し合ったりする自由最小化の状態であり、言い換えると、限りなく自由が減少していく自由争奪の戦争

状態に陥ること，そして，これがいつも喰うか喰われるかのジャングル状態であることを論じたいと思う。

この例証は，僅かな修正を施すことで，言論・出版・表現の自由や思想・良心・信教の自由，結社・集会の自由や生命・財産保全の自由，国籍・職業選択の自由や婚姻・移住の自由，などなど，個々人の利益追求ならびに幸福追求の上で必要とされるすべての自由に当てはまるであろう。

では，規制がなければ，なぜ，私たち人間は，他のすべての生きものがそうであるのと同じように「ジャングル状態」に陥るのであろうか。なぜ，自由を適正に規制しなければ自由の奪い合いが生ずるのであろうか。それは，人によって自然財・人生計画・選好体系・善美聖・利益・幸福の概念がそれぞれ違っているからであり，しかも論理的に両立不可能なケースを含んでいるからである。そこからくる必然的な帰結である。

1.2 個々人の善（美・聖）概念の対立

では，自由を規制しなければ，なぜ，自由の争奪戦が生ずるのか。その理由を伝統的な性悪説／性善説に求めるのは間違っている。これは倫理・道徳以前の問題である。自然が等しく付与した生きる権利を行使する行動，つまり，各人が善美聖といった個人的価値を追求し，自分の利益を追求し，己の幸福を追求する行動のどこがいけないかと。誰しも，より善く，よりリッチに，より幸福に生きたい。これは自然が万人に等しく与えた権利であって，誰かがこの権利を行使しているとき，他の何人も彼の権利行使に干渉したり邪魔したりしてはならない義務を負うことになる。

しかし，まだ社会的協力の理念（正義概念を含む）も共通ルールもないから，自由に対して規制を加えようのないジャングル状態にあっては，自他の自由を権利／義務として決める法もなければ制度もない。それゆえ，個人AとBとが同一の何かを欲するとき，AとBはその欲求を充たす自由を求めて，互いに力でぶつかり合い，互いに奪い合いの喧嘩になるだろう。問題によっては自尊心をかけた殺し合いの争奪戦になるかもしれないが，結果はすべて自己責任，これがジャングルの掟である。

ジャングル状態には，そういう争いを仲裁する裁判所はないし，法も正義もなく，また判事も検事も弁護士もいない。ジャングルの掟は，弱肉強食である。生きるために奪うか奪われるか，喰うか喰われるかは，すべて，強いか弱いか，勝つか負けるか……にかかっている。生きる自由は公的に保障されていない。己の責任において自ら奪い取るべきものとされる。自由を公的に規制しなければ，なぜ，自由の争奪戦が避けられないかは，以上で明らかであろう。次に導入される「価値三元論」と「価値体系論」[9]は，その回避策として有効であると考える。

1.2-1 価値三元論について

一般に「価値」(value)とは，何かにとって大切なこと，重要なことをいうが，その何かを①自然にとってか，②社会にとってか，③個人にとってか，と問うとすれば，次のように「自然的価値」(natural value)と「社会的価値」(social value)と「個人的価値」(personal value)という三つの範疇に区分される。これを「価値三元論」という。

価値三元論　①自然的に大切なこと→自然的価値：真(true)，真理，真実……。
　　　　　　②社会的に大切なこと→社会的価値：正(right)，公正，正義……。
　　　　　　③個人的に大切なこと→個人的価値：善(good)，満足，幸福……（なお，美を善の極致，聖を美の極致とする）。

1.2-2 価値体系論について

価値の支配関係を記号「→」で示すとき，三つの価値の支配関係は，①自然的価値→②社会的価値→③個人的価値である。これを価値体系論とすれば，

---

[9] この理論は，拙論「価値（真理・正義・善美聖）体系の再構築」『比較文化雑誌』V，東京工業大学刊，pp.73-86において最初に発表し，後に『公正としての正義の研究』成文堂，1989その他において加筆訂正し，より体系的な価値三元論・価値体系論に展開したものである。

1.2 個々人の善（美・聖）概念の対立

3種の価値の優先順位は，①→②→③であり，各価値の「支配関係」は，①→②，②→③，①→③となる。

価値体系論
①自然的価値（真，真理，真実……）
↓
②社会的価値（正，公正，正義……）
↓
③個人的価値（善，満足，幸福……）

この優先順位を無視した3価値の逆支配③→②→①，または③→②，②→①，③→①が善美聖追求の自由，功利性追求の自由，満足追求の自由，幸福追求の自由など，個人的な価値追求の自由を巡って人びとの「争奪戦」を引き起こすことになる。

ジャングル状態の人びとは，思い思いに個人的（私的）価値（善，満足，幸福……）の追求に明け暮れる。社会がないから，公的な理念も共通ルールもない。だから，社会的（公的）な価値（正，公正，正義……）に関する判断は不必要である。だからといって，ジャングル状態にあっても個人的価値の判断だけでは生きていけない。

生存と密着した「あの雲行きだと嵐になる」，「あの人影は，敵か見方か」，「あれは狼の遠吠えか」は，個人的価値の判断ではない。いずれも個人的価値の追求に不可欠な自然的価値（真，真理，真実……）の判断である。この判断が誤っていると，死の報いさえ覚悟しなければならない。それゆえ，①自然的価値は，③個人的価値の大前提として尊ばれ，三種の価値の中で最も基本的な価値として重視されなければならない。

真偽の判断基準は，次章で詳しく述べるが，誘惑に負けてはならない。己にとって有利なるがゆえに真なのではなく，また，不利なるがゆえに偽とされるものでもない。自然的価値の判断に有利／不利は関係なく，私欲や私情の入る余地はない。事実判断「AはBである」が真であるのは，AはBであるとき，そのときに限るからである。

上の「価値体系論」は，①自然的価値の支配の下に②社会的価値も③個人的価値も置くよう求める。いかなる判断においても，その論理的前提として真なる情報／真理／真実が不可欠の要件なのである。私たちは真なる情報／

真理／真実をすべての判断の前提として置くことによってのみ，自分の善美聖追求とか，利益追求とか，幸福追求とかに寄与する判断を下すことができるのである。

1.2-3 価値の逆支配の不合理

これを逆支配させ，③個人的価値の支配の下に，①自然的価値や②社会的価値を置くと個人的価値をめぐる争奪戦のジレンマに陥り，自然から不利，不幸の報い，最悪の場合は死の報いを受けざるを得ない。自己の都合を優先して黒を白，白を黒とする誤った判断を下す結果の重大な責任は，己が負わなければならない。

ピレネの彼方の真理がピレネの此方では偽とされる時代は終わった。真か偽かの判断は個人の都合や国の都合で下してはならない。真偽の判断には，己の願望の入る余地もなければ，政府の野望の入る余地もない。自然的価値（真・真理・真実）の判断は，すでに国境を越えて共通の科学的基準によって客観的に下すべき時代となった。その意味で，いつでもどこでも普遍的(universal)であり，ピレネの此方も彼方も，地球上いずこでも同じである。いまや社会的価値判断も，しだいにグローバルな様相を呈し，いずれ正義もピレネの此方と彼方で違いはなくなるであろう。

ジャングル状態には，自然的価値(natural value)はあっても，社会的価値(social value)はない。社会的協力の状態にないからである。だから，ジャングル人の主な関心事は，何が自分にとって「満足」か，何が自分にとって「幸福」(self happiness)か，己にとって何が善い(good)か，何が美しい(beautiful)か，何が聖らか（holly）か，などなど，個人的（私的）価値の追求にある。

嵐の前兆を無視して船出すれば，船は難破し海の藻屑になるように，自然の法（法則）を破ると，自然の法廷で裁かれる。しかし，ジャングル状態には，人間のつくった守るべき共通ルール／人定法はなく，ゆえに，罪も罰もない。各人が各様のしかたで己の善概念を充たす利益や幸福といった経済的価値，固有の美概念を充たす芸術的価値，己の聖概念を充たす宗教的価値を追求しながら弱肉強食の掟の下に，互いに奪い合い，互いに戦い合い，互いに殺し合って生きている。それぞれのジャングル人A, B, C, ……たちに備わった

1.2 個々人の善（美・聖）概念の対立

個人的価値の内容は，自然財→人生計画→選好体系→善美聖・幸福・満足・幸福の概念の違いによってそれぞれ異なっている。

たとえば，彼らの「善概念」（concept of good）についていえば，時点 t においては，A のそれは華麗な衣服を身に纏うこと，B のそれは美味い飯を喰うこと，C のそれは安心して住める家を建てることと，それぞれ違っている。つまり A にとっては，頑丈な家や美味い飯よりも，華麗な衣服が善い（価値がある，欲しい）と判断するのであって，この違いは三者三様の自然財→人生計画→選好体系（preference system）→善美聖・幸福・幸福概念といった個人的諸条件の相違に由来するのである。

一般的に，選好「Y よりも X を好む」を「X≫Y」とし，善概念「X は Y よりも善い」を「X>Y」と表すとき，三者（A, B, C）三様な善判断は，もとを糺せば次の

自然財（a, b, c）→人生計画（x, y, z）→選好体系（A：衣≫食≫住，B：食≫住≫衣，C：住≫衣≫食）

の違いからくる。構造的には，本有の自然財の相違が基本的だが，直接的には，善概念の違いは「選好体系」の違いからくる。これは多数決が効かない世界である。

個人	自然財		人生計画		選好体系		善概念
A	a	→	x	→	衣≫食≫住	→	衣>食>住
B	b	→	y	→	食≫住≫衣	→	食>住>衣
C	c	→	z	→	住≫衣≫食	→	住>衣>食

では，「選好体系」（preference system）の違いはどこからくるのだろう。

独自の「人生計画」（life plan）からである。

人生は有限である。将来の計画をたてないと，いま，何をなすべきか，最優先すべきは勉学か，就職か，華麗な衣服か，美味い飯か，それとも頑丈な家か……といった選好体系を樹立することができないまま，羅針盤のない船のように，風の吹くまま，気の向くままのケセラセラ人生とならざるを得ないであろう。

では，「人生計画」の違いはどこからくるのだろう。

それは，生来の「自然財」(natural goods) の違いからである。

なお，ここでいう「自然財」とは，才能，能力，個性，適性，性格，性質，性向，性別，体格，体質，肌色，目色，毛色，顔付，目付き，敏捷，鈍重，陽気，陰気など，自尊心の充足に不可欠な基礎的要件である。

こうした「自然財」は，親子や兄弟でも異なっている各人の本性的に生得的な本有財であって，その意味で自然財は他に替え難き「尊厳性」の根拠であり，「代替不能」な価値の根拠でもある。多数決を排除すべき世界であり，一人ひとりの自尊心を互いに尊重すべき世界である。なぜなら，個人にとってそれぞれ違う善美聖，満足，幸福の概念は自然財の相違に由来し，究極的には，個々人の自然財が個人的価値（善美聖，功利性，満足，幸福……）の判断を基礎づけているからである[10]。

1.2-3-1　個人的価値の評価に多数決を排し，分業をとるべき理由

個人AとBとCが3者のうちどの自然財，どの人生計画，どの選好体系，どの善美聖の概念が優れているかをめぐって論争している。まず，衣食住のどれが最善かをめぐって喧々諤々，だが妥協しない。Aは衣＞食＞住の序列により衣服を選び，Bは食＞住＞衣の序列により食事を選び，Cは住＞衣＞食の序列により住居を選ぶとする。自己の自然財に由来する善概念による判断ゆえに，誰も妥協しない。そこで衣と食，食と住の順序で多数決に訴えようということになった。すると，上記の善概念の序列から，

　　まず，衣と食では，2対1で，　　　　　①衣＞食
　　次に，食と住では，2対1で，　　　　　②食＞住
　　ゆえに，論理学の推移律から，　　　　　③衣＞住

ということになる，とAは叫ぶ。しかし，Cは衣と住の採決を求める。

　　すると衣と住では，2対1で，　　　　　④住＞衣

となったではないか。Cは喜ぶが，Aは少し変だという。論理的には，前提①と②から結論③が必然的に導かれるはずだが，実際に採決すると④になっ

---

[10]　これが善とか美とか聖といった私的「個人的価値」概念の多様性の基本的な根拠である。

た．推移律がきかない．しかるに，推移律が効かないケースについては，多数決は無効である．ゆえに，個人的価値である善美聖，功利性，満足，幸福をはじめ，各人の生得的な自然財に由来する人生計画や選好体系などの評価に多数決を用いてはならない．多数決を排除すべき個人的価値の世界に多数決を用いるのは，多数決の誤用であり濫用である．個人的価値を等しく尊重すべきゆえんであり，しかも，最大の理由である．

　個人の自然財，人生計画，選好体系，職業についても同様であり，いずれも上下貴賤はなくすべて平等に尊重すべきである．天職適職というが，これは職業の上下貴賤を排した平等な分業こそが人びとの自尊心を充足し，社会的協力の安定性と効率性に寄与することを意味している．

　これまでの考察を纏めると，次のようになる．
(1)自然財は人によってそれぞれ異なり，これが自尊心を基礎づける．
(2)自然財がそれぞれ違うから，人生計画も異なる．
(3)人生計画がそれぞれ違うから，選好体系も異なる．
(4)選好体系がそれぞれ違うから，善美聖概念(利益，満足，幸福……を含む)も異なる．
(5)善美聖の概念がそれぞれ違うから，個人的（私的）価値判断も異なる．

　なお「価値三元論」では，自分にとって何が満足か，何が幸福かという私的・個人的な価値判断は，結局，自分にとって何が善いか，何が美しいか，何が聖らかかという善美聖判断へ還元される．前者は後者に翻訳され，前者は後者を意味する．

　言い換えると，己にとって有利か否か，己の幸福に寄与するか否かといった私的な価値判断は，すべて，己にとって善いこと（美しいこと，聖らかなこと）か否かといった個人的な価値判断に還元され，前者の概念（利益，幸福など）は，すべて後者の私的な善美聖の概念に翻訳されるものと解する．

　こうして，己の利益追求や己の幸福追求に関わるすべての私的な価値概念は，しょせん己にとって善いこと（美しいこと，聖らかなこと）を意味する個人的な価値概念に他ならないのとして定義され，善美聖の概念に還元されることになる．

(1)自然財（natural goods）   ↓
(2)人生計画（life plan）   ↓
(3)選好体系（preference system） ↓
(4)善美聖・満足・幸福……（concept of good, 他）

　自己に「固有の自然財」に私的・個人的価値観の基礎をもたないと，善美聖の概念は宙に浮いた空虚なものとなって偽善の人生となる。
　両親が強く勧めたから，かっこいいから，高給だから，楽そうだからなど，不純な動機からくる己の適性に合っていない職業，己の個性や好みに不適合な制服，などなど，己の自然財と一致しない人生計画も，選好体系も，善美聖概念も，下記の BC の二人がそうであるように，偽善の人生を送らざるを得ない。そうすると，自尊心を充たしえず，不幸な人生を余儀なくされる。こうした親の見栄や親の善美聖概念の押し付けは，子供に偽善を強いることになり，子供を不幸にすることになる。

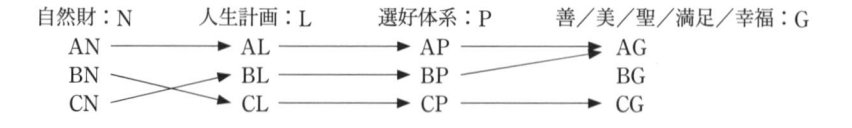

```
自然財：N       人生計画：L      選好体系：P      善／美／聖／満足／幸福：G
  AN ─────────► AL ───────────► AP ─────────┐  AG
  BN ╲          BL ───────────► BP ─────────┼► BG
  CN ─╳───────► CL ───────────► CP ─────────► CG
```

　己の利益や幸福を含む「善概念」（concept of good）は，己の本有「自然財」に依拠する私的・個人的な価値概念であるが，価値三元論においては，芸術的な「美概念」を各人の利益や幸福につながる一般的な「善概念」の極致／特殊形態とし，また，宗教的な「聖概念」を「美概念」の極致／特殊形態と解する点についてはすでに述べたが，いずれもその究極の根拠は，自分に固有の「自然財」にある。
　こうして，善概念ばかりか美概念や聖概念も，究極的には，個々人の生得的な自然財にその根拠をもつ固有の個人的(私的)な価値概念であるということになる。

1.2-4 「善」の定義

善概念の意味は多様である。任意の個人をA，また，任意の対象をXとするとき，Aにとって善いXとは，Aの人生計画に寄与するXであると解される。そこで，善(good)，善人(good man)，善行(good act)，善意(good will)について次の定義を与えておきたい。

　善いXの定義：Aにとって善いXとは，Aの人生計画に寄与するXをいう。
　善人の定義：Aにとって善人とは，Aの人生計画に寄与する人をいう。
　善行の定義：Aにとって善行とは，Aの人生計画に寄与する行為をいう。
　善意の定義：Aにとって善意とは，Aの人生計画に寄与する意思をいう。

なお，個人的価値である善美聖の基本は善である。美(芸術的価値)も聖(宗教的価値)も基本的な善概念から派生する。そして，善概念は人によってそれぞれ異なる。なぜなら，上部の善概念を支える選好体系が異なり，人生計画が異なり，ひいては，自尊心の基礎をなす自然財が異なっているからである。それゆえ，Aにとって善いXとは，

①善概念の視点からすれば，Aの善概念に適ったXを意味し，
②選好体系の視点からすれば，Aの選好体系に適ったXを意味し，
③人生計画の視点からすれば，Aの人生計画に寄与するXを意味し，
④究極的な自然財の視点からすれば，Aの自然財の発掘に寄与するXを意味する。

このことは，善人，善行，善意についてもいえるし，また，Aにとって善いXかどうかばかりではなく，Aにとって美しい(善の極致概念)Xかどうか，Aにとって聖らかな(美の極致概念)Xかどうかについても，同様にいえる。

以上で明らかのように，個人にとって究極の自然財も，人生計画も，選好体系も，人によってそれぞれ違っているわけであるから，善の概念も，美の概念も，聖の概念も，人によってそれぞれ異なるのは，ごく当然のこととされよう。

メアリーとジョンがルノアールの絵とゴーギャンの絵を比較して，どちらが美しいかと言い争っている。二人の美概念の根拠は自然財に求められるが，それぞれ違っているから美の判断に違いが生ずる。メアリーには，実際に，ルノアールの絵のほうが美しく見えるが，ジョンには，実際に，ゴーギャンの絵のほうが美しく見える。ただ，それだけのことだが，それは自尊心の基礎を構成し妥協を許さない。しかるに，すべての自尊心は公正に充たされなければならない。ゆえに，個々人の美的感覚や美的概念に上下優劣をつけてはならず，その根拠もない。両者の美概念は同等に尊重されるべきである。政府は美（芸術的価値）に対して厳正中立を守るべきゆえんである。

　美については一件落着だが，続いて両者は「宗教的聖」へと話を移した。

　私はイエスです！　いや，俺はお釈迦さまだ！　と。

　善や美と同様，聖の概念も個人的価値であり，両者の自然財に究極の根拠がある。こうした聖概念の対立は，自然財の相違を物語っている。しかし，これが自尊心の基礎として等しく尊重されるべきである以上，当然，聖概念にも上下・優劣はなく，等しく尊重されなければならない。聖概念の差別は，美概念や善概念の差別と同様に，人びとに自尊心を侵害し，戦争を誘う。政教分離は歴史の教訓であり，政府が聖（宗教的価値）に対して厳正中立を守るべきゆえんである。

　善美聖追求，満足追求，幸福追求は，すべて個人的価値の追求であって，個人にとってその究極の根拠は，固有の自然財に深く根ざしたものである。以上で，何が善いか，何が美しいか，何が聖いか，何が功利性か，何が満足か，何が幸福かは，個人によって自然財によってそれぞれ異なることが判明する。これこそは，個人的（私的）価値判断の多様性を裏づける理由である。

　しかしジャングル状態には，泥棒稼業で満足を求める満足追求や幸福追求も善いとする人もいれば，善くないとする人もいる。人命や財産を奪うことは，善いと思う人もいれば，善くないと思う人もいる。戦争や虐殺を美しいという人もいれば，美しくないという人もいる。人身御供や猛獣との決闘を神意による聖なる儀式と思う人もいれば，人道に反する低俗な弊風陋習とみなす人もいる。

　こうした個人的価値（善美聖など）の両立不可能性はジャングル状態の一大

特徴であって，これが人びとの価値追求の自由を相殺したり帳消にしたりして，弱肉強食の争奪戦に至ること必死であるが，盗みを善いこととするような泥棒でさえ，自分が盗んだ品々を盗まれると怒るだろう。こういう泥棒には「己にして欲しくないことを他にしてはならない」という相互性の理解に乏しく，とても平和共存など望めない。

人殺しを善しとするような善感覚の持ち主だとか，拷問のあがきを美しいとするような美的感覚の持ち主や神風特攻隊／自爆テロを聖とするような聖的感覚の持ち主ととの平和共存は望めない。そこで，他人のものを盗んだり奪ったりするような両立不可能な自由を法によって，言い換えると，上位の社会的価値の導入による個人的価値の合理的な支配によって規制し，互いに両立可能な善美聖追求の自由，両立可能な功利性追求の自由，両立可能な満足追求の自由，両立可能な幸福追求の自由に限ろうではないか，というのが後に述べる選ばれた理念と共通ルールの下での社会的協力の目的である。

1.2-5 善（美・聖）概念の画一化の不合理

そうした自由の争奪戦にたいする回避策として多様な善美聖の概念を画一化する乱暴な試みが戦時中にあった。これが「全体主義」である。

かのヒットラーは，ピカソやマチスなどの抽象画を退廃芸術として排斥した。戦時下の軍国日本も，特攻隊の死をお国のための勇敢な死として讃え，英雄視しかつ美化し，靖国神社への合祀を聖とした。また，アメリカの心臓部を狙ったイスラム原理主義者の9/11自爆テロ事件もそうだったし，頻発するパレスチナやイラクにおける自爆テロ事件も同様であるといえよう。

しかし，人びとの自然財に深く根ざした善美聖という個人的（私的）価値を社会的（公的）価値とみなすような「全体主義」は，自然財の多様性を完全に無視し，自尊心をずたずたに傷つけ，個人の尊厳性を根底から踏み躙るものである。国が定める「国定の善美聖」に反する善美聖の概念をもつ人びとにとっては，こういう政策は，政府による偽善，偽美，偽聖の強制を意味し，偽りの人生を人びとに強制するものである。

全体主義にはさまざまなバージョンがあるが，いかなるバージョンであれ，全体主義は個々人の多様な善美聖概念，功利性概念，満足概念，幸福概念を

画一化する企てに他ならず，個人の奴隷化を図る試みであり，地獄の様相を呈することになる。

1.2-6　両立可能な善美聖概念に向けた規制

では，人びとはどうすれば，弱肉強食が支配する貧困で不潔，孤独で短命なジャングル状態から，自己の善美聖概念に基づき，安定した満足追求・幸福追求の自由をエンジョイすることができるような「平和状態」へ移行することができるか。

問題は，個々人の多様な善美聖の概念を等しく尊重し，他人の利益や満足や幸福や人命までも奪うことが自分にとっては善い／美しい／聖らかというような互いに両立不可能な善美聖の概念まで含めた状態における平和共存は，実際に，可能であるか，ということである。はっきり言って，不可能である。論理的にも，不可能である。

では，どうしたらいいか。互いに両立不能な善美聖の概念は，上位の共通ルールの下に公的な規制を加えることだが，このためには社会的協力が必要であり，合意形成によってその理念と共通ルールを導入し，善美聖追求の自由を規制しなければならない。すべての人に最大の自由を保障すべく線引きし，両立可能な範囲内に自由の享受域を規制するのである。しかし，絵に描いた餅になっては意味がないので，そうならぬよう規定の違反者に対する刑罰も明記しておかなければならない。

では，無限に可能な規制のうち，どこに線引きするか。最適規制点は次図 a である。つまりこれがすべての人に等しく両立可能な最大の善美聖追求／満足追求／幸福追求の自由 b を保障する「均衡解」(equilibrium solution) である。これは自由ゼロのジャングル状態を原点とし，規制を加減しながら総自由の最大化 p を求めていく方法である。ジャングル状態には最大の自由があると思うのは間違っている。いかなる規制もない放任の状態は，自由のある状態ではないし，また，自由のある状態を意味することもない。

ジャングル状態の人びとは，このように「合意形成」によって社会的協力の理念と共通ルールとを導入し，両立不能な各人の価値観に由来する自由や利益や幸福の争奪戦を最適規制点 a において公的に規制し，ジャングル状態

善美聖追求の総自由

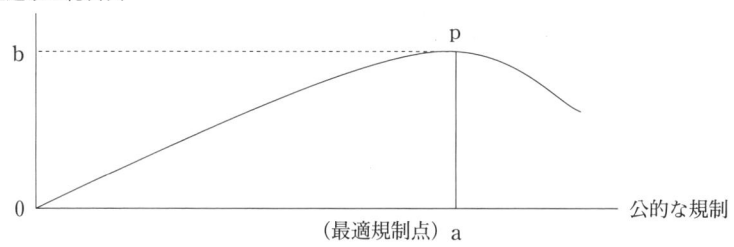

```
b ┤- - - - - - - - - - - - - p
  │                      ╱│╲
  │                   ╱   │  ╲
  │                ╱      │   
  │             ╱         │
  │          ╱            │
  │       ╱               │
  │    ╱                  │
  │ ╱                     │
0 └──────────────────────┴────────── 公的な規制
                    (最適規制点) a
```

から脱却する方策を求めた。規定された枠内の自由享受は合法，そして，枠外の自由享受は違法として両立可能な最大の自由 b を互いに確保する方策がこれである[11]。

1.3　自然から等しく賦与された生きる権利の行使

　社会がなく公的理念（正義概念を含む）も共通ルール（憲法を含む）もない「ジャングル状態」（jungle state）に生きる人の本性をどう捉えるか。

　ホッブズ（Thomas Hobbes, 1588-1679）以来，近代の「社会契約論者」たちは，ジャングル状態を「自然状態」（natural state）と称し，独自の自然状態の定義から，そこに生きる自然人の本性についてユニークな描写を試みている。

　ホッブズの自然状態は，市民革命期の流血の惨状が先入観となっているからか，凄惨にして血腥いが，これに対して，ルソー（Jean-Jacques Rousseau, 1712-1778）のそれは牧歌的であった。その中間に，ロック（John Lock, 1632-1704）が位置している。

---

[11]　こうした企ては，近代民主主義の生みの親ともいうべき社会契約論者たちによって試みられたが，ロールズはこれに改良を加えて新たな「契約論的方法」を考案した。
　その特徴は「不知のベール」（veil of ignorannce）で被われているがゆえに，己にとって有利か不利かの判断に必要な具体的情報を欠き，よって「マキシミン・ルール」（maximin rule）にしか頼れない「原初状態」（original position）を仮定し，多様な善美聖／利益／幸福の概念が両立可能な「均衡解」を探求する「合意形成」（agreement）へ当事者たちを導く方法にある。なお，「不知のベール」を「無知のベール」と訳す人がいるが，これは誤訳である。

本書の「ジャングル状態」は、ホッブズの「人が人に対して狼」(homo homini lupus est) としての「万人の万人に対する闘争状態」(bellum omnium contra omnes)、つまり、腕力・詐術・悪智恵を美徳とし、継続的な不安と恐怖に脅え、常に暴力に慄く「戦争状態」(war state) に近い。彼は人間の本性を自己保存と自己拡張の欲求に基づく競争心と不信感と自負心とに求め、人を侵略行動に駆り立てるのは、①獲物を捕えるための競争心、②安全を守るための不信感、③名声を高めるための自負心によるとした。

また、ホッブズは、自然は心身の能力を平等としたが、能力の平等は希望の平等をともなう。それゆえ、もし、誰か二人が同一の何かを欲し、それが同時に享受できないというような場合には、たがいに敵対し合って、たがいに相手を抹殺、または屈服させようとする、と考えた。これに対して、私はこう考える。

①自然権：万物の母なる自然は、すべての人／生きとし生けるものすべてに対し等しく生きる権利を与え、②本有機構：その権利行使に必要なホメオスタシスと拡大ホメオスタシス装置と学習機能を付与し、③自己責任：権利係争の結果は、たとえ解決の手段が何であろうと、襲うも襲われるも、奪うも奪われるも、喰うも喰われるも、生きるも死ぬも、すべては当事者たちの自己責任に属するとした、と。

1.3-1 自然権：自然はすべての生きものに等しく生きる権利を与えた。

自然にはさまざまな生きものがいる。猛獣もいれば牛馬や犬猫もいる。その種は過去と未来を開けば、加算無限個に近いものと思われる。植物は足のない動物のようなものであるが、自然はそれらすべてに平等に生きる権利を与えてきたのである。

もし否なら、生まれていない。生まれてきたことは、自然から生きる権利を与えられた証拠である。しかも、人間だけにではない。等しくすべての生きものにである。草木にも猛獣にも、牛馬や犬猫にも、また、地中のモグラやミミズにも……。このように、すべての生きものは、自然から生きる権利が等しく与えられているから、どういう生きものであれ等しく生きる権利を行使する。

ときには，その権利を行使するために命懸けで戦う。縞馬がライオンに飛び掛り，蛙が蛇を追い払うこともある。猛獣の鋭い牙や爪も生きるため，毒蛇や毒蜘蛛の毒もその権利行使のためである。危険に曝されると，可愛いペットすら豹変する。生きる権利，生きる自由の奪い合い，これがジャングル状態である。

1.3-2　本有機構：自然は生きる権利の行使に必要な機能を付与した。

自然はすべての生きものに等しく生きる権利を与え，同時にその権利行使のために必要な恒常性保持機構（homeostasis 以下，ホメオスタシスという）を等しく与えた。人間の場合には瞳孔調整，体温調整，pH 調整，血圧調整，呼吸調整，血糖値調整，水分調整などの生理的内部調整機構がそれである。これによって生体は外界の変化や急襲に順応して内部環境を一定に保ち，健康状態を維持する。バランス破壊が疾病で，発熱は内部環境の危機を知らせる警戒警報，その崩壊が「死」である。

しかし，これだけでは，生きる権利の行使（生存）にとって充分でない。皮膚を堺とする外部環境（外界）は危険が一杯である。襲い掛かる猛獣もいれば，嵐や山崩れもある。こうした危険には，生理機構だけでは対処できない。それを補完するのが情報処理機構，心理機構，認識機構などの「拡大ホメオスタシス」（stretched homeostasis）である。

1.3-3　思考実験：拡大ホメオスタシスの役割

ある密室に人と犬と猿を入れて鍵をかけ，エアコンを50℃に設定してスイッチを入れたとする。外気は0℃の厳寒で，室温は0℃……10℃……20℃……30℃……と上昇する。人はスーツを脱ぎ，犬は口呼吸を始め，猿はガラスを叩き始めた。室温は47℃，人も犬も猿も迫りくる死の恐怖に脅える。……その人はエアコンの配線を引っこ抜いた。やがて犬も猿も息を吹き返した。彼の智恵／叡智が命を救ったのである。

私たちの視覚，聴覚，臭覚，味覚，触覚は，外部環境から色や形，音や匂い，味や痛みなど多様な情報を受信し，それを大脳中枢へ送り，適切な情報処理によって大嵐だ〜港へ戻れ！　津波だ〜高台へ急げ！　毒蛇だ〜摑む

な！　狼だ〜逃げろ！　泥棒だ！　強盗だ！　と自らに命じ，外界からの「急襲」(stress)に適切に身を処し，問題を合理的に解決しつつ内部環境の恒常性を保って生きてきた。

　酸欠状態になると，息苦しくなって「窓を開けよ！」と自らに命じ，また，過労に陥ると，饅頭や酢の物が欲しくなって「休養せよ！」と自分に命ずる。こうした判断や行動は認識機構や心理機構の作動によるものであって，いずれも内部環境を崩壊させないための拡大ホメオスタシスのなせる業である。

$$\text{拡大ホメオスタシス} \quad \overline{}\uparrow-\downarrow-\uparrow\overline{} \quad \begin{matrix}(外部環境)\\ \\(内部環境)\end{matrix} \quad (皮膚)$$

　デカルト（R. Descartes, 1596-1650）は「心身二元論」を説き，心の所在を松果腺としたが，心は実体ではなく，働きである。拡大ホメオスタシスの機能である。猫も，犬も，私たち人間も同じだが，たとえば，ボス猫，ボス犬，強盗の侵入など外界からの敵対的な急襲に直面すると，急にアドレナリンが分泌され，精神的に興奮し，瞳孔は開き，胃腸の活動は鈍り，心拍数は激増する。

　逆も同様で，人為的にアドレナリンを注射すると精神的に興奮し，瞳孔は開き，胃腸の活動は鈍り，心拍数は激増しと同じ現象が生ずる。また，よく経験することだが，怒ると胃腸が暴れ，悩むと顔が引きつり，恐怖に脅えると顔面蒼白となり，恥をかくと顔が赤くなる。これを外界からの「急襲」とか，非常刺激に対する「緊急反応」(emergency reaction) とか「警戒反応」(alarm reaction) というが，いずれも「心身一如」の証拠とされる。とにかく，心身は一体なのである。

　私たちは血塗られた車の追突事故の惨状を目撃した瞬間，背筋がゾゾーンとするような恐怖に襲われ，身体硬直の状態に陥ると思うが，じつは逆である。まず，間脳視床の情緒中枢からの反射によって無意識に身体が硬直し，この刺激が大脳皮質に伝わってはじめて恐怖の意識が生ずるのである。こうした恐怖，畏怖，憤怒，嫌悪，憎悪，恥辱，敵意など感情の起伏は，血液の循環，胃液の分泌，ホルモンの分泌，内臓の働きにまで影響を及ぼし，内部

環境のバランスを崩すことになる。

　逆も然りで，内部環境のバランス如何が精神状態に影響を及ぼす。もし内部環境が崩壊寸前の危機的状態に陥ると不快感，不安感，苦痛感，厭世感に襲われる。これは臓器感覚または内臓感覚の発する異常警報であって，この危険信号を放置し，声なき臓器の悲鳴を無視し，適切な対応を怠ると，内部環境のバランスは回復不能に陥り，生体組織は崩壊の危機に瀕し，死に直面する。

　私たちの生体組織は，食べ過ぎると，胃袋が怒ってそれを口から吐き出すか，肛門から押し出すように，また，愉快なときには，体内に水分を蓄え，不愉快なときは，排出するように，生存という共通の目的の下に，独立した各器官が自ら自律的に判断を下しているかのように，分業的に機能している。

　これも「心身一体」の証拠である[12]。

　基本的な生理機構は自己完結の閉鎖系ではない。私たちは外部環境との関わりにおいて内部環境の恒常性を保持し生きている。情報処理機構，心理機構，認識機構が拡大ホメオスタシスとして生理機構を補完しなければ，外部環境の急襲から身を守れず，内部環境はすぐ崩壊する。眼にゴミが入りそうになる直前に，無意識かつ反射的に，瞼がとじるのも拡大ホメオスタシスの所業である。

　その意味において，私たちの「生体」は，物理的な閉鎖系ではなくて，外界との関係と交渉を前提とした開放系である。しかも各器官の相関は，全一的・合目的・相互補完的であり，それぞれ役割を分担した分業形態をとっているのである。

1.3-4　自己責任としての権利係争

　自然がすべての生物に等しく与えた「生きる権利」を行使するには，何かを食べなければならない。それは，植物か動物か，それとも雑食かだが，いずれにせよ，自然は生きる権利と同時に食べる権利を与えた。

---

[12]　デカルトは「心身二元論」を説いたが，私は「心身一元論」が自然だと思う。詳しくは拙著『規範科学の基礎』正義の研究1－認識論的・価値論的・方法論的基礎－成文堂，pp.1-31，1994を参照のこと）。

しかし，何かを食べることは，何かを殺すこと，Xを食べるということは，Xを殺すこと，言い換えると，自然がXにも等しく与えた生きる権利を奪うことを意味している。Xからみて，これは承服できない。だから，自衛のために戦いに挑む。こうして，生きるための権利係争が生ずることになるが，その結果は，自然の弱肉強食という掟による裁定に委ねられ，権利係争を解決するに際し，それを解決する手段が何であれ（合意であれ，決闘であれ），当事者のどちらが勝つも負けるも，生きるも死ぬも，奪うも奪われるも，すべては，自己責任とされる。この意味においてジャングル状態は，一日24時間，生きる権利の奪い合いで明け暮れる権利係争の場であって，弱肉強食の食物連鎖が当たり前とされる闘争の状態である。夜もおちおち眠れず，食べることで精一杯ゆえに，貧困にして不潔，孤独にして不安，残酷にして短命な一生とならざるを得ない。

　このようにジャングル状態は，万事，力でものごとを決め，力がすべてを支配する弱肉強食の世界である。つまり，牙と爪を磨き，アレキサンドロスやカエサルを崇める世界である。しかし，力には大きく分けて，体力と知力とがあり，この二つを合わせて生命力というが，こうした「力」は，個々人の生得的な「自然財」に属しており，人によってそれぞれ異なっている。しかも人が秘めている自然財は，発掘してみないとわからない。ある時点で発掘され顕在化された「自然財」（natural goods）をもって，当人の「限界自然財」とみなしてはならない。とくに，人生初期の段階にはそうである。というのは，

　　平等の定義：個々人は生涯にわたって自分の自然財を発掘しつづける発掘
　　　　　　　　途上の可能人として平等である。

と考えるべきだからである。米も麦も林檎も蜜柑も，すべての生き物がそうであるように早生もあれば晩生もある。人間も例外ではない。人の価値は，生涯にわたり努力し，顕在化された自然財によって決まる。

　では，人が生涯にわたって己に潜む自然財の発掘に勉励し，体力と知力の練磨に努めるのはなぜか。すべてが自己責任のジャングル状態において，厳

しい生存競争に負けないで逞しく生きるには，それしかないからである。

1.4　体力・知力の練磨と生命力の強化

　私のいう「ジャングル状態」は，思考実験上の仮想的な「原初状態」(original position)である。歴史上，現実に観察されたある状態ではない。ルソーが自然状態に生きる人びとを「自然人」と呼ぶように，ジャングル状態に生きる人びとを「ジャングル人」と呼ぶなら，ジャングル人たちの権利係争の勝負は，生命力の大小，つまり，体力と知力の優劣によって決まる。その意味で，勝つか負けるか，喰うか喰われるかは，体力と知力を変数とする関数である。そこで，彼らにとって最大の関心事は，どうすれば権利係争に勝ち抜くことができるかである。

　体力と知力を合わせて生命力という。人の体力は恐竜や猛獣には劣る。鋭利な牙や爪もない。だから勝ち目はない。しかし，恐竜よりも強く，猛獣の牙や爪よりも鋭く，鳥よりも早く高く飛び，魚よりも早く深く海を潜って泳ぎまわり，チーターよりも早く走る道具を造りだした。知力によってである。体力では恐竜や猛獣に劣っているが，知力では彼らに優っていた。こうして自然界では，猛獣よりも何よりも，人間が最も凶暴な生き物として怖れられるに至った。そして，人間による自然支配は，弱肉強食の定義を変え，食物連鎖の王座を変えてしまった。

　私たち人間は，各種教育における体力と知力との練磨によって，拡大ホメオスタシスのバージョン・アップを図り，生命力を格段に強化してきた。このために合意形成に基づく社会的協力・分業が果たした役割は大きいが，この点は次章で詳しく述べるとして，今や人間は月に人を送り，火星も探索した。科学的な知力による体力の補完によって宇宙まで生活圏を拡大した。こうして無重力状態や酸欠状態にも適応し，いずれ火星を人の住める星にすることも，夢ではなくなった。

　すでに人間にとって怖い動物は，人間以外にいない。生きる権利を巡って，以前は他の動物と戦ってきたが，人間が食物連鎖の王座を占めるに至って，爾後，人と人との戦いがはじまった。恐竜や猛獣以上に残酷な殺し合いが今

なお続いている。他の生物との戦いに勝ち誇ってきたジャングル人は，最後に，今日の人との戦いにおいて全滅しそうな奇観を呈しはじめるに至った。これまでの生存競争は，卓越した体力をもつ猛獣との間であったが，今や人間が猛獣を従属させ，自然を支配するに至って様相が一変し，人と人の間になった。人が猛獣に様変わりしたのである。

　ホッブズは「人が人に対して狼」(homo homini lupus est)としてふるまう「万人の万人に対する闘争状態」(bellum omnium contra omnes)と述べたが，人はバージョン・アップされた知力を悪用して，己が善い・美しい・聖いと思うが侭に己の利益と幸福を追求して他人と敵対し，他人を騙し，脅し，人のものを狙い，盗み，奪い，殺すも辞さない詐術や悪智恵などの悪徳を美徳とするに至り，恐怖に脅え，不安に苛まれ，暴力に慄く相互不信の戦争状態 (war state) を呈してきた。

　そして，ホッブズのいう人間の自己保存と自己拡張の本性に由来する競争心と不信感と自負心は，知力のバージョン・アップに伴ってますます過激，狡猾，巧妙な手口で新たな侵略行動に駆り立て，猛獣の支配（家畜化）と隷従に飽き足らず，人が人を威嚇し，支配し隷従させるという新たな支配・隷従の関係を生み出すに至った。

　すでに述べたように，各人は生涯にわたって自分の自然財を発掘しつづける発掘途上の可能人として平等である。ホッブズは，自然は心身の能力を平等としたが，能力の平等は希望の平等を伴うから，もし個人ＡとＢが同一の何かを欲し，それが同時に享受できない場合には，ＡとＢは敵対し合って相手と闘うとした。万人は自然財を発掘しつづける発掘途上の可能人として平等と考える場合も，これと同様である。

1.5　幸福追求の自由と「幸福」の定義

　思想良心，信教集会，参政，生存，職業選択，婚姻，移住，研究，出版，教育を受ける自由など，すべての自由は，究極的には，幸福追求の自由に還元される。

　ではなぜ，人間は誰しも，生涯にわたって己の自然財を発掘し続けるのだ

ろうか。なぜなら,アリストテレス以来そうだとされるが,次のような自然な理由により,人間はみな「幸福」(happiness)を望み,幸福な人生を願うからである。では,幸福とは何か。

ここで,任意の人をAとするとき,そのAにとって「幸福」であることは,次のように定義されるであろう。

「幸福」の定義:Aが幸福であるのは,Aが自分の人生計画に基づいて,①順調に己の自然財を発掘しつつあり,②それが他者の幸福追求に役立つことを知って,③己の自尊心を充たすとき,そのときに限る。

アリストテレスは人間にとって「幸福」を人生の究極目的とし,こう述べている。

「幸福はそれ自体のために選ぶのであって,けっして他の何かのために選ぶのではない。至善は自足的であるが,自足的なものは,それ自体で生活を潤し,不足のないものにする。幸福を究極的かつ自足的なものとするわけは明らかであって,幸福こそは人の行為の究極目的なのである」[13]と。

J. S. ミルも,著書『功利主義』[14]において,正常な状態では,
①幸福は究極の目的として望ましく,
②何人も全体の幸福を希求し,
③何人も幸福以外のなにものを求めない,
と主張している。続いて,ミルは『自由論』[15]において「天才を輩出させるには,まず,天才の育つ土壌を確保することが先決である。天才は,唯一,自由の大地においてのみ天性を発揮するのである。私は,天才が貴重な存在であり,思想や実践における自由な開花が重要なる所以を痛感する」[16]と論じ

---

[13] *Aristotelis Ethica Nicomachea*, Recognovit brevique adnotatione, itica instruxit I. Bywater, Oxford, 1894, 1097b.
[14] J. S. Mill, *Utilitarianism*, Ch. 4, 1863 参照。
[15] J. S. Mill, *On Liberty*, World' Classics, London, Oxford University Press, 1963, Ch. 3 を参照されたい。
[16] 小泉仰著『ミルの世界』講談社,1988を参照のこと。

天才ばかりではない。上記の定義から，すべての人にとって，自らの自然財を最大限に発掘し，天性を発揮することは，自らの幸福ばかりか，すべての人の幸福にとって重要である。しかも，すべての人が天才となる可能性を秘めている。すべての人が天才や秀才と言われないにしても，すべての人が生得的な本有自然財を発掘する（天性を発揮する）ことによってすべての人が自尊心を充たし，結果において，すべての人が幸福をエンジョイすることができるのである。

　しかし，幸福を享受するということは，アリストテレスも指摘しているように，自足的・究極的な目的であって，生活を潤すことから，何人にとっても善いことである。ときには，美しいこと，聖らかなことであるかもしれず，同時に，集団生活においては，信頼と平和の源である。その意味において「幸福」は，それを補完する利益と同じく何人にとっても最も善いこと，視点をかえれば，美しいこと，聖らかなことであって，重要であり，かつ基本的な私的・個人的価値であると言えよう。

1.6　生命力を支える自尊心

　ジャングル人にとって「自尊心」（self respect）は，生きていくために必要にして不可欠な生得的ホメオスタシスおよび拡大ホメオスタシスに深く根ざした「生命力」（体力，知力）の根源である。こうして自尊心は，自然が与えた本性であるばかりか，自然がすべての生きものに与えた生得的な本性である。

　すべての人には，自己の尊厳性を維持する自尊心があるからこそ，体力の練磨と知力のバージョン・アップによって生命力を強化し，生涯にわたって自己に潜む自然財の発掘に努める。そして，自己の幸福を追求し，精一杯，生きる努力を払う。ジャングル状態においては，生きるも死ぬも勝つも負けるも，すべては自己責任に属する。助けてくれる人も，社会も法もない。危機に際して己を助けてくれるのは己であり，己の自尊心である。

　すべての人に自尊心は備わっているから，自分の存在を否定し価値を蔑み，利益を奪い取ろうとする誰かが出現すれば，その相手に戦いを挑みかえす決

1.6 生命力を支える自尊心

死の覚悟を決め，自らも相手の存在を否定し，相手の価値を蔑み，相手の利益を奪い取ろうとする報復と敵対的な反撃の挙にでるのである。

これは自尊心のなせる業である。自然が与えた生存の権利を行使しようとする自尊心がある限り，生きていける。自尊心を失うと，生きる気力をなくし，生きていけない。自殺行為とは，己の存在を否定し，己の価値を蔑み，自ら利益を棄てる行為であるが，これは理由が何であれ，自尊心を失って生きる気力をなくし，自己を憎み，自己を嫌い，生きる権利を放棄した自暴自棄の行為である。

「平和状態」とは，互いに存在を願い，価値を尊重し，利益に顧慮し，互いに自尊心を充たしあっており，これによって，相互に敬愛の念で結ばれたに深い「信頼関係」が成立している状態をいう。言い換えると，「平和状態」とは，まず，人びとが「愛」の三要件（存在，価値，利益）を充足し，これにより，人びとが互いに自尊心を充たしあい，こうして，安定した相互的な信頼関係を醸成している状態である。相互的な信頼関係が成り立つのは，互いに自尊心を充たしあっている状態にあるときに限る。

互いに自尊心を充たしあう状態なら，相互的な信頼関係が醸成される状態にある。対偶をとると，相互的な信頼関係が醸成されない状態にあるなら，互いに自尊心を充たしあう状態にはない。互いに自尊心を充たしあうことなく，相互の信頼関係を育てることはできない。したがって「平和状態」にとっての基本要件は，互いに自尊心を充たしあう状態を生み出すことである。なぜなら，信頼関係の樹立は，平和状態の実現にとって基本要件とされるが，その前提をなす自尊心の充足は，相互的な信頼関係の確立にとって最も重要な基本要件とされるからである。

相互的な信頼関係が確立されなければ，平和状態は確立されないが，その前に，互いに自尊心が充足されないと，相互的な信頼関係は確立されない。互いに自尊心が充足された状態にあって，はじめて平和状態が確立される。いかに自尊心を充足することが基本的であるかは，これで明らかであろう。

これに対して戦争状態とは，互いに，相手の存在を否定し，相手の価値を蔑み，相手の利益を奪って，互いに自尊心を傷つけあい，憎しみあう状態である。互いに自尊心を踏み躙りあうという状態にあっては，相互信頼の情は

生まれようがない。ジャングル状態とは，自尊心の不充足によって相互的な信頼関係が欠如した状態である。

1.6-1 自尊心の充否と愛憎

ジャングル状態の描写から容易に推察されるように，「自尊心の充足」は，①健康の維持にとっても，②精神的な安定にとっても，③心の平静（ataraxia）にとっても，④幸福の享受にとっても，⑤信頼関係の増大にとっても，⑥平和状態の確立にとっても，また，⑦人の美徳を引き出すためにも，重要な意味をもっている。

一般に，憐憫，慈悲，正直，礼節，礼譲，寛容，寛大，報恩，謙虚，謙譲，丁重，丁寧，思い遣り，温和，温厚，誠実，信頼などすべての美徳は「愛」から生まれる。

その意味において，愛は諸美徳の母だが，自尊心の充足なくして愛は育たず，また，愛に由来する信頼関係なくして，社会的協力は成り立たない。

逆に自尊心が充足されないと，心／身の不安定・不健康をもたらし，不信感や猜疑心や不安感に襲われたり，闘争心が高じたりなど諸悪徳を引き出す。いずれもホメオスタシス・拡大ホメオスタシスの所業である。

私は，すべての悪徳は「憎」に由来し，侮辱，軽蔑，蔑視，嫉妬，羨望，怨恨，吝嗇，冷酷，冷笑，残忍，残酷，報復，復讐，傲慢，傲岸，高慢，薄情，怨恨，裏切り，我侭，苛め，虐待，強奪，殺意，強請，虚言，詭弁，強弁，約束違反，怠惰，陰険，自己中心，利己的，相互不信などすべての悪徳は「憎」から生まれると考える。憎しみは，諸悪徳の源であり，自尊心の侵害からくる。

「愛」には「恋」と混同したさまざまな定義がある。しかし「愛」は理性的・良心的なものとして定義される。二項関係の愛も，多項関係の愛もあるが，A, Bを任意の人とするとき，まず，二項関係の「愛」はこう定義されよう。

「愛」の定義：AがBを愛しているのは，
　　　　　　①AがBの存在を念願し，
　　　　　　②AがBの価値を尊重し，

③AがBの利益に顧慮し，
④AがBの自尊心を充たしているとき，
　そのときに限る。

　壮絶な争奪戦に明け暮れるジャングル状態にも家族が成り立つのは，この愛によってである。これがなければ，家族さえ成り立たず，ただちに絶滅の危機に瀕する。なお，愛は相互的である。AがBを愛すれば，時間が経つにつれて，BもAを愛するにいたる。逆もまた，しかりである。
　次に，多項関係Aとひろく$B_1, \cdots, B_n$との間の「博愛」の概念は，こう定義される。

「博愛」の定義：Aがひろく$B_1, \cdots, B_n$を愛しているのは，
　　　　　　　①Aがひろく$B_1, \cdots, B_n$の存在を念願し，
　　　　　　　②Aがひろく$B_1, \cdots, B_n$の価値を尊重し，
　　　　　　　③Aがひろく$B_1, \cdots, B_n$の利益に顧慮し，
　　　　　　　④Aがひろく$B_1, \cdots, B_n$の自尊心を充たしているとき，
　　　　　　　そのときに限る。

　これが「自尊心の充足」と「相互的信頼関係の醸成」と「平和共存状態の仕組みの構築」に大きく寄与することになるが，問題は，その仕組みである。ホッブズやロックやルソーなどの伝統的な社会契約論者たちは，その「仕組み」を合意形成に基づく「合理的な社会的協力の仕組み」に求めた。それが不合理なら，戦争状態に陥るからである。

　　　　　　　　　　　自尊心の充足
　　　　　　博愛心情と相互↓信頼関係の確立
　　　　　　平和共存状態の↓仕組みの構築

　憎は愛の対概念であって，相手の非存在を望み，相手の価値を蔑み，利益を奪い取り，自尊心を侵害する敵対的な行為をいう。愛は相互的であるが，

憎悪もまた相互的であって憎悪が憎悪を呼ぶ。こうして憎悪の連鎖が生み出される。これが人びとをして戦争へ導く心理的基礎である。

　虐待，傷害，殺人がその典型である。幼児の折檻や戦時中の児童生徒の体罰もそうだが，戦時中は，教室でよく「愛の鞭」という怖い言葉を耳にしたものだ。しかし愛の鞭とは，丸い四角，黒い白馬と同じように，論理的には $(p \cdot \neg p)$ という自己矛盾の「詭弁」に他ならない。

　他方，昔から「可愛い子には，旅をさせよ」という諺がある。親の愛の表現はいろいろあっても，究極的には，子の成長を願い，子の成長を促すものでなければならない。だとすると，この諺にいう「可愛い子には，旅をさせよ！」こそが真の「親の愛」というものではないだろうか。

第2章 力の正義と争奪戦

2.1 ジャングル状態のジレンマ
2.2 ジャングル人の争奪戦と力の正義
2.3 生きる権利(自然権)の衝突,生きる自由の争奪戦
2.4 自尊心の侵害→憎悪→争奪戦の悪循環
2.5 戦争回避のための「力の正義」の放棄

　世の中には,喧嘩っ早い人もいれば,思慮深い温厚な人もいるが,いかに好戦的な人であれ,所与の状況とは無関係に,生まれつき喧嘩や不幸を望む人はいない。

　前章において私は,力の正義が支配せざるを得ない「ジャングル状態」の特徴を素描した。そこで,本章では,戦いのために生まれ,戦いのために成長し,戦いのために死んでいかざるをえない「ジャングル人たち」の宿命および争奪戦の必然性・不可避性について検討を加えたいと思う。

　医の本道は原因療法である。すべての病には原因があるように,力の正義や争奪戦にも原因がある。私はその原因分析に基づき,合理的な回避策ついて考察する。

2.1 ジャングル状態のジレンマ

　前章における考察から明らかのように,自由放任のジャングル状態は互いに両立不能な個人的価値(善美聖)が相互に対立しあって種々の「ジレンマ」(dilemma)に陥って奪い合い殺し合いなどの争奪戦を引き起こす諸悪徳の根源である。

　論理的な「ジレンマ」には多数の種類があるが,そのうち代表的なジレンマは「構成的両刀論法の法則」(law of constructive dilemma)である。

　まず「p, q, r, ……」を任意の言明,「⊃」を条件法(……ならば……),

「・」を連言（……そして……），「∨」を選言（……または……），「¬」を否定（……でない）とし，括弧を内から外へと用いるなら，論理式では，こう表現される。

$$\Rightarrow ((p \supset r)\cdot(q \supset r)) \supset ((p \vee q) \supset r)$$

日常言語では「pならrとなり，また，qでもrとなる。では，pをとるか，qをとるか。いずれにせよ，結果はrである」を意味している。

これを日常言語で解釈するなら，「働くことは苦しいが，餓死することも苦しい。では，働くか，それとも，餓死するか。いずれにせよ，苦しい」が一例であろう。これが「論理法則」であることは，最も簡単な証明法「ゲンツェン式論理計算」（LK）によって，次のように，明らかとされよう[1]。

証明（LK）：

$$
\dfrac{
\dfrac{
\dfrac{
\dfrac{
\dfrac{
\dfrac{\dfrac{p\Rightarrow p}{p\Rightarrow r,p,q}\ \dfrac{q\Rightarrow q}{q\Rightarrow r,p,q}}{p\vee q \Rightarrow r,p,q}(\vee\Rightarrow)\ \dfrac{r\Rightarrow r}{r,p\vee q\Rightarrow r,p}\ (\supset\Rightarrow)
}{q\supset r, p\vee q \Rightarrow r,p}\quad \dfrac{\dfrac{r\Rightarrow r}{r,p\vee q\Rightarrow r,q}\ \dfrac{r\Rightarrow r}{r,r,p\vee q\Rightarrow r}(\Rightarrow\supset)}{r,q\supset r, p\vee q\Rightarrow r}(\supset\Rightarrow)
}{p\supset r, q\supset r, p\vee q\Rightarrow r}(\supset\Rightarrow)
}{p\supset r, q\supset r \Rightarrow (p\vee q)\supset r}(\Rightarrow\supset)
}{((p\supset r)\cdot(q\supset r))\Rightarrow (p\vee q)\supset r}(\cdot\Rightarrow)
}{\Rightarrow((p\supset r)\cdot(q\supset r))\supset((p\vee q)\supset r)}(\Rightarrow\supset)
$$

この他にも「ジレンマ」には，多くの変種がある。一例として上記論理式の「q」は，pでない（¬p）を論理的に含意（imply）するから，次の論理式

---

[1] 拙著『判断の論理学』慶応義塾大学出版会，2003，pp.161-180，同『記号論理学』大竹出版，1986，同『論理学』早稲田大学出版部，1986，拙著『数理論理学の諸方法』理想社，1974などにおいて論じたように，ヒルベルト式の証明法と比べてゲンツェン式証明法は，ルールにしたがって上からでも下からでも機械的に証明図を描くことができ，証明がはるかに簡単である。

もなりたつ。

$$((p \supset r) \cdot (\neg p \supset r)) \supset ((p \lor \neg p) \supset r)$$

2.1-1　医者のジレンマ：抗癌剤を投与すべきか否か

「抗癌剤を投与すれば，(健康な細胞までやられて) きっと，患者は死ぬ。しかし，抗癌剤を投与しなければ，(癌が転移して)患者は死ぬ。では，抗癌剤を投与すべきか，それとも投与すべきでないか，いずれにせよ，患者は死ぬ。」これも上の論理式と同じ構造をした論理式$((p \supset r) \cdot (\neg p \supset r)) \supset ((p \lor \neg p) \supset r)$として「記号化」されるジレンマである。

2.1-2　白菜に虫のジレンマ：殺虫剤を散布すべきか否か

「殺虫剤を散布すれば，(農薬で虫は死ぬが) 白菜は喰えない。しかし，殺虫剤を散布しなければ，(虫が喰って網状になり)白菜は喰えない。さて，殺虫剤を散布すべきか，それとも，散布すべきでないか。いずれにせよ，白菜は喰えない。」これを記号化すれば，上と同様な論理式$((p \supset r) \cdot (\neg p \supset r)) \supset ((p \lor \neg p) \supset r)$となる。

2.1-3　鶏泥棒のジレンマ：自白すべきか否か

夕べ，ジョンは農家から鶏を一羽盗んだ。「自白すれば，ただちに捕まる。しかし，自白しなくても，早晩，捕まる。では，自白すべきか，それとも，自白すべきでないか，いずれにせよ，捕まる。」このジレンマも，その論理構造は同じである。

落語に「ぞろぞろ草鞋」というのがある。これは「欲を出せば損をする」，「福沢さんを追っかけると，福沢さんは逃げる」という類のジレンマである[2]。

「一眼国」の落語も，一つ目の女児を連れ帰って見世物で大儲けしようとした香具師が逆に一つ目の世界で捕まり，見世物にされる（見世物にしようとし

---

[2]　ジレンマの証明については，拙著『判断の論理学』慶應義塾大学出版会，2003, pp. 96-97を参照されたい。

て、見世物にされる／ミイラを取ろうとして、自分がミイラになる)」というジレンマである[3]。

今日、人文・社会科学の分野では「囚人のジレンマ」(Prisoner's Dilemma) がよく使われている (発案者 A. W. Tucker)。これはゲーム論的アプローチの「得をしようとして損をする」というジレンマだが、その変種はいくらでも考えられる。

警察が捜査線上に浮かんだある殺人事件の容疑者 A と B を追跡している。ある日、A と B は都内のある電気店で盗みの現行犯で逮捕され、警察に連行された。担当官はこれを別件とし、本件を追求するために、A と B をそれぞれ別室に収監し、取調べに入ったが、双方とも黙秘を続け、容易に口を割ろうとしない。

担当官は A と B を別々に呼び出し次の条件を提示する。「本件を自白すれば釈放してやるよ」と。しかし彼らは、己が釈放されるのは、己が自白し、そして相棒が黙秘するときに限ることを知っている。これを「損得表」(gain-and-loss table) で示すと、

	B：自白	B：黙秘
A：自白	15年・15年	釈放・無期
A：黙秘	無期・釈放	2年・2年

となる。A の自白を (a_1)、A の黙秘を (a_0)、B の自白を (b_1)、B の黙秘を (b_0) とし、「X は Y よりも有利」を $X>Y$ とすると、順位は次のとおり。ただ、相棒の行動が読めない。

$$A: (a_1 \cdot b_0) > (a_0 \cdot b_0) > (a_1 \cdot b_1) > (a_0 \cdot b_1)$$
$$B: (b_1 \cdot a_0) > (b_0 \cdot a_0) > (b_1 \cdot a_1) > (b_0 \cdot a_1)$$

さて、A と B は選択に悩んだ。自白すべきか、黙秘すべきか、最も有利な選択肢はどれか……と。順位をつければ、①釈放、②懲役2年、③懲役15年、

---

3) 社会科学で有名なかの「囚人のジレンマ」については、拙著、同上を参照のこと。

④無期懲役である。ゆえに，最も有利な選択肢は，①の釈放である。しかし，相棒も同じく，①を望むに違いない。もし，己が黙秘しても，相棒が自白するなら，最悪である（④の無期懲役となる）！

相棒が黙秘する保証はない。最善のケースに賭けると失敗する。最悪の場合にも，最も安全確実（有利）なケースを選ばなければならない。では，自白する場合のリスクと黙秘する場合のリスクとを比較するとき，どちらのリスクが大きいか。

相棒がどうでるか，何れが有利かという「事前確率計算」(a priori probability calculus) は，不可能な状況とされ，相談も交渉も予測もできない状況にあるから，

> 前提１：己が黙秘する場合のリスク：最大で無期懲役！
> 前提２：己が自白する場合のリスク：最大で懲役15年！
> 結　論：黙秘のリスクは，自白のリスクよりも大きい。

こうして，AとBは共に自白し，懲役15年の判決が下った。互いに信頼し共に黙秘していれば，懲役２年の判決であったが，共に相手の裏切りを恐れて共に自白したから，共に懲役15年の判決となった。こうした「囚人のジレンマ」には幾多の解釈がある。代表的な一つの解釈は，こうである。すなわち，AもBも最大の利得を求めた。現行犯逮捕だから無罪は望めないけど，次善の懲役２年ではなく，共に懲役15年の判決を余儀なくされた。彼らは利得を求めて損をした。共に黙秘していれば，わずか２年の刑で済んだにもかかわらず，ジレンマに陥ってしまった。

2.1-4　囚人のジレンマとマキシミン・ルール

しかし私は，そうは思わない。彼らは危険回避の合理的な選択をしたと考える。なぜなら，どのような事態が現れるか予測できず，その「事前確率計算」もできない状況の下では，起こりうる最悪の事態を想定し，最悪の場合にも，最も安全確実なケースを選択すること（危険回避の選択）は，合理的な選択だからである。

ロールズは当事者たちを「不知のベール」で覆って損得計算の前提たる具

体的な諸情報を適度に排除し、「マキシミン・ルール」(Maximin Rule = Maximum Minimorum Rule) しか頼れないという状況（原初状態）の下で、すべての人にとって最大の利得を公正に保障してくれる「合理的な選択」（各人にとって最善の選択）をおこない、斬新な脱功利主義的な「正義原理」の定式化を試みた[4]。

上記「囚人のジレンマ」のA，Bは，自白すべきか，黙秘すべきか，必死の選択を迫られている。相棒の行動が予測不可能な不知のベールの状況の下で「自白」か「黙秘」かの選択を迫られるとき，マキシミン・ルールによれば，相棒が自白する場合にも，黙秘する場合にも，己が黙秘することは，最も危険な賭けである。相棒がどう出ようとも，自白は危険回避の最も安全確実な選択なのである。

一般に利得（g）は，決定（d）と状況（c）を変数とする関数：

$$g = f(d, c)$$

とされるから，次の「損得表」（単位：億円，c_1を最悪，c_3を最善，c_2を中間の状況）では，「事前確立計算」が不能な限り，d_3が合理的な解である。最悪の状況c_1の場合，d_1は1億円の損，d_2は5億円の損を被るが，d_3は2億円の利益を得るからである。

	c_1	c_2	c_3
d_1	-1	5	10
d_2	-5	7	12
d_3	2	4	8

さて，己が王で，朕が法たる「ジャングル状態」は，善美聖の矛盾からくる幸福追求と利害得失上の対立と抗争が渦巻くカオスの状態である。また，深刻なジレンマから脱却しその矛盾に決着を付けるに，公的な裁判所なきジ

---

[4] J. Rawls, *A Theory of Justice*, Harvard UP, Cambridge, 1971, 拙著『公正としての正義の研究』成文堂，1989，p.75ff，拙著『ロールズ哲学の全体像』成文堂，1995，ch.2, pp.49ff。

ャングル状態では，脅しと決闘，威嚇と戦争の途しかなく，それゆえ，力の正義がすべてを支配せざるを得ない弱肉強食の世界であって，そうした状況に固有の多くのジレンマがある。

2.1-5 両立不能な善美聖追求のジレンマ：

各人の善美聖概念は各様である。人の命や財産であれ，盗み，奪い，侵略し，殺すことなどを善いとする人と，悪いとする人とがいる。これは矛盾で両立不可能である。決着をつけようとすると喧嘩になる。殴り合いや殺し合いになる。美や聖の概念についても同様である。

$$((p \supset g) \cdot (p \supset \neg g)) \supset (p \supset (g \cdot \neg g))$$

この論理式は，略奪（plunder）を（p），善い（good）を（g），善くないを（¬g）とするなら，両者が深刻な矛盾に陥り，決闘／戦争に歯止めがかからないという「ジャングル状態」の本性を示している。このように，ジャングル状態には共通の理念も共通ルールもなく，各人が王として振る舞い，己の善美聖概念に従って己の利益や幸福を追求するから，利害の対立は避けようがない。しかし，すべての権利係争は，自己の責任において，力で決着を付けざるを得ないから，必然的に弱肉強食の結末を迎える。これがジャングル状態の一つの特徴であって，何よりも互いに矛盾し合った両立不能な善美聖の概念が野放し状態，自由放任のジャングル状態にあるから，各種ジレンマを生み出し，人びとの間に対立，対決，決闘，戦争を引き起こすのである。

では，どうすべきか。自由放任のジャングル状態を（p），善いを（g），善くないを（¬g）とするとき，次の論理式が示すように，後件g，¬gの矛盾を引き起こすような前件（p）を否定する（¬pとする）しかない。

言いかえると，ジレンマを引き起こす原因は，各人の善美聖概念が野放しのジャングル状態（p）にあることから，pを否定して判断の前提を改め，互いに矛盾した善美聖の概念に起因するようないっさいの対立や対決，決闘や戦争を未然に防ぐ合理的なシステムを導入するのである。これは「帰謬法」（reductio ad absurdum）に基づく結論である。

$$((p \supset g) \cdot (p \supset \neg g)) \supset (\neg p)$$

これが一論理法則であることは，以下の証明によって明らかであろう．

証明（LK）：

$$
\cfrac{
  \cfrac{
    \cfrac{p \Rightarrow p}{p \supset \neg g \Rightarrow \neg p, p}
    \quad
    \cfrac{
      \cfrac{p \Rightarrow p}{g \Rightarrow \neg p, p} \quad \cfrac{g \Rightarrow g}{\neg g, g \Rightarrow \neg p}
    }{
      \cfrac{p \supset \neg g, g \Rightarrow \neg p}{g, p \supset \neg g \Rightarrow \neg p}
    } \, (\supset \Rightarrow) \; (I \Rightarrow)
  }{
    \cfrac{p \supset g, p \supset \neg g \Rightarrow \neg p}{(p \supset g) \cdot (p \supset \neg g) \Rightarrow \neg p} \, (\cdot \Rightarrow)
  }
}{
  \Rightarrow ((p \supset g) \cdot (p \supset \neg g)) \supset (\neg p)
} \, (\Rightarrow \supset)
$$

論理学上の「帰謬法」によれば，ある前提から矛盾が生ずるというのは，その前提に問題がある証拠であり，矛盾を解消するには，その前提を否定するしかない．

前提をそのままにしておいて，いかに立派な倫理や道徳を説いても意味はない．いかに罰則を強化しても効果は望めない．これは，蛆虫の湧く土壌を放置している限り，それをどう摘み殺そうと，また，いかに消毒しようとも，蛆虫は，次つぎ湧いてくるのと同じであるといえよう．それゆえ，蛆虫が湧かないようにするには，摘み殺す／殺虫剤を散布する／などの対症療法によってではなく，蛆虫の湧かないきれいな土壌／蛆虫の育たない土壌／蛆虫の嫌う土壌に改める原因療法に訴えるべきである．抜本的な解決法は，前提を改め，蛆虫の湧かない土壌にすることである．

私たちが社会をつくり，社会的協力の状態に移るおもな理由は，合意にもとづく共通の理念と共通ルールの下で，両立不能な善・美・聖の概念を禁じ，それを互いに両立可能な範囲に限定して個人的・私的善・美・聖追求の権利・義務を合理的に定め，すべての人に公正に社会的協力の利益を保障し，こうして，両立不能な善・美・聖追求のジレンマを解消し，自尊心を充足し，平和共存を確保するためであった．

これはジャングル状態から「社会状態」(social state) への移行を意味している。言い換えると，合意形成によって社会をつくり，合意にもとづく共通の理念と共通ルールのもとで各人の善美聖概念が両立可能とされる許容範囲内で社会的協力の仕組みを導入することを意味している。では，どういう社会をつくるべきか？

ある一部の人の善美聖しか尊重しないとか，一部の人の利益追求の自由しか保障しないとか，一部の人の幸福追求の自由しか保障しないとか，一部の人が奴隷になるとか，人身御供になるなど，ジャングル状態以下の人生展望を余儀なくされるような制度上不公正な社会では，合意は得られないだろう。また，せっかく社会をつくっても，その恩恵に浴さないような人がいるようでは，初期の目的を達成できず，再び，ジャングル状態に逆戻りせざるを得ないであろう。

2.1-6　両立不能な利益追求のジレンマ：

ジャングル状態には，個人的価値（善・美・聖）の対立ばかりではない。互いに，矛盾の関係にある利益の対立も深刻である。個人の間では，これが対決・決闘へと発展し，部族間では，これが戦争へと発展することになる。

個人 A は奪う利益を求め，個人 B は奪われない利益を求める。こうして，利益をめぐる対立が生じ，A か B のどちらかが手を引かないと，殺し合いの喧嘩になる。これが「利益争奪戦」であって，これを「両立不能な利益追求のジレンマ」という。

こうした奪う利益の対立の他にも，法も規制もないジャングル状態には，他人のものを盗む利益と盗まれない利益，人を強請する利益と強請られない利益，人や舟や家を襲う利益と襲われない利益，無辜の良民を騙す利益と騙されない利益，人を殺す利益と殺されない利益，他の部族の領土を侵略する利益と侵略されない利益，他人の財産を略奪する利益と略奪されない利益，新米や林檎を収奪する利益と収奪されない利益など，互いに矛盾する利益の対立が数多く見出される。

問題は，正邪の規範なきジャングル状態には，人の命や財産を奪う利益を求めることは正しいか，正しくないか，また，奪う利益と奪われない利益の

うちのどちらを尊重すべきか，どちらが正しいかとの問いを発することそれ自体が無意味であり，それに答える術はないということである。なぜなら，ジャングル状態には，個人的価値としての善悪，美醜，聖俗や損得，幸不幸などの概念はあっても，正義，公正，正当など，社会的価値としての正邪の概念は，存在しないからである。では，どうすべきか。

その抜本的な解決策は，ジャングル状態を (p)，利益を (i) とするとき，判断の前提 (p) から矛盾 (i と ¬i) が得られることは，判断の前提それ自体に問題があるということだから，次の論理式：

$$((p \supset i) \cdot (p \supset \neg i)) \supset (\neg p)$$

から明らかのように，前提 (p) を否定する (¬p とする) ことである。そして，合意によって，善美聖という個人的価値の上に法的に「何が正しいか」を決める社会的価値の公的基準を導入し，互いに矛盾する善美聖の追求・利益追求・幸福追求に一定の枠（許容域）を設けてジャングル状態では回避しようのないジレンマ，つまり，共に損をし，共に滅びるという「共損共滅のジレンマ」から脱却することである。

こうして，「両立不能な利益追求のジレンマ」を解決するには，上の「両立不能な善美聖追求のジレンマ」の場合と同じように，合意形成によってジャングル状態から社会状態へと移行し，誰もが納得のいく共通の社会的協力の理念と共通ルールとを導入して，正しい利益追求と正しくない利益追求が何かを公的に定めることが有効である。このとき，もし選ばれた社会システムがすべての成員に対して公正な利益追求を保障するものであるなら，ジャングル状態の共損共滅的な利益追求のジレンマは合理的に解決され，初期目的である利益争奪戦は終りを告げて，平和共存の夢は達成されよう。

2.1-7 両立不能な幸福追求のジレンマ：

既述のとおり，いかなる人も幸福になりたいという願望をもって生きている。すべての人は，何らかの理由で，絶望状態や絶体絶命の状態，または自暴自棄の状態に陥ってない限り，幸福を求めるが，共通の理念もルールもな

いジャングル状態には，「他人の幸福を奪うことが自分の幸福である」とする人もいる。虫のいい話だが，そういう人でも自分の幸福だけは奪われたくない。もし奪われそうになれば闘いをいどむ。

このように，互いに矛盾している両者それぞれの幸福追求は，両立することが不可能である。しかるに，両立不能な幸福追求は，本性上，幸福争奪戦への過程に歯止めを掛ける術がなく，闘争状態へと発展する。

ホッブズは「己にして欲しくないことを他人にしてはならぬ」を自然法か否かを決めるメタ基準（自然法の判定基準）としたが，この基準が有効であるのは，他人の幸福を奪わなくても，己の幸福追求が可能であるとき，そのときに限る。ジャングル状態における幸福の追求は，生易しいものではない。衣食住の充足さえ困難なくらい生存条件が厳しさが増してくれば，そういう基本倫理さえ無意味となる。

己の幸福は奪われたくない。ゆえに，他人の幸福は奪わない。ジャングル状態において，この道理は期待できない。この道理を通用させるには，ジャングル状態を否定し，それが有効に機能するような新たな状態への飛躍が求められる。

この結論は，幸福追求上の矛盾を（h）と（￢h）とするとき，上記の2例と同じように，次の論理式：$((p \supset h) \cdot (p \supset \neg h)) \supset (\neg p)$ から導かれる。

前提（p）から幸福追求上の矛盾（h）と（￢h）とが得られる。この矛盾をなくすには，前提 p を否定し，ジャングル状態から脱却しなければならない。そして，各人の幸福追求の自由が公正に保障されるような「社会状態」を築き上げることである。

このとき重要なのが合意形成である。外圧や利益誘導などによる見かけ上の合意形成ではいけない。多数決に訴える不完全合意でもいけない。多数派の幸福追求だけを保障するような社会システムなら初期目的は達成できず，それゆえ，平和共存は維持できず，またすぐ，ジャングル状態の原点へと戻ってしまうからである。

2.1-8 両立不能な自尊心充足のジレンマ：

すべての人にとって自尊心の充足がいかに重要であるかは，その侵害がい

かに耐え難い屈辱であるか，いかに苦痛この上ない侮辱であるかということから明白である。自然財に深く根ざした善美聖概念の侵害も，そこからくる利益追求の自由の侵害も，さらに，幸福追求の自由の侵害も，すべては自尊心の侵害に帰着する。その意味において自尊心の侵害は，憎しみの連鎖を生みだし，無辜の良民を決死の自爆テロや対決や決闘，闘争や戦争へと駆り立てる諸悪の根源である。

ジャングル状態には，他の自尊心は侵害しても，己の自尊心だけは侵害されたくないという人もいる。相互性を弁えない人との平和共存は困難で，必然的に自尊心の侵害合戦を引き起こす。己の自尊心を侵害する人の存在を望まず，価値を尊ばず，利益を横取りして憎しみを煽る戦いの連鎖という悪循環に陥らざるを得ない。

自尊心の充足によって満足（心の平静）を覚える人と，他人の自尊心を侵すことによって己の自尊心が充足される人との間の矛盾を解消できず，自尊心の侵害合戦へと発展するとすべての人が共に自尊心が傷つき，すべての人が共に滅びるという「共損共滅のジレンマ」に落ちこまざるを得ない。自尊心の侵害合戦，憎悪の連鎖，悪循環を断ち切り，ジレンマから抜け出すには，自尊心充足の矛盾を（s）と（￢s）とするとき，帰謬法：

$$\Rightarrow ((p \supset s) \cdot (p \supset \neg s)) \supset (\neg p)$$

により前提（p）を否定し，相互の矛盾が発生せず，両立不能な自尊心充足のジレンマに陥ることのない合理的な仕組みを社会的協力のシステムに導入することである。

なぜなら，前提（p）から互いに矛盾するような結果（s）（￢s）がでてくるということは，その前提そのものに問題があることを含意しているからである。こういう場合には，帰謬法に従って，その前提（p）を否定し，互いに矛盾する（s）と（￢s）を共に導きだすことのないような前提に取り替えるしかない。論理的にみる限り，原因療法的で，しかも抜本的な解決策はこれしかないと思われる。

2.1-9 両立不能な生きる権利行使のジレンマ：

　ジャングル状態には，もっと深刻な根源的ジレンマがある。既述のとおり，ジャングル状態は，自然からすべての人に等しく自らの責任において生きる権利が付与された状態である。いや，すべての人ばかりではない。すべての生きものに対して等しく自らの責任において生きる権利が付与された状態である。しかし生きるためには，何かを食べなくてはならない。何か生きものを殺さなくてはならない。しかし誰しも殺されたくない。だから己を殺そうとする相手は殺さざるを得ない。これは生きるか死ぬか，殺すか殺されるかに脅えつつジャングル状態に生きるすべての生物に付与された生来の権利である。

　ときには，己を殺そうとする相手が野獣でなく人の場合もあろう。このとき自己を守るために相手を殺す権利は，生きる権利の行使（正当防衛）にあたるが，これは相互的であるから，双方ともに，己の死を望み，価値を蔑み，利益を奪い，自尊心を侵す（己を憎み，己を不幸にする）ような相手に対して，その死を望み，その価値を蔑み，その利益を奪い，その自尊心を侵す（相手を憎み，相手を不幸にする）という憎悪が憎悪を生み出す「憎しみの連鎖」と悪循環へと人びとを導いていく。

　この生きる権利行使のジレンマこそは，ジャングル状態において避けることのできない最も深刻なジレンマである。こうした生きるか死ぬかの状況においていかに高尚な倫理や道徳を語っても意味はない。要は，合理的な仕組みである。

　飲酒運転の撲滅に倫理・道徳や法的な罰則強化をもってではなく，飲酒運転が不可能な装置をもって対処すべきように，この問題を合理的に解決するにはその「仕組み」ゆえに自ずと生きる権利行使のジレンマが解消するような方策を導入することである。このためには，なぜ，ジャングル状態では，人びとはジレンマに陥るのか。原因を究明し，判断の前提を吟味することである。

　では，どうすべきか。この場合にも，下記の論理式が示すように，後件 r，$\neg r$ の矛盾を導きだすところの前件 p を否定（$\neg p$）して前提 p を改めること，言い換えると，生きる権利の行使にかかわるジレンマに起因する生きる

ための個人と個人との対立や対決,決闘や戦争の原因を取り除くことである。つまり,

$$((p \supset r) \cdot (p \supset \neg r)) \supset (\neg p)$$

人びとが社会をつくり,社会的協力の状態に移行するのは,合意にもとづく共通の理念と共通ルールの下で,人びとが行使できる権利と,誰かがその権利を行使するとき,他の誰も干渉してはならぬという義務とを定め,その法の支配の下で,生きる権利行使のジレンマを解消し,平和共存を確固たるものにするためである。

これは,ジャングル状態から社会状態への移行である。合意形成によって社会をつくり,合意にもとづく共通の理念と共通ルールの下で,社会的協力・分業に従事することである。なお,この解決策が正しいことは,帰謬法の証明から明らかであろう。

再び,問題は「どういう社会をつくるか?」であり,合意形成の条件である。誰であれ,己を放置し,疎外する社会,存在を望まず,価値を尊ばず,利益を疎んじ,自尊心を侵すような社会,己が受ける恩恵は何もなく,ジャングル状態のほうがましと思うような社会なら,合意するはずがない。

「多数派の多数派による多数派のための不完全な合意形成」(不完全合意)ではいけない。ルソーもいう。満場一致の合意(完全合意)は非現実的な要求であろうが,少なくとも一度は,爾後,多数決原理に従う義務について満場一致の合意を得ておくべきだ,と[5]。

しかし私は,ジャングル状態から社会的協力に移るか否か,移る場合にはその基本理念は何か,共通ルールは何かといった重要問題は,ことの重大性からして「万民の万民による万民のための完全な合意形成」(完全合意)であるべきと考える。

これに対して「完全合意」は無理だ,合意形成などありえないという意見

---

[5] J. J. Rousseau, *Du contract social ou principles du droit politique*, 1762, part 1, ch. 4.

がある。この問題は、第4章で詳しく論ずるが、要は、根拠であり、その理由である。それがないならとりあえず、その可能性を仮定し、どうすればそれが可能となるか、その方法を探求すること、これが「アカデミックな精神」というものであろう。合意形成は可能か否か、ではない。どうすれば、合意形成は可能かである。

もし合意形成が不可能なら、ジャングル状態から脱却して社会的協力へ移行することは不可能であろう。人間は永遠にジャングル状態のジレンマから脱出できない。ホッブズのいう「人は人に対して狼」として継続的な不安と恐怖と暴力におののく「万人の万人に対する闘争状態」(bellum omnium kontra omnes)、腕力や悪智恵、詐術や窃盗、強奪や報復などの諸悪徳を美徳とする恐怖状態に陥って、永遠に、貧困と不潔、孤独と不信、残忍と短命の悪循環から逃れる途はなくなるに違いない。私たちに必要なことは、合意形成を可能ならしめる「新しい科学的抽象化の方法論」を構築することにある[6]。もし、これが方法論的に可能になれば、完全な合意形成（完全合意）も、夢ではなくなるであろう。

2.2　ジャングル人の争奪戦と力の正義

2.2-1　強者と弱者の問題

すでに前章において述べたように、ジャングル状態には、共通の理念も、共通ルールもなく、法の支配もない。奪う自由もあれば、殺す自由もある。個人の自由に対する公的な規制などなく、人定の権利も義務もない。自己が王であり、己がルールである。自己責任を条件に等しく生きる自由が各人に与えられている。

次に、ジャングル状態に生きる個々人に目を転ずれば、各人は自然から生まれながらにして代替不能な特殊性が与えられている。それぞれ違った自然

---

[6]　拙著『一般抽象化理論－科学的探究の一方法－』大竹出版、1988参照。本著では、主として「延長抽象化の方法」と「性質抽象化の方法」について、さまざまな科学的探究の方法を論じている。すべての科学的対象について、対象が存在するか否かではない。捕れた魚は用いた網の関数である。新しい網を使えば、新種の魚が捕れるかもしれない。

財の基礎の上に，異なった人生計画，違った選好体系，違った善概念(美概念も聖概念も含む)，違った利益概念，違った幸福概念が成り立っている。個人の価値とその尊厳性を保証し，自尊心を基礎づけるのは，この代替不能な特殊性だが，それぞれ両立不能である。

そこで，当然のことながら，己の意思を通そうとすると衝突が生じ，喧嘩っ早い人ならすぐに「力の対決」という事態になる。まるで「荒野の決闘」だが，結果は，力の正義であって，強者が弱者を制するというような残酷にして非情な「弱肉強食」の様相を呈してくるだろうが，では，誰が弱者を理由に強者の餌になることを当り前のこととして認めるというのだろう。強者か弱者かは戦ってみないとわからない。弱者というのなら闘うしかない。「よし，決闘だ！」となるに違いない。

第一に，いったいなぜ，何をもって強者と弱者に分けるのか。その基準は何か。評価の結果は，選ばれた基準の関数に他ならない。だから，選ばれた基準によって，同一人物が強者にも弱者にもなる。しかるに，自然は各人に各様の「自然財」を与えた。人によって自然財はそれぞれ異なる。それゆえ，腕力か，才能か，自然財の何に注目し，何を基準に評価するかで，強者とされたり，弱者とされたりとなる。自然財の中の何に注目しようと，いかなる評価基準を選ぼうと強者は強者，弱者は弱者となるような絶対的な強者も弱者もいない。強者とか，弱者とかいったレッテルは，制度が創った恣意的な差別ではないか。本来，絶対的な強者も絶対的な弱者もいない。

古代ギリシアのカリクレスは弱肉強食のジャングル状態を「優れた人が劣った人よりも，また有能な人が無能な人よりも多くをつかむのは正しい」と容認，続けて「強者が弱者を支配し，……牛であれ何であれ，力の弱い劣った人のものはすべて力の強い優れた人の所有に帰するというのが自然本来の正義だ」とし，力の正義を祝福したが，弱者ゆえに強者の餌になって当然との考えに対し，ソクラテス (Sōkratēs, 前470／69-399) は「平等な分け前を守ることこそが正義であって，他人のものを侵すことは，不正義である」と異論を唱えて「力の正義」を説くカリクレスに真っ向から反対した[7]。

---

7) プラトン『ゴルギアス』36, b (Platōn, *Gorgiasu*, 36, b) を参照のこと。

2.2-2 善（美・聖）概念の衝突

ジャングル人の「喧嘩の原因」の一つに善（美，聖）概念の衝突がある。

「X」を個人的価値（善／美／聖，利益，幸福）の評価の対象（分割不能）とし，A，Bを個人とするとき，Aは「Xが善い」とし，Bは「Xは善くない」として譲らない場合に，どちらの善概念もそれぞれ違った自然財からくる必然的な帰結であり，しかも，ジャングル状態には，善（美／聖）追及の自由に対する公的規制は全くないわけであるから，A，Bともに，最後まで主張を譲らないであろう。

たとえ，AとBが己の主張を正当化しようとも，正当化の根拠をなす両者の自然財それ自体が違っているわけであるから，両者それぞれの善概念に基づく双方の主張は最後まで平行線をたどるに違いない。これが善（美／聖）概念の衝突である。これが自尊心を脅かすようになると，憎悪の炎が燃え上がり，殺意まで抱くに至って，もはや喧嘩は避けられない。ジャングル状態には公的な手立てがないから，行くところまで行く。

Aにとって善いX（X＝仕事／職場／季節／家屋／人／意思／行動／選択／人生……）は，Aの選好システムを充たし，Aの人生計画の実現に寄与するXであるから，だれが何といおうと，Aにとって善いXなのである。しかし，Aにとって善いXでも，Bにとっては，必ずしも善いXではない。なぜなら，Bにとって，Xは己の選好システムを充たさず，己の人生計画の実現に寄与するXではないからである。これは一対一の善概念の衝突という特殊な例であるが，ジャングル状態では，一対多の善概念の衝突から多対多の善概念の衝突までさまざまな善概念の衝突という事態が考えられよう。規模がどうであれ，ジャングル状態では，善概念の衝突は論理的に不可避である以上，善概念をめぐる喧嘩も，好戦的か否か，喧嘩っ早いか否かに関係なく，論理的に不可避である。

ところで「美しいX」を善いXの極致とし，「聖らかなX」を美しいXの

なお，ソクラテス，プラトン，アリストテレスは，ホメロスの「神話の世界」から人びとをアカデミズムの世界へと誘って「愛智」（哲学）という新しい学問を興し，人びとの文明化に大きく寄与した。これは史上最初の「パラダイム・シフト」（神話がら学問への「パラダイム・シフト」）として意義深いものであったといえよう。

極致とすれば，美しいXか聖らかなXかという判断も，人によってそれぞれ異なり，美概念や聖概念の衝突→自尊心の侵害→憎悪→喧嘩も，上で述べた善概念の衝突→自尊心の侵害→憎しみ→喧嘩と同じ根拠に基づいて説明されよう。

2.2-3 利益争奪戦

ジャングル人の「喧嘩の原因」の一つに利益追求の衝突もある。

すでに述べたように「利益概念」も個人的価値の概念であるが、すべての個人的価値は大きく分けると「善概念」に属しているから，利益概念も善概念に含めてよい。けれども念のため利益追求上のトラブルを取り上げるのは，何もジャングル状態に限らず，今日の社会的協力の状態においてさえ，共通の理念と共通ルールが導入され，利益追求の自由に一定の規制が加えられていようとも，広い善概念のなかでも，利益概念はとくにシビアな問題をはらんでいるからである。ジャングル状態は，海賊や山賊からなる魑魅魍魎ともいうべき暗闇の世界であるばかりか，もっと酷いことに，ジャングル人みずから海賊か山賊か盗賊として生計を立てている連中であるから，自ら襲っても，他から襲われるのはいや，衣食住を挙げて防備に供しようとも，いつ襲われるか，収奪されるかと脅え，不安と恐怖の連日連夜，1日24時間「利益争奪戦」であるといっても過言ではない。

というのは，ジャングル状態には共通ルールがない。権利／義務の規定がない。自分のもの，他人のものと分ける区別がない。奪っても，盗んでも，殺しても，裁かれることはないからである。だから，獲物の奪い合いが他と衝突し，自尊心が侵害され，憎悪の炎が燃え上がると，喧嘩は避けようがない。こうして，ジャングル人は，必死で生命と財産を守り，獲物を奪い合い，利益争奪戦を展開しつつ，生死の境を生きているわけである。

2.2-4 幸福争奪戦

アリストテレスもいうように，何人にとっても，幸福は人生の究極目的である。幸福は自足的であって，それ自体で生活を潤すからそれ自体のために選ぶのである。他の何かのために選ぶのではない。J.S.ミルも幸福を人生の

究極目的とみる。

　古今東西，平常心を欠くような狂気の状態にあるのでない限り，誰しも幸福になりたいと願うものである。願はくば自他ともに幸福を！と。なぜ？か。個人にとって「幸福」は至高の善だからである（幸福≡至善）。誰にとっても最高に善いからである。では，幸福とは何か。社会的協力を前提とすれば，

> 定義：己が幸福であるのは，己の人生計画に基づき，己の個性，適性，才能，能力など固有の自然財を順調に発掘しつつあり，それが他者の幸福追求にも役立つことを知って己の自尊心を充たすとき，そのときに限る。

　しかし，奪うか奪われるかのジャングル状態では，己の人生計画をたてる余裕などありえないし，己に固有の自然財を発掘する余裕もない。ただ，生きるために必要な力を磨き，争奪戦に打ち勝つ生命力を鍛えるのみ。だからすこし定義の修正が必要となるが，違いは生命力を担保とする限りの多様な自然財の発掘に限られるだけで，自尊心の充足が条件となる点では，なんら違いはない。

　とはいえ，幸福の奪い合いは，至高の善の奪い合いを意味し，自尊心の侵害に直結するから，たちまち，憎しみの念を掻き立て，どちらかが負けるか死ぬまで，歯止めなくどこまでも幸福争奪戦へと発展していくのである。

　これが，争奪戦のために生まれ，争奪戦のために訓練され，争奪戦のために死んでいく「ジャングル人」たちの免れえない「宿命」であって，「力の正義」が支配するジャングル状態の必然的な帰結であるといえよう。

2.3　生きる権利（自然権）の衝突，生きる自由の争奪戦

　ホッブズ（T. Hobbes, 1588-1679）は，社会的協力に入る前の自然状態を「人が人に対して狼」（homo homini lupus est）の「万人の万人に対する闘争」（bellum omnium contra omnes）の状態とみなし，だれもが例外なく，継続的な不安と恐怖と暴力に脅かされている「戦争状態」である，と定義してい

る。だが，本書でいう「自然状態」は，生きるため，種族保存のために，牙や爪の替わりに道具を用いて争奪戦を展開する「人間が人間に対して猛獣」のジャングル状態であり，奪うか奪われるか，喰うか喰われるかの限界状況において不安と恐怖と暴力に脅えおののく「万人の万人に対する争奪戦」の状態である。

　ルソーの「楽園状態」のように，幸福追求の自由と自然財発掘に余裕のある温和な自然状態なら話しは別であるが，人口増その他で，外部環境の生存条件が厳しくなり，獲物の争奪戦が絶えないような適度な欠乏状態にあるジャングル人にとっては，生きることそれ自体が人生の目的である。しかし，自然が容認した生きる権利を行使し，生きる自由を享受するには，他の誰か何かの生きる権利と自由を奪い取らなければならない。生きていくには，どうしても喰わなければならない。そこで，獲物の争奪戦となる。生きるため喰うための争奪戦が起きるべくして起きる。生きる権利と自由の争奪戦は，適度な欠乏状態にあるジャングル状態においては，その本性からして，避けようにも避けることのできない本有的な事態であるといわざるを得ない。

　奪うか奪われるか喰うか喰われるかのジャングル状態では，人間の理性だの，良心だの言ってみても意味はない。倫理だの，道徳だの，思いやりだの言える世界ではない。「右のホッペタを叩かれたら，左のポッペタをだせ」とか，「己の欲せざるところ，他になすべからず」とかを守れば，忽ち死の報いを受ける。「美徳」や「悪徳」なるものは，与えられた外部環境の生存条件を変数とする関数である。

　ジャングル人にはジャングル人の美徳がある。暴力と憎悪[8]，そして憎悪に由来する殴れ，奪え，盗め，騙せ，殺せ，などなど。私たち社会人にとっては悪徳とされるものがそれである。このことは美徳や悪徳が「情況相対的」にすぎず，けっして「絶対的」ではないことを意味している。

---

[8] 「憎」は「愛」の対概念であり，次のように定義されよう。まず，Aを人とし，Bを人か，あるいは他の何かとするとき，「AがBを憎んでいるのは，AがBの存在をいやがり，AがBの価値をさげすみ，AがBの不利益を望んでいるとき，そのときに限る」と。これに対して，本文でも述べたように，「愛」は次のように定義される。「AがBを愛しているのは，AがBの存在を願い，AがBの価値を認め，AがBの利益に配慮を注ぐとき，そのときに限る」と。

しかし，このことは，ジャングル状態の暴力と憎悪からくる悪徳を正当化するものではない。どうすれば，そうした暴力と憎悪に生きるジャングル状態の苦しみと悲哀から脱却できるか，どうすれば暴力を否定し，相互信頼と相互扶助を基調とする博愛の人生にすることができるか，これが問題である。

生きるために殴れ，奪え，盗め，騙せ，殺せ，などまっぴら御免である，と。私たちは無意識ながら直接／間接，何かを殺し，何かを食べて生きている。こう考えると，生きていること自体が何だか罪深いことに思えてくる。しかし，これは生きとし生けるものすべて免れ難い宿命だという考えもあろうが，私たちは，ルネッサンス期の人間中心の考え方ではなく，万物が共生する道を探っていかなければならない。

2.4　自尊心の侵害→憎悪→争奪戦の悪循環

ジャングル状態をどう定義するかは，外部環境の生存条件によって違ってくる。ルソーの楽園状態のように生存条件が温和なら，自尊心の侵害も，憎悪も権利係争もなく，利益や幸福の争奪戦もなく順風美俗が充満した平和状態であるかもしれないが，それが厳しさを増すにつれて，しだいに人間は獣性をむきだし闘争心を顕わにする。そして，ホッブズの戦争状態のように生存条件が過酷だと，人間は豹変する。人びとは互いに権利をめぐって衝突し，互いに憎悪を剥き出して襲いかかる。

人間が猛獣に豹変すれば，もう勝負は決闘しかない。こうして当事者双方は「自尊心の侵害」→「憎悪」→「争奪戦」→……→の悪循環に陥っていき，どちらか一方が倒れるまで憎悪の連鎖に歯止めはかからない。なぜなら，ジャングル状態には，共通ルールも公認の権利・義務の規定も，さらに，公的な自由の規制もなく，そのような悪循環の連鎖を断つ「仕組み」が全くないからである。

すでに述べたように，ジャングル状態には，個と個，個と集団，あるいは，集団と集団とのあいだに，その本性ゆえに論理的に免れない多くのジレンマ（dilemma）がある。なお，ジレンマとは，簡単にいえば，どう這い上がろうとしても，ズルズルと吸い込まれていく蟻地獄のようなものである。その主

なものは，
　(1)両立不能な個人的価値：善（美・聖）のジレンマ，
　(2)両立不能な利益追求のジレンマ，
　(3)両立不能な幸福追求のジレンマ，
　(4)両立不能な自尊心充足のジレンマ，
　(5)両立不能な生きる自由・生きる権利（自然権）のジレンマ，
などである。こうしたジレンマは，ジャングル状態の本性上，論理的に両立不能であるがゆえのジレンマであり，すべてのジャングル人にとって，生きるためには譲れない重要な意味をもっているジレンマである。

　しかるに，ジャングル状態には，ジレンマ(1)〜(5)から脱却するための「仕組み」または「システム」が存在しない。しかし，それが存在しないと互いに衝突する。ゆえに，ジャングル状態では，個人的価値の衝突，私的利益の衝突，私的幸福の衝突，自尊心充足の衝突，生きる自由・生きる権利の衝突は避けようがない。ジャングル状態には，そういう「ジレンマ回避の仕組み」が欠如している。だから，その本性上，ジャングル人たちはいつまでも「ジレンマ」から脱却することができず，互いに対立・衝突を続けざるを得ないのである。

　双方ともに己の価値観（善美聖概念）に固執して己の主張を正当化し，どちらも折れない場合には，自尊心の侵害合戦となる。こうして，双方の主張が激突し，互いに憎悪をむき出し，暴力に訴えて勝負を挑むしかないという状況になると，事態は殺し合いの争奪戦へとエスカレートしていく。

　このようなわけで，程度の差こそあれ，ジャングル状態においては，争奪戦は論理的に必然的であり，しかも，不可避的である。これを免れえぬ宿命として諦め，辛苦に耐えるか，貧困・不潔・短命に甘んずるか，それとも，叡智を結集し，知恵をしぼってジレンマ回避，戦争回避の「合理的な仕組み」を導入するか。

　「猿」は前者を選び，ジャングルに残った。「人間」は後者を選び，ジャングルから脱出した。こうして，猿と人間は違った道を歩みはじめた。では，人間はどのような仕組みを導入したのか。次に，この問題について検討を加えよう。

2.5 戦争回避のための「力の正義」の放棄

　私たち人間は，なぜ，どのようにしてジャングル状態から脱却したのか。答えは簡単である。来る日も，来る日も，生きるために戦い，生きるために殺し，生きるために喰うというような，ただ，何気なく，生きるために生きているかのような無意味な貧困と不潔と短命の人生に，人間の理性と良心が愛想をつかしたからである。

2.5-1　ジレンマ回避の仕組み
　ジャングル状態において「生きるために戦う」のは，各種のジレンマが存在し，これを解決するには，暴力に頼るしかないからである。論理的には，
　　　　「各種のジレンマが存在する」⊃「生きるために戦う」
では，生きるために戦う必要のない状態はいかにして可能か。対偶により，
　　　　¬「生きるために戦う」⊃¬「各種のジレンマが存在する」
つまり，各種のジレンマが存在しないようにすることだが，このためには，ジレンマをなくす「仕組み」を導入しなければならない。
　では，それはどういう仕組みなのか。簡単にいえば，「生きるために協力する」という仕組みである。これは以前の「生きるために戦う」から「生きるために協力する」へのパラダイム転換を意味する。しかし，協力するためには，その理念と共通ルールが必要である。では，どのように協力するのか。

2.5-2　戦争回避の仕組み
　要は，生きるために協力する。これは生きるために戦う状態から脱却するためである。そのためには生きるために戦う必要のない協力のありかた（協力形態）にしなくてはならない。どのような協力形態でもOKだというわけにはいかない。その恩恵に浴さないような不運な人びとを出してはならない，ということである。
　なぜなら，彼らは，自分を置いてきぼりにするような協力のありかたでは，協力を拒否するに違いなく，不幸にも彼らは，ジャングル状態に取り残され

た人間として，以前と同じように，「力の正義」に唯一の救済策を求め，己が生きるための争奪戦を続けていかざるを得ないからである。しかし，誰かが「力の正義」に頼らざるを得ないという不合理な協力形態は，たとえ誰であれ，生きるために戦う必要がない状態に移行するという初期目的が達成できていない証拠である。

　では，どのような協力のありかたを選ぶべきか。また，誰がどのような方法で決めるべきか。簡単にいえば，当事者すべてが十分に納得のいく社会的協力のありかたでなければならない。言いかえると，だれ一人として落ちこぼれをつくらず，当事者一人ひとりが主権者として自発的な協力に参加できるような「自分たちの，自分たちによる，自分たちのための協力のありかた」を選ぶべきである。

　そのためには，当事者すべての完全合意が必要である。多数決ではいけない。なぜなら「多数派の多数派による多数派のための社会的協力」を目指しているわけではないからである。多数派，少数派に関係なく，当事者全員が十分に審議し，その合理的な理念と共通ルールのゆえに，全員に協力による公正な利益が保障され，それゆえ，全員が自発的にその協力に加わるような合理的なものであることが大切である。

　こうしてジャングル人は「力の正義」をすて，「争奪戦」という名の「戦争」を放棄して「生きるために戦う」という恐怖のジャングル状態から脱却し，「生きるために協力する」という社会的協力の平和状態へと移行することになる。これは「事実問題」[9]として述べているのではない。あくまでも「当為問題」として論じている。問題は「合意形成」をめぐる諸問題であるが，これについては次章において論じたい。

---

9) ロックは『統治論二編』1690において，独自の経験論的な認識論における「白紙状態」(tabula rasa) と同じように，自らの社会契約論において「自然状態」(natural state) を仮定し，これを「各人が他人の許可を求めたり，他人の意思に頼ったりすることなく，自然法の枠内で自分の行動を律し，自分が適当と思うがままに，自分の所有物と身体を処するような完全に自由な状態である」と述べ，これは単なる仮定ではなく，歴史上，実際にあった事実問題である，としている (J. Locke, *Two Treatises of Government*, 1690, §2, 4)。

第3章　猛獣から人間へ
── 「生きるために戦う」から「生きるために協力する」へ ──

> 3.1　理性と良心，論理と倫理
> 3.2　進化する正しい協力の仕組み
> 3.3　半ジャングル状態の功利主義
> 3.4　多数決と数の暴力

　万物は進化する。ヒトは1200万年前[1]，ゴリラから別れ，生きるために戦う一猛獣から，生きるために協力する人間へと進化した。こうして人間は，「力の正義」を放棄し，ともに多大な犠牲をともなう愚かな「争奪戦」からの脱却を試みた。そして，戦いのために生まれ，戦いのために成長し，戦いのために散っていく従前の貧しくて不潔な，悲しくも短い人生に別れを告げた。従来のように，猛獣にとって免れえない「生きるために戦う」という状態よりも，一定の公的な仕組みを導入し，それぞれ違った才能や能力を出し合って「生きるために協力する」という道を選ぶほうがより多くの利益や幸福を手に入れ，この一回きりの人生をより有意義に過ごすことができるということに気付いたのである。

　しかし問題は，生きるために，どのように協力するのか，どのような協力のありかたをとるのか。さまざまな協力が可能だが，そのうち，どのような協力のありかたが望ましいか。その仕組みは，いつ誰がどのような方法で決めるのか，そのときに用いられる「決定法」はどのようなものであるべきかである。そこで，本章では，生きるために協力するに際して必要かつ不可欠な基本的諸問題について検討を加えたい。

---

[1]　この記述は「事実問題」として真であることの証拠を示したものだが，あくまでも「当為問題」の真なる前提としてに他ならない。諏訪元「人類と類人猿の進化」（ヒト・ゴリラ「別れ」1200万年）朝日新聞，2007, 8/23を参照。

3.1 理性と良心，論理と倫理

人間にとって「理性と良心」は車の両輪である。また「論理と倫理」も車の両輪である。一猛獣から人間に進化して生きるために協力する途を選んだ人間は，まず，協力するために必要な理性を獲得し，論理を身につけた。しかし，理性と論理だけでは，片輪であるから極めて不安定である。生きるための協力が生きるためにならないなら，協力の意味がない。そこで人間は，ともに生きるための良心を獲得し，相互性の倫理を身につけた。

3.1-1 理性の獲得と論理の洞察

まず，人間は「理性」の獲得に伴って，人間として生きるための次のような必要性を自覚するにいたった。

1．相互の情報交換や意思伝達には「コミュニケーション」（communication）が必要である。
2．コミュニケーションを図るには，シンボル（symbol）としての公認の「コトバ」が必要である。
3．コトバには，正確に意味を伝える表現のルールとしての「論理」（logic）が必要である。

また，人間が論理を捉えるにつれて，P, Q を言明とし，⊃を条件法，∨を選言，・を連言，￢を否定，≡を双条件法とするとき，

(1) 同一律：$(P \supset P)$
　「P は P である」
　「あれが狼なら，狼である」
(2) 排中律：$(P \vee \neg P)$
　「P か，P でない」
　「あれは狼か，狼でない」
(3) 矛盾律：$\neg(P \cdot \neg P)$
　「P であって P でないということはない」
　「狼であって狼でないということはない」

(4)二重否定の法則：$(\neg\neg P \equiv P)$

　「Pでなくはないは，Pであると同義である」

　「狼でなくはないは，狼であると同義である」

(5)対偶の法則：$(P \supset Q) \equiv (\neg Q \supset \neg P)$

　「PならQは，QでなければPでないと同義である」

　「狼ならウォーと叫ぶは，ウォーと叫ばないなら狼でないと同義である」

(6)帰謬法：$(((P \supset Q)\cdot(P \supset \neg Q)) \supset \neg P)$

　「PならQだが，PでもQでない。だからPではない」

　「あれが狼なら襲ってくるが，襲ってこない。だから，あれは狼ではない」

(7)推移律：$(((P \supset Q)\cdot(Q \supset R)) \supset (P \supset R))$

　「PならQであり，QならRだから，PならRである」

　「狼なら襲われるが，襲われると命が危ない。だから，狼なら命が危ない」
などなど，その意味内容ゆえにではなく，その論理形式ゆえに，常に真(true)である言明を意味している若干の基本的な「論理法則」を洞察するまでになった。さらに，生きるために協力するための必要性から，論理的な推論能力や分析能力も発達し，それに伴い，人間の思考能力も向上するに至った。

　とりわけ，注目すべきは，「おお，夕焼けだ，明日は晴れる」とか，「すごい熱だ，すぐこの葉を煎じて飲め，そうすりゃ治る」など，一般的に「こうなれば，こうなる」，「こうすれば，こうなる」といったように，上記の推移律，帰謬法など論理法則に依拠して事象間の「因果関係」や対象間の関係を論理的な枠組みによって理解するようになったことである。当初は「月が赤い（ルナ・ロッサ），戦争だ」のような根拠薄弱の迷信的な関係づけもあったに違いない。しかし，経験を重ねながら学習をつうじて高い確率の因果関係を理解するなど，生きるための協力に必要かつ不可欠な新しい理解力を身につけることになって人間は「生きるために戦う」から「生きるために協力する」への「パラダイム・シフトの意義」をより深く理解し，次のような洞察の境地に達した。

①生きるために戦うよりも，生きるために協力するほうが，何人にとっても，より善い人生となり，より有益であり，幸福に寄与する。

②争奪戦から協力へのパラダイム転換を成し遂げるには，公認の社会的協

力の理念と共通ルールとを導入することが必要不可欠である。
③人間の「内部環境」（皮膚の内側）を厳しい「外部環境」のストレス（急襲）から守るためには，緩衝帯たる「社会環境」の導入が有効である。
以上である。

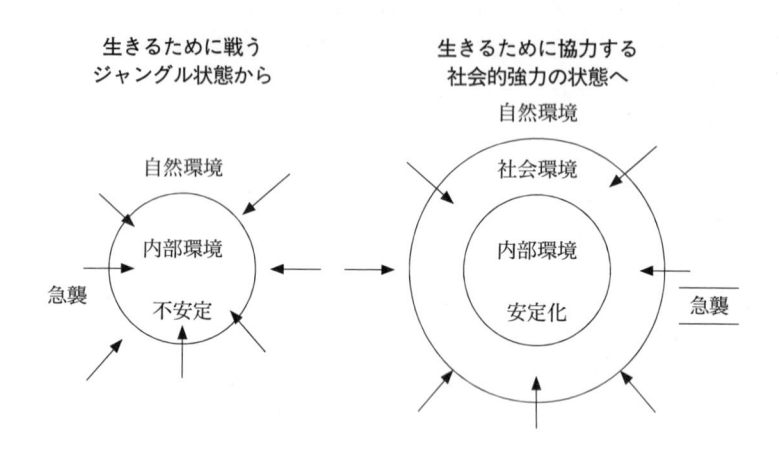

```
     生きるために戦う              生きるために協力する
     ジャングル状態から            社会的強力の状態へ
                                      自然環境
       自然環境                       社会環境
         ↓                              ↓
       内部環境       →              内部環境
  急襲  不安定    →         急襲                急襲
         ↑                            安定化
                                        ↑
```

3.1-2 良心の獲得と倫理の洞察

　私たちは，理性と良心を獲得し，論理と倫理を身につけながら，猛獣から人間へと進化した。そして，生きるために戦う愚かさを知って「力の正義」を棄て，互いに他者の存在を認め，他者の価値を尊重し，他者の利益にも配慮を注ぎ，生きるために，ともに協力していくという前代未聞の斬新な「生存法」を発見したのである。

　こうした生存法の「パラダイム転換」にとって人間の理性の獲得と論理の洞察の他にもう一つ重要な意味をもっていたのは，良心の獲得と倫理の洞察であった。

　これが社会的協力（生きるために協力していく）に際して最も大切な「互いに他者の存在を認め，他者の価値を尊重し，他者の利益に配慮を注ぐ」といったような「愛の原理」[2]ともいうべき「相互性」の倫理について理解を促した。

---

2)　本著，第1章「ジャングル状態」1.6-1における「愛の定義」に基づき，私はこれを，

相互性の倫理

自分	他者

1. 殺されたくない。ゆえに，殺してはならない。
2. 奪われたくない。ゆえに，奪ってはならない。
3. 盗まれたくない。ゆえに，盗んではならない。
4. 脅されたくない。ゆえに，脅してはならない。
5. 襲われたくない。ゆえに，襲ってはならない。
6. 憎まれたくない。ゆえに，憎んではならない。
7. 虐められたくない。ゆえに，虐めてはならない。
8. 軽蔑されたくない。ゆえに，軽蔑してはならない。
9. 傷つけられたくない。ゆえに，傷つけてはならない。
10. 自尊心を侵されたくない。ゆえに，自尊心を侵してはならない。
11. 支配されたくない。ゆえに，支配してはならない。などなど。

　こうした「相互性の倫理」は，加算無限個にのぼるであろうが，このような「相互性」の認識が前提となって，はじめて「生きるために戦う」から「生きるために協力する」というパラダイム・シフトが可能なものとなる。しかし，この「パラダイム・シフト」は一挙に達成されたわけではない。今でもそうであるが，どうしても「相互性の倫理」を弁えることができず，依然として，「生きるために戦う」という獣性の虜から解放されないで，生きるための協力を攪乱するような好戦的な半ジャングル人も存在する。

　したがって，人間は一挙に人間になったのではない。社会的協力に必要な正しい教育によって段階的に人間になったのである。教育が間違っていれば，いつまでもジャングル人のまま。生きるために戦ってきた野獣の「力の正義」を信奉し，生きるために協力する仕組みを根底から揺さぶり，せっかくの人類の知恵と叡智の賜たる猛獣から人間への偉大なパラダイム・シフトを破壊する要因となるであろう。

　猛獣から人間へ，「生きるために戦う」から「生きるために協力する」への

　この文脈において「愛の原理」と呼ぶことにした。

1200万年の進化の歴史は行きつ戻りつの奇観を呈し,皮肉なことに,爾来「正しい協力の仕組み」をめぐって「協力するために戦う」という事態が発生している。これは理性と良心,論理と倫理の未熟によるが,下手すると,人類を滅亡へと誘う。

人間は何のために「力の正義」を放棄し「協力の正義」を採用したのか,また,何のために「生きるために戦う」から「生きるために協力する」という途を選択したのか。なぜ「協力するために戦う」のか。なぜ,「生きるために協力する」その仕組みづくりのために協力できないのか。まだ,人間は猛獣の域をでていないのではないか。

問題は「生きるために協力する仕組み」それ自体にある。それが合理的か否か。以下で私は,各時代に容認された「正しい協力の仕組み」の変遷過程を辿ってみよう。

3.2 進化する正しい協力の仕組み

3.2-1 古代ギリシア時代の正しい協力の仕組み

古代ギリシア時代の「知的リーダー」は,平等な分配を説くソクラテス,イデアを説くプラトン,ポリス(都市国家)からコスモポリス(世界国家)へのパラダイム・シフトによる平和(パックス・ヘレナ)を説くアリストテレス(家庭教師時代の彼の教えを政治的に実践したのがアレクサンドロス大王)であったが,民主制が最盛期のペリクレス時代(前444-429)でさえ,アテナイの国民25万人／40万人は奴隷で,自由民はわずか15万人であり,そのうちでもエレクシア(人民会議)への参加は,厳しく制限されていた。

そうした自由民と奴隷や富裕層と貧困層との不平等は,制度上の人為的な差別であって,自然はこれを認めない,自然は何人も奴隷とはしないという良識の声もあったが,当時はまだ,少数意見に過ぎなかった。しかし,歴史の未来をみつめて,あるべき正しい協力の仕組みを探求している知的リーダーたちもいた。

ソクラテス(Sōkratēs,前470?-399):

生きるために協力する仕組みが正しいのは,各人が平等な分け前

を守っているとき，そのときに限る。
プラトン（Platōn, 前427-347）：
　　生きるために協力する仕組みが正しいのは，各人が本務を遂行し，本来，己に属するものを所有するとき，そのときに限る。
アリストテレス（Aristotelēs, 前384-322）：
　　生きるために協力する仕組みが正しいのは，各人が法に適った心や行動様式をとり，価値や功績に応じて社会財が分配され，取引や交渉に際して各人の利害得失が平等に調整されているとき，そのときに限る。

3.2-2　ヘレニズム期（アレキサンドロスの死（前323）からローマの東方征服まで）の仕組み

ロゴスと万人平等と世界国家を説くストア派，胃袋の快楽から心の平静（ataraxia）までの快楽主義を説くエピクロス派，さらに，加えて，神による魂の慰安を説く神秘主義がヘレニズム期を代表する主な知的リーダーたちであった。

ストア派（Stoics, 創始者 Zēnōn, 前490 ? -430 ?）：
　　生きるために協力する仕組みが正しいのは，その仕組みが世界共通の自然法に合致している協力の仕組みであるとき，そのときに限る。
エピクロス（Epikuros, 前341 ? -270 ?）：
　　生きるために協力する仕組みが正しいのは，各人が友情と信頼に基づく社会的快楽を増進し，他の怒りやそれを恐れる機会をもたないようにするとき，そのときに限る。
神秘主義（Plōtinos, 204 ? -270 ?）[3]：
　　生きるために協力する仕組みが正しいのは，各人が単一の理性である一者（世界霊魂）に働きかけ，己の本分を尽くすとき，そのときに限る。

---

[3]　詳細については，プロティノス『徳について』3を参照のこと。

3.2-3 中世ローマ世界（ゲルマン民族移動4-5世紀〜ルネッサンス期14-15世紀）の生きるために協力する仕組み

一般に，この時代を「暗黒の1000年」と称するが，この時代の「生きるために協力する仕組み」は，きわめて形而上学的で宗教色が強く，まず，神と共に生きるために協力する仕組みを政教一致の政治システムを導入して試み，神の国をモデルに地上の国を建設するという壮大な試みの過程で財政が破綻し，崩壊へと向かう時代であった。

ローマ皇帝「テオドシウス一世」によるキリスト教の国教化（後329），東ローマ皇帝ユスティニアス一世による大学「アカデメイア」（創設者：プラトン前360）[4]への「閉鎖命令」（後529），「神の国の秩序を地上の国へ！」をスローガンとした異教徒（回教徒など）への武力の行使（第1回十字軍1096-99〜第4回十字軍1202-04），そして，異端審問や魔女狩り，財政の破綻や軍の腐敗，兵士の暴徒化と戦費調達のための富豪の処刑，財産の略奪や財政再建のための増税（市民1/3夜逃げ），貧困や疾病，などなど，目標とされた「神の国」とは縁遠い「盗賊の国」の奇観を呈していた。

中世ローマ時代の「生きるために協力する」仕組みは，「剣の威嚇と支配によるパックス・ロマーナ」（Pax Romana：前100-後100のローマによる平和）から，「神の支配による政教一致のパックス・ロマーナ」へのパラダイム・シフトを意味しているが，前期においては，教父哲学者のアウグスティヌス，そして，後期になると，スコラ哲学者トマス・アクイナスがその主な知的リーダーであった。

アウグスティヌス（A. Augustinus, 354-430）：

協力の仕組みが正しいのは，神のみに仕え，人間に属する諸事を旨く統御する「愛徳」（caritas）によって完全に神を愛し，完全に

---

[4] プラトンが前360年にアテナイの中心地に創設し，916年間リベラル・アーツ教育に尽くした大学であったが，東ローマ皇帝ユスティニアス一世によって，哲学を神学の侍女とし，大学を修道院の下に置くため，後529年に閉鎖された。「アカデメイア」の門には「幾何学を知らざる者，入るべからず」という看板を掲げ，「哲学」または「リベラル・アーツ」と総称される形而上学，論理学，数学，幾何学，天文学，航海学，弁論術，法学，倫理学，政治学，心理学，音楽など，将来の理想国家を担うための能力の練磨を目的としていた。拙著『大学がかわる，日本がかわる』公共政策研究所，2003, pp.41-51参照。

神を信じ，神の照明の下に，神には神のものを，各人には彼のものを与えるとき，そのときに限る。
トマス・アクィナス（Thomas Aquinas, 1224/5-1274）：
協力の仕組みが正しいのは，共同体全体の共通善に鑑み，①徳一般を共通善へ秩序づける徳たる一般的正義（法的正義），②人の価値や地位や功績などに応じて共同体の共通善を配慮して各人に彼の分を与える配分的正義，③客観的利害の得失を価値や地位や身分などに関係なく平等なものへ調整し，④各人に固有なものを与える調整的正義を充たすとき，そのときに限る。

3.2-4　大学の閉鎖，神学の哲学支配，神の意志たる絶対的な仕組み

キリスト教による威嚇と支配は，大学（プラトンが開いた「アカデメイア」など）を閉鎖して修道院を建立[5]し，学問を信仰の下に置き，哲学を神学の侍女とし，アカデミズム[6]を殺したことで決定的となった。

社会的協力の理念と共通ルールは，すべて「神の神による神のための政治」として定められ，真か偽か，真理か否か，真実か否かという自然的価値判断も宗教裁判において神の意志に委ねられた。コペルニクス（N. Copernicus, 1473-1543）は，天動説を否定し「地動説」を提唱し，有罪判決を受けた。また，テレジオ（B. Teresio, 1508-88）は「感覚主義の認識論」を発表し，ブルーノ（G. Bruno, 1548-1600）は，等質の単子（モナド，monade）からなる「宇宙論」を提唱，カンパネラ（T. Campanella, 1568-1639）は，理想国家『太陽の国』（Civitas solis, 1623）を書き，異端者と烙印，迫害の末，火刑（火あぶりの刑）に処された。真偽の判断まで学問ではなく神の審判に属していた。

また，社会的価値である正しいか否か，公正か否か，正義に適っているか否かの判断も宗教裁判の神の審判に任された。さらに，本来は個人的価値で

---

[5] 世界中の教会も修道院も，その構造やデスクの配置においてプラトンの「アカデメイア」をモデルとして建立されたことは，今なお，アテネ市内中心部に保存されている「アテネ大学」その他を見れば明白である。
[6] 「アカデミズム」や「アカデミー」の語源は，紀元前360年に，プラトンがアテナイに創設した「アカデメイア」にたどりつく。

ある善いか否か，美しいか否か，聖いか否か，有利か否か，幸福か否かという私的な判断さえ，個人の自由意志ではなく，神の意志に委ねられた。では，己の下した判断が「神の意志」に合致しているものであるか，どうかは誰がいかにして決めるのか。

　ホメロスの神々が戯れる「神話」と迷信の世界から人びとを解放し，リベラルな発想と合理的な精神の育成に916年ものあいだ心血を注いできたプラトンの「アカデメイア」の閉鎖という東ローマ皇帝ユスティニアス一世による暴挙は，人間を神の奴隷として跪かせ，せっかく芽生えた「理性と良心」を麻痺させ，「合理的な精神」と「自由な知的探究心」を奪い取ってしまった。こうした政治＋宗教＝専制の暴挙に加えて，十字軍の異端狩りや異端審問の魔女狩りは，神への畏怖心と服従心を植えつけ，残忍な拷問と責め苦による悲痛な叫びと呻きが禁欲の歪みからくるサディステックな快楽の狂気にみちた饗宴かと思わせるほど神の国の玄関は魑魅魍魎の伏魔殿と化していた。

　これが人間の理性と良心に鑑みて正しいこと，正義に適っていることとは思えないのであるが，往時は，真（自然的価値）も正（社会的価値）も善（個人的価値）も，すべての価値は『聖書』に書かれているとされ，裁判上の審理と判決を含め，すべての価値判断の根拠は天上の秩序を説く『聖書』に求められた。教会や修道院は大地地主だったが，暗黒の1000年間，農奴を救う神はいなかった。天上の位階秩序は，奴隷制度を社会的に正しいと容認していたのか，封建君主を頂く地上の位階秩序は，奴隷制度を認めていた。しかし，現実のすべての制度は，「天上の秩序」によって正当化され，しかも，祝福されていたのである。なるほど，権力は必ずや腐敗する。たしかに，留まる水も腐敗するという。

3.2-5　ルネッサンス，大学の復権，新しい協力の仕組みの探求

　「万物は流転する」[7]（panta rhei）という。11世紀頃，商工業と貨幣経済の勃興と賦役の物納や金納が農奴の解放を促した。また12世紀頃，商品経済の

---

[7] ヘラクレイトス（Herakleitos，前537？-475？）は，ギリシアの哲学者であり，エフェソスの王族の出でミレトス派に属していた。彼は「火」を万物の原理とし，何物もあることなく，常になるのみ。「万物は流転する」とした。

発達と新興市民層の台頭によって荘園制度は崩壊の一途を辿ったが，それに伴って，ローマ教権は経済的基盤を失い衰退に向かった。

他方，13世紀から，オックスフォード大学，パリ大学，パドウア(伊padova)大学を中心に経験主義と合理主義と科学的ヒューマニズムが芽生え，痛烈な「トミズム批判」（トマス哲学批判）が広がっていった。

信仰に対する理性と良心の自由を取り戻した人間は，まず「哲学」を神学の侍女の地位から開放して哲学の復権とアカデミズムの再興をなしとげ，再び知の唯一の審判者として，自然的価値(真／真理／真実)と社会的価値(正／正義／公正)と個人的価値(善美聖／利益／幸福)の唯一の探求者として，確固たる地位を獲得し，後のルネッサンス（13～14世紀）と宗教改革（15～16世紀）の精神的基礎を整えた。

なお，「ルネッサンス」運動は，イタリアの商業都市(ヴェネチア，ピサ，ジェノヴァ，ミラノ，ルッカ，フィレンチェ，アマルフィ，ヴェローナ)のコムーネ(都市自治体)に興り，ドイツ，フランス，イギリスなど西欧全土へ普及していった「神中心主義」から「人間中心主義」（人道主義：humanisum）へのパラダイム・シフトだった。これは「上からの正当化」とキリスト教文化の欺瞞と偽善の実態を見破り，封建秩序からの脱却と，自由と理性の神の呪縛からの解放をめざす「文化改革運動」であったということができよう。

こうした神中心の考え方から人中心の考え方へ，また，上から（教義から）の正当化から下から（経験から）の正当化へのパラダイム・シフトは，13世紀以降の一連の思想的変化の潮流によるが，とくに，オックスフォード大学，パリ大学，パドウア大学を中心に興った「経験主義」と「合理主義」と「科学的ヒューマニズム」および「トミズム批判」（トマス・アクィナス哲学批判）など，新しい学問の基礎論・方法論の研究，「自然科学」という新しい分野の開発，その論理的・実証的（経験的）根拠をもつ客観的な諸成果によるところが大きかった。とくに，異端審問に付され，有罪判決をうけたコペルニクス(1473-1543)の「地動説」（『天球の回転について』，N. Copernicus, *De revolutionibus orbium coelestium*, vol. I-VI, 1543）とかケプラー（1571-1630）の「惑星研究」（J. Kepler, *Astromia nova*, 1609, *Harmonice mundi*, 1619）などバイブルと矛盾する自然科学上の諸成果は，上からの正当化という神の呪

縛からの解放に大きく役立った。

このような「ルネッサンス運動」によって，人間は，やっと神の支配から解放され，神の奴隷から独立することになった。それに伴って部分的ながら，人間の価値判断も，聖書の呪縛から逃れ，たとえば，「地球は丸いか否か」など自然的価値（真／真理／真実……）の判断は，神の意思から独立し，神意を糺す必要なく独自の合理的・客観的・経験的な「証拠体系」の基礎を備えた固有の判断基準を整えるに至った。

3.2-6 宗教改革，聖俗分離，自由の回復に向けた生きるための協力の仕組み

15～16世紀の「宗教改革」の運動は，ルネッサンスが「文化改革・学問改革」の運動であったのに対し，政教一致の封建体制の腐敗と宗教界の俗化を糾弾し，ローマ教皇の優位性と聖職の諸特権の廃し，ローマ教会からの分離独立を求め，「聖俗分離の原理」に基づき本来のキリスト教への回帰を求める運動であった。

ルター（M. Luther, 1483-1546）の唱えた「聖書主義」（『免罪符の効用に関する95か条の提案』1517,「ライプチヒでの公開討論」1519,「３大宗教改革文書」1520）は，ドイツの中小生産者とか農民の不満を代弁し，諸侯貴族の政治的野心とも一致していたから，瞬く間に，ドイツ，スイス，デンマーク，スカンジナビアに広がった。

ルターの意志をついで，ジュネーブを中心に，宗教改革に指導的な役割を果たしたのはカルヴィン（J. Calvin, 1509-1564）であった。彼の「福音主義」(聖書に唯一の権威を求める立場)は，ローマ教会と封建秩序に反感をもつ一般民衆に広く支持され，ネーデルランド，フランス，イギリス，北アメリカに爆発的に波及した。

宗教改革における宗教的「自由主義」(liberalism)は，急進的「プロテスタント主義」(Protestantism)と結びついて「ローマ教会からの分離独立」と「聖俗分離の原理」を唱えたが，個人の尊重と合理主義の精神と自然的自由・平等を重視するピューリタン（正教徒）にとって「聖俗分離の原理」は，恩寵の秩序においてはキリスト教の自由と信徒の平等とを意味し，そして，自然の秩序においては(選民／非選民の隔てなく)，すべての人の自由と平等とを意味

していた。

　この運動によって封建的権威は著しく失墜したが，社会的価値（正／正義／公正……）は，神の意志から独立し，人びとの「合意形成」という独自の合理的・客観的な基礎をもつ固有の判断基準を備えて「近代民主国家」への道を拓くことになった。

　宗教改革によって，西欧諸国は「旧教国」（ローマ・カトリック教の国）と「新教国」（ローマ教会から分離独立したプロテスタント教の国）とに分かれた。イギリス，フランス，ドイツなど新教国では経験主義哲学，合理主義哲学および科学的ヒューマニズムに基づき自然科学をはじめ多くの個別科学が発展したが，これに対し旧教国スペインでは，16世紀〜17世紀になって「スコラ哲学」[8]の全盛期を迎えた。これが科学的思考の発達を妨害した。

3.2-7　中世最後のスペインの繁栄と新しい協力の仕組み

　ビトリア（F. de Vitoria, 1492-1546）は，何人も神の前だけではなく，法の下でも自然の下でも平等である（自然の下の万人平等の原理）とし，奴隷制度の廃止を求めた。他にも彼の卓見は，信仰に歪曲されない国家観とか，神も民族も世界の支配権をローマ教皇と皇帝に与えてはいないとする主権在民の思想とか，異教徒や異民族への征服権の否定とか，万民に対する安全な通行権の保障とか，宗教の違い以外に正当な理由がなければ，人民に参戦の義務はないとする聖戦論の制限などにもうかがえる。

　次に，スアレス（F. Suarez, 1548-1617）は，従前のトミズムとは違って，国王を神の代弁者とする降下体制を「国家権力」（potestas）の起源と所属とを混同する誤謬とし，人びとは「契約」[9]（contractus）によって国家権力をその代表者に託し「統治権」を委譲（translation）するのであると。これは，国民に抵抗権を認めないホッブズの片務的な契約論とは違って，国王の舵取りに

---

8)　「スコラ哲学」（Schlasticism，9-13世紀）とは，中世キリスト教会や修道院の学僧たち（scholastici）の説いた神学哲学を意味し，その代表は，アリストテレス哲学を基礎とし，トマス・アクィナスによって集大成された神学研究である。
9)　F. Suarez, *De Legibus*, III, 4, 2) は，主権在民の双務的「社会契約論」を提唱した。これは Hobbes, *Levisathan*, 1651 の片務的な絶対君主制に先行する社会契約論である。

対し国民の抵抗権を認め，国王の行動を民意の下に置き，民意の拘束を免れないという点で「主権在民」の社会契約論であった。

ビトリア（Francisco de Vitoria, 1492-1546）：
  協力の仕組みが正しいのは，すべての人を神の前でも法の下でも自然の下でも平等とし，人肉を喰わない限り，異教徒も異民族も征服されず，世界の支配権はローマ教皇にも皇帝にもなく，主権が人民に存するとき，そのときに限る。

スアレス（Francisco Suarez, 1548-1617）：
  協力の仕組みが正しいのは，己の良心の義務を他者に負わし得ないものとし，国家権力を神やその代弁者（国王）にではなく，共同体を形成している全成員に所属するもの，または，契約によって代表者に国権を付託し，抵抗権つき統治権を委譲するものとするとき，そのときに限る。

トマスの『神学大全』（Thomas Aquinasu, 1224/5-1274, *Summa thologica*, 1266-73）において全盛を極めた中世のキリスト教的な世界観を代表する「スコラ哲学」は，往時，無敵艦隊と東方侵略によって隆盛を誇っていたスペインにおいて「最後の花」を咲かせた。

ビトリアとスアレスの学説には，自由，平等，人民主権，社会契約など，発想の転換がうかがえ，近世の香りが漂っている。17世紀の前後に，これが近世のイギリスへとバトン・タッチされていった。

イギリスを中心とする産業構造の変化と新興産業市民層の台頭に伴って，ローマ教権はしだいに経済的な基盤を失っていった。そして，教会の支配組織に亀裂が生じ，教皇権の絶対性も，教会の指導的な優位性も，空虚なものとなったが，これに反して，世俗王権はしだいに勢力をのばすことになり，教権勢力を凌駕していった。これが中世から近世へのパラダイム・シフトを促したのである[10]。

こうして人間は1000年にわたる「暗黒の中世」の悪夢から覚め，神の呪縛

---

[10] スコラ哲学が全盛期スペインにおいて最後の花を咲かせた後は，哲学研究の主導権はスペインからイギリス，フランスへと移っていった。そのプロセスについての詳細な説明は，拙著『正義の研究3：社会思想史－価値基準の進化－』を参照されたい。

と教権の支配から解放され，自由の慈雨を享受しつつ生き返った。科学技術も急速に発達した。これによってキリスト教文化は，科学技術の発達を支える科学的な合理主義，経験主義とそれに基づく世俗文化に道をゆずることになった。

このように古代から中世にかけて，社会的協力の理念も共通ルール，また，社会的価値判断を基礎づける「正当化の根拠」である証拠体系も理由体系も，産業構造や経済秩序の変化に伴って変化し，知の再構築が始まったが，その代表はイギリスの経験主義とフランスを中心とする大陸合理主義であった。

3.2-8　イギリス経験論，社会契約論，イギリス式民主主義の協力の仕組み

イギリス近世哲学を代表する F. ベーコン（Francis Becon, 1561-1626）は，R. ベーコン（Roger Bacon, 1210?-1292?）の感覚主義・経験主義の認識論，演繹的論証の否定，帰納法，実験的方法，実験科学（scientia experimentalis）を継承して未完の著『大革新』（*Instauratio magna*）の一部『新機関』（*Novum organum*, 1620）において「イドラ説」や新しい科学技術の発展に寄与する認識方法を提唱した。また，彼は「演繹法」（deduction）に替わって「帰納法」（induction）による「自然法則の発見」を重視し，自然法則に従って，初めて人間は自然を征服でき，知は力となるとした。これが自然の支配・征服の思想の原点である。今日の地球環境の破壊は，ベーコンの「自然支配」と「自然征服」の所産である。また，遺稿『新アトランティス』（*Nova Atlantis*, 27）は，彼の「ユートピア論」であるが，これが後の「パックス・ブリタニカ」の思想的な基礎を与えたものといえる。

「生きるために協力する」その仕組みは，すでにスペインのスアレスにおいて，合意形成に基づく民主的なものが示唆されていたが，合意形成の重要性が自覚され，これが本格的に取り上げられ，自然状態を前提とした「社会契約論」において論じられることになったのは，ホッブズ，ロック以来のことであった。

ホッブズ（Thomas Hobbes, 1588-1679）：
　　協力の仕組みが正しいのは，社会契約によって，人と自然法との契約が成立し，自ずと自律的・他律的にその契約を履行している

ロック（John Locke, 1632-1704）：
　　協力の仕組みが正しいのは，理性の法（自律原理）である自然法と両立する人定法の支配の下に多数派の意思と合意とによる決定に基づき，誰もが等しく自由と平等と独立の平和状態を享受することができるとき，そのときに限る。
ヒューム（David Hume, 1711-76）：
　　協力の仕組みが正しいのは，人びとの心に最高の共感（sympathy）を呼び起こす状態にあるとき，そのときに限る。

3.2-9 大陸合理論，自我の確立，フランス式民主主義の仕組み

　イギリスは17世紀の市民革命期を経て「英国経験論」の創始者ベーコンの経験論哲学に基づく帰納的・実験的な科学方法論と機械論的な自然観と契約論的方法による民主主義の理念の構築に着手していた。これに対しフランスの近世哲学を代表する「大陸合理論」の創始者デカルト（Rene Descartes, 1596-1650）は，一切の既成概念を疑い，もはや，疑おうにも疑えない「明晰判明」（clear et distincta）な真理として第一原理「我思う。故に，我あり」（Cogito ergo sum）から，言いかえると，思惟する自我の存在から「合理的・機械論的」な知識体系の再構築を試みた[11]。これは「個の確立」を意味する「個の独立宣言」であった。

---

11) デカルト『方法序説』（R. Descartes, *Discours de la méthode*, 1637, IV）『哲学原理』（*Principia philosophiae*, 1644, 22），拙著『正義の研究 3 社会思想史－価値基準の進化－』1997, pp.106f を参照のこと。彼は知識体系の再構築に当たり，次のルールを導入している。
　1．明証的に真とされたもの以外は，真として容認してはならない。
　2．検討する問題を可能な限り，最も判りやすくするために必要なだけ，小さい部分に分けるべきである。
　3．最も単純で理解しやすいものから，順次，最も複雑で理解し難いものへと考えを進めるべきである。
　4．いかなる場合にも，見落しが全くなかったと確信できるほどに完璧なチェックと見直しを図るべきである。
　このルールから導かれた「第一原理：我思う。故に，我あり」は，ルネッサンス期以来，成長し続けてきた「個人の目覚め」・「自我の確立」を記念する「個」の独立宣言であった。

3.2 進化する正しい協力の仕組み

グロティウス（Hugo Grotius, 1583-1645）：
　協力の仕組みが正しいのは，それが自然法を根拠として締結された契約（pactio）に基づき，人間性の基本原理（社交的欲求）に合致しているとき，そのときに限る。

スピノザ（Baruch de Spinoza, 1632-1677）：
　協力の仕組みが正しいのは，国家目標を国民の幸福に限定し，自然法の下に，愛と寛容の精神に基づき，正義と公正の原理を充たし，各人に有益性と歓喜の感情とを覚えさせるとき，そのときに限る。

ルソー（Jean-Jacques Rousseau, 1712-1778）：
　協力の仕組みが正しいのは，その政策が理性の戒律たる自然法に基づき成員の自発的な合意によって選ばれ，自由・平等・独立の価値がより以上に保障されるとき，そのときに限る。

ベッカリーア（Cesare Bonesana Beccaria, 1735-1794）：
　協力の仕組みの法制Lが正しいのは，犯罪と刑罰とが法によって定められ（罪刑法定主義），立法者と裁判官の権限が互いに独立し，犯罪に対する刑罰が万人に平等であり，犯罪行為の領域が必要最小限（刑罰最小主義）であり，犯罪の程度と刑罰の程度が均衡し，死刑を含む残酷な刑罰を廃し，裁判官が刑罰のために法規を解釈せず，法律が貴族の不分明な独占ではなく，犯罪の認定が十分な物的証拠に基づいており（証拠主義），逮捕や拘留が法の定めるところに従っており，未決拘留者の人権が尊重され，犯罪予防が刑罰ではなく，正義の法制によっており，法制が常に人民のために合理的に調整され（人民主権），疑わしいときは被告に有利に（疑わしきは罰せず）とされるとき，そのときに限る。

トマジウス（Christian Thomasius, 1655-1728）：
　協力の仕組みにおける法制Lが正しいのは，良心の自由，信仰の自由など，外面的な義務が履行され，誠実・礼節・正義の三徳が実践されているとき，そのときに限る。

ライプニッツ（Gottfried Wilhelm Leibniz, 1646-1716）：

　　　　　協力の仕組みが正しいのは，①調整的正義 (justitia commutative：各人の平等な権利を厳格に保障し，何人も傷つけてはならぬ)，②配分的正義 (justitia distributive：各人に彼のものを与えよ)，③普遍的正義 (justitia universalis：有徳な方式で生きるべし) を充たしているとき，そのときに限る。

ヴォルフ (Christian Wolff, 1679-1754)：
　　　　　協力の仕組みが正しいのは，個人も国家も，自己完成の義務を履行しているとき，そのときに限る。

カント (Immanuel Kant, 1724-1804)：
　　　　　協力の仕組みにおいて汝の行為が正しいのは汝の意思の格率 (Maxime) が常に同時に普遍的立法の原理として妥当し，汝の人格におけると同様，あらゆる他者の人格における人間性を常に同時に目的として使用し，手段としてのみ使用することがないよう，あるいは，各人の自由が他の何人の自由ともある普遍的な法則に従って両立しうるとき，そのときに限る。
　　　　　換言すれば，公的正義 (配分的正義：各人に彼のものを与えよ) と相互取得的正義 (調整的正義：殺人犯の罪には死刑の罰を) を充足するとき，そのときに限る。

ヘーゲル (Georg Wilhelm Friedrich Hegel, 1770-1831) の基準：
　　　　　協力の仕組みが正しいのは，有機的国家の人倫の現実態が完成しているとき，そのときに限る。

3.2-10 自由な風土と科学技術の飛躍的発展による協力の仕組みの変化

　17世紀は，神中心の中世から人間中心の近世へ，また，閉鎖的な秩序の封建社会から開放的な秩序の民主社会へ，形而上学的な世界観から自然科学的・機械論的な世界観へと歴史が大きく揺れ動く「パラダイム・シフト」の時代であった。
　ホワイトヘッドは「天才の世紀」[12]というが，17世紀は，イギリスに「経験

---

12) A. N. Whitehead, *Science and the Modern World*, 1925, ch. 3. (なお，和訳につ

主義」の哲学，また，フランスに「合理主義」の哲学が生まれ，スコラ学に替わって「科学」という斬新な学問の哲学的な基礎と方法とを構築し，新しい科学技術の爆発的発展を準備することになった。

ニュートン（I. Newton, 1643-1727)[13]を代表とする科学技術関係の主要な成果は，およそ以下のとおりである。なお，念のため，17世紀の発明発見ばかりか，それ以降の諸成果を含め，世界の経済基盤を大きく変え，生きるための協力の仕組み替えに影響を及ぼした一連のイノベーションの流れを記しておきたい。

1669．ニュートン「微積分法の原理」を発見。
1687．ニュートン「万有引力の法則」を発見。
1705．ニューコメン「大気圧蒸気機関」の発明。
1737．ローラ「紡績機」の発明。
1750．フランクリン「避雷針」を発明。
1764．ハーグリーヴズ「多軸紡績機」を発明。
1765．ワット「蒸気機関」を発明。
1779．クロンプトン「走錘紡績機」を発明。
1781．ハーシェル「天王星」を発見。
1785．カーライト「動力織機」を発明。
1796．ジェンナー「種痘法」を発明。
1799．ヴォルタ「電池」を発明，ラプラス「天体力学」を発表。
1807．フルトン「汽船」を発明。
1814．スティーヴンソン「蒸気機関車」を発明。
1829．ロバチェウスキー「曲率負の非ユークリッド幾何学」を発表。
1831．ファラデー「電磁誘導電流」の発見。
1835．モールス「電信機」を発明。

いては，ホワイトヘッド著作集第6巻，上田泰治，村上至孝訳『科学と近代社会』1981, pp.51-74を参照されたい。
[13] ニュートンの主著は，*Philosophiae naturalis principia mathematica*, 1687, *Optics*, 1704, *Arithmatica universalis*, 1707 である。

1837．「有線電話機」を発明。
1840．グローヴ「白熱電球」を発明。
1840．アームストロング「水力発電機」を発明。
1842．マイヤー「エネルギー不滅の法則」を発見。
1849．フィゾー「光速度」を測定。
1851．シンガー「ミシン」を発明。
1854．リーマン「曲率正の非ユークリッド幾何学」を発表。
1857．パスツール「醱酵」研究：乳酸菌・酪酸菌発見，炭素病・狂犬病ワクチン発明。自然発生説否定。
1858．フィルヒョウ「細胞病理学」を発表。
1859．ダーヴィン「種の起源」において「進化論」を発表。
1861．キルヒホフ「太陽スペクトル」を分析。
1864．ハッキンス「恒星スペクトル」の発見。
1864．マクスウェル「電磁場の基礎方程式」を発表。
1865．メンデル「遺伝の法則」を発見，ケクレ「化学構造式」を発表。
1866．ジーメンス「発電機」を発明。
1867．ノーベル「ダイナマイト」発明（ノーベル賞1901～）。
1870．ジーメンス「電気製鋼炉」を発明。
1871．マクスウェル「光の電磁説」を発表。
1876．ベル，グレアム「磁気式の電話」を発明。
1877．エヂソン「蓄音機」を発明。
1877．ヒューズ「炭素マイクロフォン」を発明。
1879．ジーメンス「電車」を発明。
1879．エヂソン「炭素電球」を発明。
1880．エーベルト「チフス菌」を発見。
1881．パスツール「狂犬病菌」を発見。
1882．コッホ「結核菌」を発見。
1883．コッホ「コレラ菌」を発見，ダイムラー「自動車」を発明。
1855．ヘルツ「電磁場の存在証明」を発表。
1890．コッホ「ツベルクリン」の発見。

1895．レントゲン「X線」を発見，レンチェンコ「X線」を発見。
1895．マルコーニ「無線電信」を発明。
1896．ローレンツ「電子論」を確証。
1898．キューリー夫人「ラジウム」を発見。
1899．ヒルベルト「幾何学の基礎」を発表。
1900．ブランク「量子論の基礎」を発表。
1900．パヴロフ「条件反射」を発表。
1905．アインシュタイン「特殊相対性理論」を発表。
1916．アインシュタイン「一般相対性原理」を発表。
1919．ラザフォード「原子崩壊」を発表。
1932．カール，アンダーソン「陽電子」を発見。
1932．チャドウイック「中性子」を発見。
1942．原子核分裂による「連鎖反応」を実験。
1945．「原子核爆発」を実験。

以上は17世紀以降，世界の人びとに影響を及ぼしてきた科学的成果のほんの一部に過ぎない。しかし，中世ローマ1000年間と比べてみても，いかに目まぐるしい歴史的変化ではなかったか。イギリスのベーコンは，経験科学によって，まず「自然の法則」を理解し，自然を征服し，自然を支配すべきであると述べた。この傲慢な姿勢が人間をして，すでに取り返しがつかないほど自然を破壊させ，人類の危機を招いて今日に至っている。

3.2-11 功利主義の台頭，資本主義の勃興，自由優先の協力の仕組み

ベンサム（Jeremy Bentham, 1748-1832）：
> 協力の仕組みが正しいのは，最大多数の最大幸福（the greatest happiness of the greatest number）に寄与し，快楽，幸福，便益，福利など功利性（utility）の社会的総和が最大化されているとき，そのときに限る。

ジェームズ・ミル（James Mill, 1773-1836）：
> 善の最大化が正である。ゆえに，協力の仕組みが正しいのは，善

(good)の最大化に寄与するとき，そのときに限る。
ジョン・S・ミル（John Stuart Mill, 1806-73）：
協力の仕組みが正しいのは，すべての人に幸福追求の自由を平等に保障し，そして，社会全体の快楽(pleasures)総計が最大化されるとき，あるいは，最大多数の最大幸福が達成されるとき，そのときに限る。
シジウィック（Henry Sidgwich, 1838-1900）：
協力の仕組みが正しいのは，功利性の最大化としての「正義」(justice)を充たし，自由と平等の均衡点に達しているとき，そのときに限る。

3.2-12 功利主義の反省，社会主義の勃興，平等優先の協力の仕組み

ベンサムとかミルの提唱した「功利主義」は，「功利性の最大化」をもって正しい協力の仕組みとし，もっぱら，パイの増産に関心をよせ，そのパイをどう分配すべきか，適正な分配とは何かについては無関心であった。

こうして，企業家の自由を優先する西側「資本主義」は，その「アンチテーゼ」として台頭した勤労者の人権と平等を優先する東側の「社会主義」と激突した。こうして世界を東西両陣営に二分割する「冷戦時代」をまねいた。

サンシモン（Clande Henri Saint-Simon, 1760-1825）：
協力の仕組みが正しいのは，搾取のない計画経済を実現し，人の能力や働きに応じて各人に分配されるとき，そのときに限る。
マルクス（Karl Marx, 1818-1883）：
協力の仕組みが正しいのは，働かざるもの喰うべからず，各人にその働きと能力に応じて分配されるとき，そのときに限る。
エンゲルス（Friedrich Engels, 1820-95）：
協力の仕組みが正しいのは，労働に応じた分配の平等と自由権の平等と独立権の平等とが保障されるとき，そのときに限る。
レーニン（Vladimir Iliich Lenin, 1870-1924）：
協力の仕組みが正しいのは，労働者の労働者による労働者のための社会（搾取なき社会）が実現されるとき，そのときに限る。しか

し，そのためには，目的達成の手段として必要なら，暴力革命や国家の解体，反革命勢力の粛清，殺害，人権剥奪も正当化される。

3.2-13 脱功利主義の試み，公正な分配のための協力の仕組み

自由・平等・博愛の調和は，すでにロックやルソーの契約論で掲げられた民主主義の理念（羅針盤）であったが，功利主義を前提とする資本主義は，市場の失敗によって修正を余儀なくされ，またそのアンチテーゼとして台頭した社会主義は，政府の失敗によって修正を余儀なくされた。こうして，キューバ危機に象徴される一触即発の冷戦，地球を二大勢力に分断した冷戦状態は終わりを告げた。

自由，幸福，土地，家，お金など功利性の奪い合い，パイの争奪戦は，功利主義それ自体に潜む避けようのない本性的な欠陥であった。そこでもう一度，民主主義の原点に戻って自由・平等・博愛の調和を求め直す必要がある。こうして，ロールズは21世紀の「新しい協力の仕組み」の探求に乗り出したのである。彼の新しい基本的理念の概要は，次のようなものである。

ロールズ（John Rawls, 1921-2002）[14]：
> 協力の仕組みが正しいのは，①すべての人に他と同じ自由のシステムと両立可能な最も広範で平等な基本的自由の総体系を享受する平等な権利を保障し，②社会的・経済的な不平等が，(a)正義の貯蓄原理と整合に，何人にも有利であると合理的に期待されるとともに，(b)公正な機会の平等を条件に，すべての人に等しく開かれた地位や職務に属するというようにアレンジされているとき，そのときに限る[15]。

脱功利主義の試みは，他にもいろいろ考えられるが，要は，協力の仕組みそれ自体に「生きるために戦う」余地を残していることから，その不合理な

---

[14] 詳しくは拙著『公正としての正義の研究』成文堂，1989を参照のこと。よりわかりやすく解説したものとしては，拙著『ロールズ哲学の全体像』成文堂，1995があげられよう。

[15] これをロールズの「正義二原理」という。この定式化は，試行錯誤的に修正を加えられた末に辿り着いたものであり，本質的な違いはないが，最初のころの定式化とは表現上の違いが認められる。

仕組みゆえに功利性の争奪戦に陥りがちな半ジャングル状態の功利主義を排し、その代わりに、より合理的な仕組みゆえに「生きるために戦う」余地のない新しい「生きるために協力する」方法を発見することである。

3.3 半ジャングル状態の功利主義

「生きるために戦う」ジャングル状態から「生きるために協力する」社会的協力の状態への移行に伴って、まず、君主の独断、または合意形成によって選ばれた協力の理念と共通ルールの下に生きるために協力するには何が正しいか（正当か、正義に適うか）の判断に必要な共通の社会的価値の基準を導入することになる。

そして、これによって社会的協力に不可欠な個人の権利・義務を公的に規定して互いに矛盾し、互いに両立不可能な各人の利益概念、幸福概念、善美聖概念など、個人的価値の追求を法的に両立可能な範囲内に留めて利益、幸福、善美聖の争奪戦を未然に防止し、誰もが望む「平和共存」の状態を実現すること、これがジャングル状態を抜け出し「生きるために協力する」社会的協力・分業へ移った理由である。

しかし、せっかく社会をつくっても、それが合意形成に基づいていないとか、その理念と共通ルールとが不合理／不公正であるとかでは、社会的協力のメリットは半ジャングル状態にとどまらざるを得ない。ちなみに、不合理な価値体系ゆえに、共通の自然的価値や社会的価値を各人各様の個人的価値に従属させるという余地を残している功利主義的な社会的協力・分業がそうである。

「功利主義」（utilitarianism）の社会は、合意形成に基づく社会的価値による個々バラバラかつ両立不能な個人的価値の支配と規制という本来の姿をとらず、逆に、個人的価値が社会的価値を支配する状況を呈している。これではいかに合意形成によって社会的協力に移っても、依然として「生きるために戦う」という「ジャングル状態」の本質的な欠陥を内含し、自らの内に本性的な不安定性と非効率性とを潜めており、これが人びとの犯罪や不健康に反映される。

3.3 半ジャングル状態の功利主義

```
                    個々バラバラな個人的価値
功利主義の逆支配  ─────────↓─────────
                    合意形成に基づく社会的価値
```

上図から明らかのとおり「功利主義（古典・平均）」には，社会的価値の個人的価値に対する支配ではなく，逆に個人的価値の社会的価値に対する「逆支配」から派生するさまざまな難点が認められる。それは次のとおりである。

難点1． 社会的功利性（social utility）の最大化をもって「正義」（justice）と捉え，公正な分配を保障しない。

ただし，「社会的功利性」とは，各人の功利性の「総和」もしくは「平均値」を意味しており，政策Pが正しいのは，Pが社会的功利性を最大化しているとき，そのときに限るということになる。

しかし，総和であれ平均値であれ，社会的功利性の最大化は，各人の功利性の最大化を含意（imply）しない。功利主義社会では，功利性の分配は「市場の論理」と「功利力学」に委ねられ，それゆえ，一者寡占さえ認められる。

最も単純なケースとして，n＝2：ジョンの功利性を U_1，メアリーの功利性を U_2 とするとき，(1)古典功利主義は U_1+U_2 の最大化を求めるが，(2)平均功利主義は，$(U_1+U_2)/2$ の最大化を求める。ジョンとメアリーとにどう分配するかは不問であり，最大化される限り，ジョンまたはメアリーの独り占めでも構わない。

(1)古典功利主義（功利性Uの総和）：$U_1+\cdots+U_n$ 　　　　　　（Σ Ui）
(2)平均功利主義（功利性の平均値）：$(U_1+\cdots+U_n)/n$ 　　　（Σ Ui/n）

人生の運不運は如何ともなし難い宿命とし，奴隷制を導入することが社会的な功利性の最大化に寄与するなら，あえてそれを拒む理由などなく，それゆえ，正しい政策とみなされる。人身売買，臓器売買，権利や義務の売買を容認する政策でさえも，それが社会的功利性の最大化に寄与する限り，たとえ基本的人権に抵触するものであれ，正しい政策として許容される。パレート原理に抵触し，非効率の危険があるやもしれぬ分配の公正／不公正には，いっさい関知しない。

したがって，基本財として重要な「自由」や「機会」でさえも，政治的な取引や社会的な損得計算を許容し，利益や福祉の増大に対する代償として，人権にかかわる自由や機会の制限まで容認するのである。

難点2．個人を没個性的・統計的な「平均人」とし，社会をその集合と捉え，こうして，社会の成員を公平な「共感的傍観者」(impartial sympathetic spectator)の観念連合によって融合された「一者」とみなす。

自尊心の充足は，個人の尊厳性にとって最も重要である。しかるに，功利主義は，各人の自然財（才能，適性など）の多様性や人生計画の特殊性を無視し，選好体系の代替不能性にも善美聖概念の多様性にも無頓着である。だから，社会的協力・分業において侵すべからざる各人の自尊心を侵害して憚らず，これが他に取って代わりえない「個人の尊厳性」を侵害し，不満を煽らせ，非効率と不安定の悪循環に陥らざるを得ない。

個人，自然財，人生計画，選好体系，善美聖概念の「多様性」(plurality)こそは，人間にとって本質的な特徴であり，社会的協力・分業の大前提である。これを捨象すれば，個人の尊厳性は失われる。そして，個性なき統計的な平均人を前提に，「功利性（総和／平均値）の最大化は，各人の功利性の最大化を含意している」と思うに至れば，すでに統計的な魔術に呪縛され，その虜になっている証拠である。

功利主義の哲学は，「最大多数の最大幸福」の下に，封建主義の打破と産業革命の推進と資本主義の勃興に寄与したが，個人を平均化するといった誤った抽象化によって自然財や人生計画，選好体系や善美聖概念の多様性を捨象し，幸福や功利性の多様性と特殊性への関心を失ってしまった[16]。

難点3．もともと「個人的選択原理」をあたかも「社会的選択原理」かのように混解し，誤用している（価値レベル間違える誤謬）。

---

16) J. Bentham, *Introduction to the Principles of Morals and Legislation*, 1789, J. S. Mill, *Utilitarianism*, 1863 を参照のこと。

3.3 半ジャングル状態の功利主義

　個人が己の自然財を十全に発掘すべく独自の人生計画を立て，生涯にわたる最大の幸福追求に向けて目先の誘惑を断ち，時間選好 (time preference) を排し，合目的な選択にあたることは，賢明にしてかつ合理的な選択といえる。しかるに，各人の幸福や功利性は各様であって，人によって幸福や功利性の意味内容はそれぞれ異なる。では，誰のいかなる幸福やどのような功利性を社会的に最大化しようというのか。

　もし，幸福や功利性の総和や平均値の最大化に寄与する人の幸福や功利性なら，そういう幸福や功利性の最大化は，幸福や功利性の格差を漸進的に拡大し，社会はそういう一部の幸運な人のそういう幸運な人によるそういう幸運な人のためにある，ということになってしまうが，社会的協力の初期理念に鑑みて，そういう社会に合意形成が図られるであろうか。否，そういう社会的協力は正しくなく，合意形成は望みえない。

　古典／平均功利主義には，「社会的な功利性の増大が各人の功利性の増大を随伴する」という暗黙裡の仮定が存在する。

　言い換えると，人口 n 人の任意の社会における功利性 (U_1, …, U_n) の総和を U とし，その平均値を U/n とするとき，

　仮定：U または U/n が増大すれば，n 人それぞの功利性も増大すると。しかし，このような暗黙裡の仮定が功利主義における思い違いであり，ただの幻想に他ならないことは論理的に明らかである。なぜなら，U または U/n の増大は，人口 n 人の社会の n 人それぞれの功利性 U_1, …, U_n の増大を意味しておらず，また，保障してもいないからである。

　それでも功利主義者は，あたかも洗面器に入れた赤いインクがしだいに一面に広がっていくように，U または U/n が増大すれば，時間の経過と共に，すべての人の功利性は増大すると述べるであろうが，人を騙してはいけない。無辜の良民に対し保障なき淡い期待を抱かせてはならない。

　なぜなら，人生わずか80年の寿命であって，どう頑張っても1000年，万年の長寿は望めないからである。だからこそ，個人的な選択原理に対して上位の社会的な選択原理は，厳しく下位の個人的な選択原理から峻別されるべきなのである[17]。

難点4． 功利主義では，「私的な善」（good）を「公的な正」（light）の基礎
概念とし，正を善の最大化と解する。

功利主義は，善と正を逆立ちさせ，政策／制度／法令が正しいのは，善を最大化する政策／制度／法令であるとき，そのときに限る，とする[18]。

功利主義においては，このように「正しい」とは「善い」の最大化であり，善の最大化こそが正である。しかし，各人の善概念は各様である。いったい誰の善を最大化しようというのか。そして，善は加算可能なのか。可能とするその根拠は何か。質的に異なる各人各様の善を加算可能とする仮定は，完全に誤っている。

「正≡善の最大化」の定義は，各人に各法を容認するものであり，これでは当然のことながら，生きるために戦う「善争奪戦」を避ける術がない。その意味において，功利主義社会は半ジャングル状態である。完全な社会的協力・分業の状態へと移行しているとは言いがたい。まだ，粗野なジャングル状態の余韻が感じられる。

したがって，功利主義の体制をとる社会は，国も，自治体も，企業も，すべての組織が腐敗しやすい。己に有利な，己に都合の善い政策の見返りとしての贈収賄，不当な金利に手を貸し，貧者から血を吸い取る消費者金融への多くの官僚の天下りなどである。いかなる組織のいかなる腐敗であれ，それを見逃すと，いつの間にか官庁が裏金づくりに奔走したり，天下り先のホテルや保養所を建てるために年金を食い潰したりなど，社会全体が魑魅魍魎の伏魔殿と化してしまう。

政府の本務は，社会的協力・分業の理念と共通ルールとに基づく「背景的公正」の保障にある。つまり，各人の各様な利益追求・幸福追求・善美聖追求の自由の安全と平和共存の保障にあるから，善による正の逆支配ではなく，

---

[17] R. B. Perry, *General Theory of Value*, New York, Longmans and Company, 1926, pp. 674-677 を参照のこと。

[18] W. K. Frankena, *Ethics*, Englewood, Cliffs, N. J. Prentice Hall, Inc, 1963, p. 13 を参照のこと。

元凶は価値レベルの同一視にある。個人的価値，社会的価値，自然的価値は，それぞれ，厳しく峻別されなければならない。個人的善と社会的正は，価値レベルが異なっている以上，いかに多くの善を集めようとも，正にはならないということを理解することが重要である。

正義，正，公正など上位の社会的価値による下位の私的な善美聖，幸福，利益の法的支配が不可欠なのである。

難点5．満足の中身を問わず，正しい政策を単純に満足最大化の政策とみなしている。

既述の幸福や功利性や善美聖と同じように，各人の満足や快楽は各様である。なかには互いに両立不可能な満足や快楽，たとえば，他人の満足を奪う満足もあれば，快楽を奪う快楽もあろう。幼児折檻の満足，老人虐待の満足，苛めや脅しの満足がそれである。また盗みや殺しの快楽，強請（ユスリ）や集り（タカリ）の快楽もそれである。いずれも，互いに両立不可能な満足／快楽概念であることは明らかであろう。

功利主義の元祖 J. Bentham (1748-1832) は，満足や快楽の加算可能性を仮定して「快楽計算」(hedonistic calculus) を体系化したが，そもそも，満足や快楽は加算不能である。個々人の快楽や満足や幸福や功利性は，自らの体系において加算可能であり，自らの体系においてその最大化は可能であるが，その社会的総和や最大化は意味不明である。

難点6．社会的協力・分業の目的が判然とせず，功利性の最大化が誰のためなのか，何のためなのかが不明であり，政府の役割も漠然としている。

功利主義は，社会における快楽，満足，幸福，功利性の総和／平均値の最大化を正しい政策とし，「パレート原理」(Pareto Principle) に基づく効率的な分配を求めるのみで，富や快楽，満足，幸福，功利性の社会的偏在には関知しない（適正分配／公正分配の基準がない）。それゆえ，何のための社会的協力か，また，誰のため何のために功利性を最大化するのか，誰のため何のための政府なのかが不明である。

功利主義には，「最大多数の最大幸福」としながら，貧富の格差増大に対処する抑止策もなければ，市場の人権侵害に対する防止策もなく，肝心な人びとの自尊心の侵害に対する防御策もない。しかるに，既述のとおり「幸福」は，己の人生計画に基づく自然財の十全発掘と社会的協力での十分な活用と

満足のいく役割の履行による「自尊心の充足」と深い関わりがある。ゆえに功利主義は，何よりも「幸福」にとって本質的な「自尊心の充足」のための制度的基礎を欠いている。

　これにより，功利主義社会は，己の富・利益・快楽・満足・幸福・功利性の争奪戦場と化し，勝者と敗者の間に憎悪の衝突と組織上の分裂を生みだし，吝嗇，横暴など憎悪からくる諸悪徳が横溢する。力で抑えれば反発を招き，非生産部門の強化による不安定・非効率の悪循環は極限に達する。各人の自然財を活かす互恵的な協力だったはずだが，理念の不合理と共通ルールの不公正がその基盤を脅かすことになるのである。

　ニュートン力学の末期には，物理学者・数学者が短縮仮説などさまざまな仮説を導入して実験結果とのズレの是正を試みたが，こうした仮説による補完措置が必要となったということは，すでにニュートン力学の賞味期限を意味している。実際に，アインシュタインの「相対性理論」では，その仮説は不必要となった。

　じつは功利主義者も，次第に功利主義に潜むこの致命的な欠陥に気づき，その回避策に取り組みはじめた。こうした事実は，すでに「功利主義」も歴史的な使命を果たし，もう御役御免なのか，産業革命から生まれ，それを哲学的に支えてきた功利主義も，賞味期限を迎えたようである。主な解決策はこうである。

①J. Bentham が求めた「平等原理」（何人も一人と数え，誰も一人以上に数えてはならぬ）と J. S. Mill のいう至高倫理「ナザレのイエスの黄金律」（己の欲するところを他者に施し，己の如く隣人を愛せよ）に伴う「幸福の諸条件への請求権」を具現する上で必須不可欠な「功利原理＋分配原理」。

②K. J. Arrow や D. Lyons の「功利原理＋公正原理」（K. J. Arrow, *Social Choice and Individual Values*, New York, 1963, D. Lyons, *Forms and limits of Utilitarianism*, Oxford, The Clarendon Press, 1965, pp. 161-194, *Ehics and the Rule of Law*, Cambridge UP, 1984, pp. 110-144）。

③A. K. Sen や P. K. Pattanaik の「功利原理＋互恵原理」（A. K. Sen, *Collective Choice and Social Welfare*, Holden-day, 1970, P. K. Pattanaik, *Voting and Collective Choice*, Cambridge, UP, 1971）か。

3.3 半ジャングル状態の功利主義

④小泉仰は「功利性と正義との調和」(「現代功利主義論争」『理想』No.523, 1976, pp.88) などの補完原理を導入した。
⑤ J. Rawls の「公正としての正義原理」(自由均等原理／格差原理／機会均等原理：*A Theory of Justice*, Cambridge, Harvard UP, 1971) のように、功利主義に取って代わって、公正な分配を保障するような包括的な「正義原理」が必要である。

難点 7. 多数決を誤解し、多数派の判断のほうが少数派の判断よりも正しいとみなす。

一般に功利主義（古典・平均）は、善（good）を加算可能とし、多数の善を少数の善よりも正しい（light）とみなすが、これは「価値レベルを混淆する誤謬」である。

まず、善（利益、幸福を含む）の概念は、人によってそれぞれ違っている。何が善いかはそれぞれ異なっている。しかるに、それぞれ違っている概念は、加算可能でない。それゆえ、善は加算可能でない。十人十色の「善」を加えても無意味である。

次に、私たちは個々の政策や法案の審議などにおいて、無批判にも多数派の判断のほうが少数派の判断よりも正しい、言い換えると、多数の人が善しとする判断のほうが少数の人が善しとする判断よりも正しい、つまり、善いと思う人の数と善くないと思う人の数を比較し、数の多いほうが数の少ないほうよりも正しいと仮定して、その結果を「多数決規則」(majority rule) に委ねがちである。

しかし「多数決規則」は、もともと、多数派の判断のほうが正しいとか、多数の人が善しとする判断のほうが正しいとかを意味していない。なぜ、多数の善のほうが少数の善よりも正しいのか。もともと「善」と「正」とは、価値レベルが異なる。善は個人的・私的価値だが、正は社会的・公的価値である。善と思う人の数をいかに多く積み上げても、社会的な正、正当、正義にはならない。

生徒 A への「いじめ」をクラスの多数の賛成で決めたとする。そのいじめで A は死んだ。それでも、それを善しとした多数派の判断は正しかったと言

えるであろうか。

　答は NO！　である。まだ，ニュートン力学全盛の時代，ある学会でアインシュタインの「相対性原理」を巡って論争が起きていた。さて，相対性理論を認めるか，否か。議論の末に，多数決に訴えた。結果は参加者1000人中，賛成100人，反対900人。それゆえ，学会として反対の意を表する，と。これも多数決の誤用であると言えよう。

3.4　多数決と数の暴力

　多数決はあくまでも，私的な善の大小（善しとする人の比率）を問う方法である。「正邪の問題」を多数決に訴えることが間違っているように，「真偽の問題」を多数決に訴えることも間違っている。善／悪，正／邪，真／偽の「価値レベル」に違いがある点を忘れると，トクヴィールが「合衆国における多数派万能の顛末」において警鐘を鳴らしたように，多数決は「数の暴力」に陥ることになる[19]。

---

[19]　A. Tocqeville, *Democracy in America by Alexis de Tocqueville*, A New Translation by George Lawrence, New York Harper & Row, 1966, Ch. 7) を参照されたい。彼はこう述べている。
　「個人よりも多数の集団に見識や叡智を見出さんとするこの多数派万能主義は，人間の自尊心の最後の砦まで闖入して侵害する。多数派の道義的権威は，最大多数の利益を少数の利益に優先せよとの原理に基づいており，ある事に一旦多数派が形成されると，前途を遮るものは全くなく，苦情を聴く余裕さえなくなる。全権の根拠を多数派の意思に求めるなどというのは，自家撞着／自己矛盾（self-contradiction）に他ならない。私たちには「全人類の普遍的な法」というものがある。正義がそれである。正義はそれぞれの国民の権利行使を規制する。不正な法に対する不服従には，人民主権から人類主権へと移行すべきで，至高の公権が必要である。多数派の権力を抑え，穏健にする方策がないと，自由は危機に瀕する。多数派万能それ自体が危険であり，専制の萌芽と解すべきだろう。
　合衆国において不正を訴える先は何か。世論は多数派の形成母体であり，立法府や行政府はそれぞれ多数派への盲従機関で，奉仕機関に他ならない。警察は武装した多数派であり，また陪審員も処罰権をもつ多数派であって，処分が不当でも服役を強いる。こうした専制に対する防備はなく，多数派による思想統制も明々白々である。たかだか許容枠内の自由の享受しか許されず，そこからの逸脱は，災厄をまねく。火あぶりの刑は免れえても，弾圧や迫害の覚悟が必要とあって，結局，不満を吐き出す勇気を喪失し，ただ，沈黙するのみである。多数派の正常視が元凶である。多数派万能が少数派を絶望に追い込み，暴力に救いを求めるとき，自由を失った事態がやってくる。多数派専制の顛末は無法状態である。」

3.4-1 多数決の本来の目的

「多数決」は，利益の争奪戦ではない。幸福の争奪戦でも，善の争奪戦でもない。

もし，多数決が多数派の利益を保障する手段となるなら，多数決は利益の争奪戦と化すことになる。これは悲劇である。少数派はしだいに絶望の淵に追い込まれり，最後には暴力に救いを求めざるを得なくなる。社会的協力・分業は，崩壊の危機に瀕し，しだいに，無法状態・ジャングル状態へと転落していくであろう。

なぜ，多数派の利益を守ることが正しいのか。なぜ，少数派の利益を無視することが正しいのか。多数派の善／美／聖・利益・幸福・自由・権利を少数派のそれ以上に優先し保障すべき理由は，どこにもない。なぜ，多数派を優遇すべきか。なぜ，少数派を冷遇すべきか。個人的(私的)価値は，平等と解すべきではなかったか。

なぜなら，人によってそれぞれ異なる善／美／聖・利益・幸福の多様性の根拠は，人の「自尊心の基礎」をなす「自然財」⇒「人生計画」⇒「選好体系の特殊性」にあり，その特殊性から私的な価値観（善／美／聖・利益・幸福など）の多様性が発生し，これが個人の尊厳性および代替不能性を根拠づけるからである。

功利主義の最大の難点は，多数決規則に上のような誤った使い方の余地を残していることである。多数派の横暴は，少数派に暴力への救いをまねき，往々にして，多数派が自らの首を絞める顛末を迎える。つまり，無法状態／ジャングル状態への回帰である。このとき，不安定に対するに管理強化をもってすれば，非効率という悪循環の罠にかかって社会は衰退の一途を辿る。

要は，原因療法である。功利主義から脱却し，多数決規則の誤った運用を改めることである。なお，功利主義の難点は他にもいろいろあるが，他の難点はすべて上記の7つの難点の何れかに含まれよう。

3.4-2 多数決規則（majority rule）の誤用防止の処方箋

ケネス・アローは，「理想的に規制された多数決手続きは，公平無私の客観的な視点を提供し，合理的な立法者をして専門家集団の公正な見解に基づく

至高の判断へと導いていく」[20]と述べている。こうした多数決の誤用を避けるための「精神主義的」な処方箋はアダム・スミス（Adam Smith, 1723-1790）以来，近代経済学において重視されてきたのであるが，「多数決」を利益争奪戦(善美聖争奪戦，幸福争奪戦)とする限り，たとえ規制がどうであれ，これは争奪戦に勝利した多数派への追認と祝福に他ならず，立法者をして公正な見解に基づく至高の判断へ導いていくという保証はない。実際，国民の範たるべき国会での恣意的な審議と多数決の濫用は，利益誘導の「多数派の多数派による多数派のための多数決」であり，まさしく「利益争奪戦」そのものではないかと思うが如何であろう。

ブラック（D. Black）は，「適切な妙策を施すことによって，国を代表する立法者の判断が不当な判断から正当な判断へと移行するにつれて多数の得票を獲得した多数派の判断が正当とされる確率は，増大していく。十分な公的審議に基づく適正に規制された多数決規則の運用は，認識・推論能力を拡大し，それを運用しないときと比べて，より理想的な立法措置へと接近することができる」[21]と主張し，条件つきではあるが，多数決を擁護する有力な論拠を与えている。

判断に必要なすべての真実の情報を開示した上での十分な審議は，必要であるが，その適切な妙案とは何か，適正に規制された多数決規則の運用とは何か。それは憲法改正に$\frac{2}{3}$以上の賛成を求めるような規制か。その中身を具体的に示さない限り，利益争奪戦と化した「多数決の濫用」は，いつまでも止まないに違いない。

私は多数決規則の「功利主義的解釈」に疑問を覚える。私はF. H. ナイトの学説と同じように，立法審議は受益者相互間の利益争奪戦ではない。そうした審議は公正な判断へ到達するための客観的な探求である，と考える[22]。それゆえ，立法者は公人として，己の視点を私善（己の利益・幸福）から，公

---

20) K. J. Arrow, *Social Choice and Individual Values*, 2nd ed. New York, John Wiley and Sons, 1963, pp. 85f).
21) D. Black, *Theory of Committee and Elections*, 2nd ed. Cambridge UP. 1963, pp. 169-165.
22) F. H. Knight, *The Ehics of Competition*, New York, Harper and Brothers, 1935, pp. 296, 345-347 を参照のこと。

正（社会的・公的な正・正当・正義……）へと移さなければならないわけである。

◎私の善（個人的善・利益・幸福）の視点 ⇒ 多数決は利益争奪戦に陥る。
◎公の正（社会的正・正当・正義）の視点 ⇒ 多数決は科学的探究の方策。

こうして多数決は，功利主義に基づく私の善（己の利益・幸福）の追求というバラバラの視点とバラバラの理念から必然的に帰結するところの利益争奪戦の半ジャングル状態を脱し，公の正（社会的な正・正当・正義）の追求という共通の視点に立脚し共通の理念から科学的探究に加わり，必要なすべての情報の開示と十分な審議の末に，社会的・公的に正しく，正当にしてかつ正義に適った結論に到達し，多数決本来の社会的使命を十分に果たすことになるであろう。

しかし，多数決に際して，いかに視点を個々バラバラな私の善から，共通の公の正である共通の理念の下に置くにせよ，問題は，多数決に移る前に，必要なすべての真なる情報を開示し，当事者が納得いくまで十分に審議を尽くさなければならぬという要件を充たしていなければならないということである。すべての判断について，前提となる情報がどれか一つでも偽であれば，結論が真である保証はなく，前提はすべて真でなければならない。これは論理的真理である。

今日でこそ，才能に男女の差はなく，また，肌色の差もないとされる。しかし偽なる前提から導かれる誤った結論によって多くの人が謂れなき差別に曝され，女性も黒人も奴隷も犠牲になった不幸な歴史がある。教育を受ける機会，才能を発揮するチャンスを奪っていながら，才能が劣るというのは，私のいう「偽なる情報を前提とする誤謬」である。こういった悲劇を避けるには，法／制度／政策など社会的（公的）価値判断の前提となるすべての情報は，真でなければならない。言い換えると，すべての正しい社会的価値判断は，真なる自然的な価値判断を前提としなければならない。

いや，社会的な価値判断ばかりではない。己の見栄か，他からの強制か，理由は何であれ，己の自然財について誤解すると，誤った人生計画，誤った選好体系，誤った善美聖概念を前提として，誤った価値判断を下すことになり，結局，己にとって，偽善，偽美，偽聖，不利益，不幸な人生を余儀なくされよう。

それゆえ、すべての価値判断（私的／公的／事的、個人的／社会的／自然的）は真なる情報を前提としなければならない。もし、偽なる情報を前提とするなら、結論は信頼できないものとなる。これが次の自然的価値の問題である。

3.4-3 多数決に必要な真なる前提

従来は、「事実と価値の二分法」に基づき、科学の対象を「事実」とし、「価値」の諸問題を科学から排除するばかりか、個人的、社会的、自然的なあらゆる価値を十把一絡げに扱ってきた。これを「価値の混淆」というが、こういう伝統的な二分法の捉え方は間違っている。絶対的な事実とか、頑固な事実とか、動かぬ事実とかいうが、すべての価値がそうであるように、事実（fact）も選ばれた価値基準を変数とする関数に他ならないのであって、その意味においての価値判断だからである。

つまり、真偽の基準である。しかるに、真偽は価値の一種である。ゆえに「事実」はそれ自体において、それ自体によって絶対的に存在するのではなく、真偽の価値基準において、選ばれた真偽の価値基準によって相対的に存在するに過ぎない。これを証拠に私はこれまで暗黙裡に容認されてきた伝統的な「事実と価値の二分法」を否定し、価値三元論・価値体系論を提唱してきた。

これによれば、真（true）、真実、真理は、「自然的価値」（natural value）に属し、真偽の判断根拠は、事実言明とその言明が指示する外界との「タルスキー的対応」に求められ、これを証拠（evidense）というが、これはタルスキーの「真理（truth）の形式的基準」（任意の言明「P」が真であるのは、Pであるとき、そのときに限る）の言明「P」と外界の証拠Pとの対応関係をいい、伝統的な素朴対応説や真理描写説が求める「アリストテレス的対応」ではない。コトバの前に事実はない。事実の前にコトバがある（事実に対してコトバが先行する）とみなす「積極的対応」をこれは意味している。

「事実」（fact）は、選ばれたコトバ／理論体系／言語体系との関わりにおいて、それと相対的に多様な形で描写される。ちなみに「光」は、粒子としても波動としても描写しうる。どちらが真実かという問いは無意味である。

タルスキーは、有名な「真理概念」[23]に関する論文において、言明の真／偽の形式的な基準を定め、「言明が真（true）である」ことをこう定義した。

タルスキーの形式的基準：言明「雪は白い」が真であるのは，雪が白いとき，そのときに限る。

　この基準が意味しているのは，真偽の問題は証明可能か否かの問題ではなく，だから言語体系内で決定できず，どうしても，外界と関係づける問題であり，真が偽かの決定は，「証明」(proof)によっては不可能だということである。

　これがタルスキーの形式的な「真偽の基準」であるが，これによれば，言明「日本国憲法は1946年11月3日に公布された」が真であるのは，日本国憲法が1946年11月3日に公布されたとき，そのときに限る。

　事実言明の場合には，証拠の有無が重要となる。この言明の真偽を確認するためには，新聞や『官報』などを調べれば十分である。実際に，日本国憲法が1946年11月3日に公布されていれば，その証拠に基づき，真とされる。

　また，言明「今夜の月は赤い」が真であるのは，現実には，科学的な波長分析を含む証拠体系に基づき，実際に，今夜の月は赤いとき，そのときに限る。否なら偽とされる。こうして，真偽判断に必要な実質的基準を与えることができる。

真偽の実質的基準：言明「P」が真であるのは，科学的（合理的・客観的）な証拠／証拠体系に基づき，実際に，Pであるとき，そのときに限る。

　この定義の（言明「P」が真である）≡（Pである）は，科学的な証拠体系に基づく，言語体系内の言明「P」と言語体系外のP（これを事実という）との証拠十分な対応関係を意味している。言明「P」が真であることは，対応関係（Pである）の「完全立証」（正当化の極限概念）をいうと解しえよう。ところで，

---

23) A. Tarski, Der Wahrheitsbegriff in den formalisierten Sprachen, *Studia Philosophica*, 1, 1935-1936. The Semantic Conception of Truth and the Foundation of Semantics, *Journal of Philosophy and Phenomenological Research*, 4, 1944.

言明「P」とのタルスキー的な対応関係が「完全立証」(strict testifycation) されることは、科学的証拠体系による対応関係の「完全含意」(strict implication) を意味している。

さて、科学的証拠体系は、科学技術の発達と共に進化してきたし、今後もそうに違いないから、常に開いておくべきであり、けっして、閉ざしてはならないが、完全立証や完全含意のときを待って判決を控えたり、科学技術の発達を信じて病気診断を躊躇すると時宜を逸してしまう。たとえば、裁判に100年、病気の診断に50年では、すでに被告は監獄で他界し、患者は霊柩車で運ばれているに違いない。

だからと言って、誤審や誤診は許されず、判断は慎重でなければならない。証拠体系の適用に当たっては、それゆえ関係者の合意形成に基づき、その時点で最も安全・確実な「証拠体系」E ($=e_1, \cdots, e_n$) を採用するしかない。科学技術の発達に伴って言明「P」に対応する証拠体系 E も変化し、開かれた $P \supset E$ ($=e_1, \cdots, e_n$) の証拠内容は変化を続けるに違いから、研究上は、未来永劫、$P \equiv E$ は望めないことだろう。

現実の裁判や診断や診療など、時間との戦いの場合には、合意形成に基づき便宜的にしばらくの間、証拠体制 E ($=e_1, \cdots, e_n$) を閉ざし、$(P \supset E) \cdot (E \supset P) \Rightarrow (P \equiv E)$ を仮定した上で、言明「P」の真偽決定において、完全立証・完全含意が成立しているか否かを探らざるを得ないであろう。

最も理想的な証拠体系は $(P \supset E) \cdot (E \supset P) \Rightarrow P \equiv E$ であるような必要十分条件を充たす E であろうが、これがシステムとして開かれている限り、しかも、緊急を要する場合には、それを待ち続けるわけにはいかない。言明「P」が真か偽かを決定する際には、「仮説演繹」の方法を用いて、もし、P が真であるなら、$P \supset E$ ($=e_1, \cdots, e_n$) によって各 $e_1, \cdots, e_n$ をチェックし、n 個すべての証拠を充たしているなら、暫定的ながら、その時点 t においては、とりあえず、完全含意され、完全立証されたとみなすのである。

n 個の証拠体系のどれか一つでも否定されるなら、完全含意は望めず、完全立証は成立しない。もし、$P \supset E$ の完全含意が成立しなければ、

$$① \quad ((P \supset E) \cdot \neg E) \supset \neg P$$

によって事実Pは反証され，言明「P」は偽とされる。反証されない場合には，

$$② \quad ((P \supset E) \cdot E) \supset P$$

によって論理的には必要条件に過ぎず，②は成立しないが，Pが反証されない限りそれが反証されるまでは，関係機関の合意形成に基づき，一時的に暫定的ながら慎重に逆含意 $E \supset P$ を容認し，$(P \supset E) \cdot (E \supset P) \Rightarrow P \equiv E$ を仮定し，

$$③ \quad ((E \supset P) \cdot E) \supset P$$

によって，Pの完全立証とせざるを得ない。

①の証明（LK）：

$$\cfrac{\cfrac{\cfrac{\cfrac{\cfrac{P \Rightarrow P}{E, E \Rightarrow \neg P, P} \quad \cfrac{E \Rightarrow E}{E, \neg E \Rightarrow \neg P}}{P \supset E, \neg E \Rightarrow \neg P} (\supset \Rightarrow)}{(P \supset E) \cdot \neg E \Rightarrow \neg P} (\cdot \Rightarrow)}{\Rightarrow ((P \supset E) \cdot \neg E) \supset \neg P} (\Rightarrow \supset)}$$

②の証明不能：

$$\cfrac{\cfrac{\cfrac{\cfrac{\cfrac{E \Rightarrow P}{E \Rightarrow P, P} \quad \cfrac{E \Rightarrow P}{E, E \Rightarrow P}}{P \supset E, E \Rightarrow P} (\supset \Rightarrow)}{(P \supset E) \cdot E \Rightarrow P} (\cdot \Rightarrow)}{\Rightarrow ((P \supset E) \cdot E) \supset P} (\Rightarrow \supset)}$$

③の証明：

$$
\cfrac{\cfrac{\cfrac{\cfrac{E\Rightarrow E \qquad P\Rightarrow P}{E\Rightarrow P,E \qquad P,E\Rightarrow P}}{E\supset P, E\Rightarrow P}}{(E\supset P)\cdot E\Rightarrow P}}{\Rightarrow ((E\supset P)\cdot E)\supset P}
$$

$(\supset\Rightarrow)$

$(\cdot\Rightarrow)$

$(\Rightarrow\cdot)$

②の証明不能性から，証拠体系の科学的進化ゆえに，かつて拷問による自白だけで処刑された人が今日の DNA 鑑定によって濡れ衣だった，冤罪だった，とわかる事態が考えられよう．また，CT スキャナーの開発で，癌か否かの確実な診断も，早期発見が可能になってきた．これが現実の宿命ゆえに「証拠体系」は常に開いて置かなければならないが，便宜上，一旦，これを閉ざして，P の十分条件として仮定する場合には，慎重の上にも慎重でなければならない．

3.4-4　証拠主義に基づく多数決

　タルスキーの「言明」(statement) は，一般に，次のような真偽を問いうる「判断」(judgment)，「情報」(information)，「供述」(witness)，「証言」(testimony) ……にも適用される．

　判断「このバラは Mr. リンカーンである」が真であるのは，香り，花の色や形，葉の形，必要なら DNA 鑑定など，科学的な証拠体系に基づき，確かにこのバラが Mr. リンカーンであるとき，そのときに限る．証拠不十分なら，保留である．

　情報「北朝鮮は核実験を強行した」が真であるのは，特殊地震計，放射能測定器など科学的証拠体系に基づき，実際に，北朝鮮が核実験を強行していたとき，そのときに限る．

　供述「世界史を必修から外すよう私（校長）が指示した」が真であるのは，自白，聞き込み捜査，有印指示文書，録音テープ，教職員や生徒らの証言など，科学的な証拠体系に基づき，実際に，世界史を必修から外すよう校長が指示していたとき，そのときに限る．調査の結果，校長ではなく，県教育委

員長が指示していたなら，供述は偽である。

裁判官が「犯人は貴方ですか」と尋ねたところ，被告は「はい，私です」と応えた。この証言は真か偽か。

証言「犯人は私（太郎）です」が真であるのは，自白，動機，関係，アリバイ，血液型 DNA 鑑定，自白を裏付ける凶器や遺棄現場の一致など，科学的な証拠体系に基づき，実際に犯人は私（太郎）であるとき，そのときに限る。

当時，全部で計 n 個の証拠からなる証拠体系を $E_1, \cdots, E_n$ とすると，合意形成に基づく公認のすべての証拠は，

$$E_1 \vee \cdots \vee E_n$$

という選言（……か……）ではなく，

$$E_1 \cdot \cdots \cdot E_n$$

のように，連言（……と……）で結ばれており，n 個の証拠すべてが完全立証されなければならない。どれか一つでも，立証されなければ，証拠体系 E の全体が反証されることになり，犯人は私（太郎）ではない，とされる。

$$犯人は私（太郎）です \Rightarrow E_1 \cdot \cdots \cdot E_n$$

捜査の結果，n 番目の証拠が反証された（$\neg E_n$）。連言は上記のとおり，証拠が一個でも反証されると，証拠全体が反証されるから，$\neg (E_1 \cdot \cdots \cdot E_n)$

しかるに，$\neg (E_1 \cdot \cdots \cdot E_n) \Rightarrow \neg$（犯人は私（太郎）です）

ゆえに，犯人が私（太郎）である証拠は立証されない（証拠不十分）。

太郎の証言は，証拠体系に基づいて反証され，証言「犯人は私（太郎）です」は，偽とされる。先人たちは，古来，自白を証拠の王様とし，多くの冤罪の悲劇を生み出したが，今では「証拠主義」に基づき，証言の信憑性が厳しくチェックされる。

権威者がそう言うから，バイブルに記されているから，政府がそう言うか

ら，などなど，以前は「真偽の根拠」を権威ある何かに求めがちであったが，証拠主義の立場からすれば，権威者が何と言おうと，バイブルにどう書いてあれ，また，政府がどう言おうとも，真は真，偽は偽である。科学的証拠体系の裏づけがない限り，容認しない／してならない。アリストテレスがプラトンを創始者とするアカデメイア大学の同僚に対して述べた「アカデミズムの精神」がこれである。アリストテレスいわく。

> 私はプラトンを愛する。しかし，それ以上に真理を愛する。

　国を愛し，郷土を愛せよとは，国家体制の権威の押し付けであって，非科学的な権威に跪かせる強制に他ならず，愚かにも民の創造性を阻害し，社会の活性化を妨げ，国は衰退の一途を辿らざるを得ない。愛すべきは真理・正義である。
　以上，「言明」，「判断」，「情報」，「供述」，「証言」など事の真偽を問うすべての問題は，証拠主義の立場にたって，科学的な証拠または証拠体系に基づき，客観的・合理的に決定されるべきこと，そして，けっして，利益や情実や権威や外圧に影響を受けてはならないことがわかった。
　自然科学の成功は，証拠主義に徹したことによる。社会科学や人文科学が遅れているのは，私的・個人的価値に縛られ，己にとってどちらが有利かなど，さまざまな不純要因に攪乱され，証拠主義に徹しきれていないからである。しかし，真理や真実，正義や公正を探究するすべての学問は，己の有利／不利を超え，普遍的な「証拠主義」に立脚しなければならない。たとえ，己にとって不利であれ，AはAであって，すべてはAかAではなく，世の中に，AであってAでないことなどないとの基本的な論理法則に基づき，白は白，黒は黒としなければならない。
　ジェームズ流のプラグマティズムや功利主義には，自己に有利であるがゆえに真とする余地を残しており，価値体系の逆立ち，つまり，個人的価値（私的な利益，幸福，善美聖）による社会的価値（正，正当，正義）の支配のみならず，自然的価値（真，真理，真実）の支配を許す危険を含んでいる。
　こういう逆立ちした価値体系を許す限り，あたかもアクセルを踏んでブレ

ーキをかけるかのように,その本性的な不安定ゆえに半ジャングル状態に留まり,いかに警察力を増強して治安維持を強化しても,不安定と非効率の悪循環から抜け出せない。

　従来の個人的価値⇒社会的価値⇒自然的価値のように逆立ちした価値体系を本来の姿に戻し,より安定した合理的な価値体系へと改めるべきである。

価値のシステム
個人的(私的)価値(己の自然財に基づく私的な利益,幸福,善美聖)
――――↑――――――↑――――――↑――――
社会的(公的)価値(合意形成に基づく公的な正,正当,公正,正義)
――――↑――――――↑――――――↑――――
自然的(事的)価値(科学的証拠／証拠体系に基づく真,真理,真実)

　上記のように,自然的価値が社会的価値を支配し,社会的価値が個人的価値を支配するような合理的な安定した価値体系論を導入し,最も基本的な自然的価値に依拠してこれを前提に,すべての価値判断を下すなら,その構造的な安定性および合理性ゆえに,社会的協力は自ずと効率的にしてかつ安定的となり,あたかもブレーキを踏むと同時にアクセルを効かすかのような愚策は不要となる。

　私たちは,自然的価値→社会的価値→個人的価値の序列的な価値体系において,真実の情報を前提としてのみ,(1)最も安全確実な真なる結論,(2)公的に正しい結論,(3)私的に善い結論へと辿り着くのである。虚偽の情報を前提とすれば,誤った結論へと導かれる。最悪の場合には,次のように命取りとなろう。

(1)前提1.「CIA情報によると,イラクは大量破壊兵器を保有している。」
　　前提2.「イラク政府はそれを否定している。」
　　前提3.「放置すれば,矛先はUSAに向けられ,危機が増大する。」
　　前提4.「自由と国益のための威嚇と支配,これは譲れない国是である。」
　　前提5.「国益のための最善策は,先制攻撃である。」……………
　　結　論.「国連が否決する前に先制攻撃をかけるべきだ。」

　ブッシュ大統領は「イラク戦争」に踏み切ったが,大量破壊兵器は見付からず,3週間終結の約束も反故に,イラク市民の死者50,000人,アメリカ兵

士の戦死3,000人を越えてベトナム戦争と同じ泥沼化を呈してきた。2001，9/11事件で正気を失ったアメリカ人も，やっと平静さを取り戻し，中間選挙で「でっち上げ聖戦」にNOを突きつけ，与党「共和党」は惨敗，政権は野党「民主党」に移ることになった。

(2)前提１．「日本国憲法は，真理と正義と平和を愛する国民として，対話と合意による紛争解決を求めるが，国際貢献のためには現実の力の正義と威嚇と支配の政治に戻るべきではないか。」

前提２．「日本国憲法は武力による紛争解決を認めない。だから軍隊をもてず，国際紛争に際して海外派兵もできず，戦死者を戦死者として祀れない。普通の戦える国にすべきで，それには，憲法改定が必要だ。」

前提３．「しかし，国民の多くは現憲法に満足している。ゆえに，憲法改定は難しい。それなら，雰囲気づくりから着手するしかない。」

前提４．「歴史教科書の書き換え⇒首相の靖国参拝⇒防衛省設置⇒教育基本法改定⇒憲法改定⇒軍隊の設置⇒海外派兵⇒戦死者の靖国神社への合祀⇒天皇の靖国参拝⇒旧理念の復活という順序でやろう。」

前提５．「歴史教科書の問題も靖国参拝の問題も，すんなりいかなかった。いずれも簡単ではなさそうだ。」………

結　論．「タウンミーティング（TM）を各地で開き，［やらせ質問］で多数派工作をやるしかない。極秘に進めよ。人選を間違えるな。サクラとわからないよう質問項目を準備せよ。」

民を裏切る邪悪な策謀など政府の不正が政府の命取りに！こういう不正は政府の品性を問われ，世界から軽蔑される。こういう政府にはたして崇高な教育の問題を論ずる資格はあるだろうか。教育を責める前に，まず己自身を反省すべきであろう。本来「タウンミーティング」は，ひろく国民の声に耳を傾け，正しく世論を吸い上げ，これを国政に活かすためではなかったか。

近年，顕著になってきた「まず，結論ありき」のやり方は，民を巧妙に誘導し，国民を欺く詐欺行為である。政府の意思を民に押付ける民主主義は，えせ民主主義に他ならない。明治政府は野党つぶしに汚い手を使った。しか

し，現行憲法では，主権者は国民である。総理大臣ほか公務員はすべて国民のサーヴァントである。

　納税者を欺き，血と汗の税金を不正な「やらせ質問」に素直に応じた人たちにばら撒く政府，また台所は火の車なのに「タウンミーティング」と称する追認と祝福のインチキ儀式に浪費を惜しまない政府とは，いったい誰のため，何のための政府か。果たして，国民に対し不正の手本を示すような政府に「教育」を語る資格があるだろうか。こういう状況では，犯罪も，イジメも，自殺も，増えて当然ではないか。

　古来，西欧では「高い地位には重責が伴う」（noblesse oblige）という。自己を厳しく拘束すべき憲法の理念（民主主義・平和主義・国際協調主義）を踏み躙って意図的に民を操り，民を誘導する恥知らず政府は，すでに民主主義を逸脱している。歴史の教訓によれば，これは，まさに「国の暴走」の前兆であると言えよう。

第4章　合意形成への途
―― 生きるために協力する仕組みを求めて ――

4.1　「生きるために戦う」は「生きるために死ぬ」というジレンマ
4.2　「生きるために協力する」仕組みの導入
4.3　合意形成と価値判断の諸問題
4.4　合意形成に基づく「理由体系」のパラダイム転換
4.5　完全合意と不完全合意
4.6　合意形成の根拠
4.7　合意形成の定義
4.8　批判に対する反論
4.9　合意形成の諸要件

すでに述べたように，事実問題として，ヒトは約1200万年前にゴリラから分岐し，また，約1000万年前にボノボから別れて進化した。これが生物学の最新の証拠体系に基づき，真とされる研究成果である。研究が進めば今後も新たな真実が見出されようが，いずれにせよヒトは最初からヒトだったわけではない。生きるために戦う「猛獣」から，生きるために協力する仕組みを見出して「ヒト」になったのである。

しかし，その仕組みは一定ではない。時代とともに，また，外部環境や協力形態の変化とともに変化する。この仕組みが不合理だとか現実との対応を失って実効性を欠くような場合には，再び獣性が蘇って，ヒトは猛獣へと回帰する。これがホッブズのいう「ヒトがヒトに対して狼の戦争状態」である。「狼」といえば，ローマ「カピトリーノ美術館」に展示されている「狼の乳で育ったロムルスとレムスの双子の兄弟」を思い出す[1]。

---

[1] この解釈は大きく二つある。第一は，狼といえどもヒトの子に乳を与える母性の良心を備えている。合理的な仕組みさえ整っていれば，狼とて忠犬ハチ公となる。第二は，ローマ建国の父は，狼の乳で育った「ロムルス」と「レムス」だが，兄弟で戦い勝ったのが「ロムルス」であって，これが古代の都市国家「ローマ」の由来である。

第4章　合意形成への途

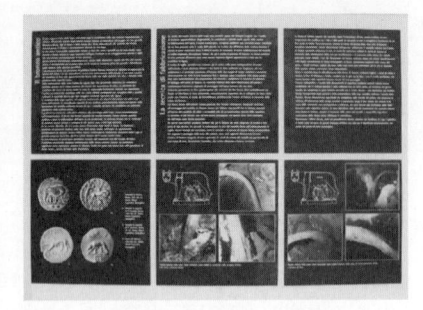

ローマ建国神話：カピトリーニの雌狼，"Sotto i riflettori"La Luppa Capitolina と狼のコイン，2007，9/16，撮影 FUJIKAWA

　ヒトが「力の正義」をもって，生きるために戦うという壮絶なジャングル状態から脱却し，「協力の正義」を前提として，「生きるために協力する」という相互扶助の社会的な協力の状態へと移行するとき，まず，最初に解決しておくべき最重要課題は，その仕組みをどうすべきか，誰が何を根拠にどう決めていくか，である。

　初期段階では，共通のコトバも貨幣もなく，コミュニケーションの手段も不十分であるため，ゴリラやボノボのように，ボスに群がって種族保存のために助け合う小さな群れや集落に過ぎなかった。そして，その延長線の上に，酋長や王を守護神として崇める各種の国家とその仕組みが誕生することになったのである。

　しかし「生きるために協力する」はずの仕組みが他国の脅威から自国を守るために軍事的に協力する仕組みと化すに至って，再び，人間は「力の正義」に戻って「生きるために集団で戦い，生きるために集団で死ぬ」というジレンマに陥ってしまった。

　後者は，ローマの「力の正義」を象徴する解釈である。たしかにローマは，北方（アルプス）蛮族の南下・侵入に対抗して壮大な城壁を築き都市国家の中枢を取り囲んだ。また，世界最初の法科大学：ボローニヤを創設し「法の支配」を試み，蛮族の侵入に対処した。しかし，それでも不十分ゆえに，プラトンのアカデメイア学園をはじめ，世界の有名な大学を廃し，ヒトの心を「宗教の支配」の下に置いて秩序の維持を図るべく修道院や教会を創設した。いずれも「協力の正義」ではなく，「力の正義」ゆえにであった。いまなお，その残滓は強く感じられる，と言えるかもしれない。

これは，より凶暴にして悲惨な「国際的ジャングル状態」への逆戻りを意味していると解される。果たして，人間には「生きるために集団で戦い，生きるために集団で死ぬ」という一段と危険な「力の正義」のジレンマから抜け出すことのできる叡智があるのか，どうか。つまり，「生きるために協力する」という知恵があるのか，自然の法廷は人類の命運をめぐって最終審理に入っている。

人間がこの深刻なジレンマから抜け出す途は，原点に戻って，再度，なぜ「生きるために戦う」というジャングル状態を棄て，なぜ「生きるために協力する」という社会的協力の状態に移ったか，協力する仕組みは合理的だったのか，もっと合理的な仕組みを発見することはできないのだろうか。これが本章において検討を加えたいテーマである。

4.1 「生きるために戦う」は「生きるために死ぬ」というジレンマ

なぜ，ジャングル人は「生きるために戦う」状態から「生きるために協力する」状態へ移行したのか。それは，高い確率で，戦うとは死ぬを含意しており，生きるために死ぬという自己矛盾を洞察し，愚かなジレンマから逃れるためであった。

こうして人間は「生きるために協力する」仕組みを考案したが，せっかく導入を試みたにもかかわらず，協力する仕組みが不合理だったからか，あるいは，好戦的ジャングル国家が出現したからか，今度は，国家単位で「生きるために戦う」といったより壮絶な争奪戦が繰り広げられるに至った。

これは自滅への途である。なぜなら，戦うなら戦うほど，多くの人が死ぬからである。人間はこのジレンマから逃れるために，叡智を結集して「生きるために協力する」という途を見出したのではなかったか。論理的な分析によって理由は明らかとなる。

まず，言明「生きるために戦う」は，言い換えると，言明「戦うなら生きる」を意味し，これを記号化すれば，

$$① \quad 「戦う」 \supset 「生きる」$$

と表現される。そこで，「戦う」を (F) とし，「生きる」を (L) とすると，

論理式では，

$$② \quad (F \supset L)$$

となる。しかし，上記の考察から，戦うなら死ぬ。言い換えると，戦うことは生の否定を意味する。生きるためなら戦えない。

ゆえに，これは，

$$③ \quad (F \supset \neg L)$$

ということを意味する。すると，論理式②と③から，

$$④ \quad (F \supset L) \cdot (F \supset \neg L)$$

ということになる。これは，同一の前提（F）から矛盾する結論（L）と（¬L）とが導かれることを意味している。すなわち，

$$⑤ \quad ((F \supset L) \cdot (F \supset \neg L)) \supset \neg F$$

である。これはジレンマであり，結論は（¬F）である。

つまり，¬「戦う」。言い換えると，「戦わない」である。

このことは「生きるために戦う」というのは間違っていることを意味しており，「生きるためには戦わない」という途を選ぶべきこと，つまり「生きるために協力する」という途があることを示唆している。なお，論理式⑤の証明は，以下のとおりである。

証明（LK）：

$$
\cfrac{
\cfrac{
\cfrac{
\cfrac{
\cfrac{F \Rightarrow F}{\Rightarrow \neg F, F} \quad \cfrac{F \Rightarrow F}{\neg L \Rightarrow \neg F, F} \quad (\supset \Rightarrow)
}{F \supset \neg L \Rightarrow \neg F, F}
\quad
\cfrac{
\cfrac{F \Rightarrow F}{L \Rightarrow \neg F, F} \quad \cfrac{L \Rightarrow L}{\neg L, L \Rightarrow \neg F} \quad (\supset \Rightarrow)
}{
\cfrac{F \supset L, L \Rightarrow \neg F}{L, F \supset L \Rightarrow \neg F} \quad (\supset \Rightarrow)
}
}{(F \supset L), (F \supset \neg L) \Rightarrow \neg F}
}{(F \supset L) \cdot (F \supset \neg L) \Rightarrow \neg F} \quad (\cdot \Rightarrow)
}{\Rightarrow ((F \supset L) \cdot (F \supset \neg L)) \supset \neg F} \quad (\Rightarrow \supset)
$$

ゆえに，この推論は真である。

4.2 「生きるために協力する」仕組みの導入

「生きるために協力する」仕組みはいろいろ考えられるが，先決問題は，社会的協力の共通の理念と共通ルールである。「生きるために戦う」という猛獣の「力の正義」に基づく弱肉強食のジャングル状態，言い換えると「威嚇と支配」を基調とするジャングル状態から脱却し，共通の理念と共通ルールの下で，相互の信頼を基礎とする平和共存の「社会的協力の状態」に入るには，理性と良心による「対話と合意」が欠かせず，これがすべての正しい判断に必要な前提となる。

しかし，現実には「合意形成は幻想である」，「合意形成などあり得ない」，「合意形成は不可能である」，「合意形成は強制による」との立場から合意形成の可能性に対して極めて懐疑的な主張が見受けられる。ヒューム（D. Hume, 1711-1776）[2]はイギリス経験論を徹底し，唯我独尊の「独我論」（solipsism）と知識不信の「懐疑論」（scepticism）とに陥った。その流れを汲んでか，「世界には，真理も正義もないし，また人間には，理性も良心もない」とする学説もある。しかしこれは，先人達の真摯な知的探求の努力と，観念の冒険の歩みを嘲け笑い，ジャングル状態への回帰を望む暴論である。

私たちは「死は死である」（同一律），「死か，死ではない」（排中律），「死であって死でないということはない」（矛盾律），「ユークリッド幾何学では，三角形の内角の和は二直角である」，「リーマン幾何学では，それは二直角より大である」，「ロバチェフスキー幾何学では，それは二直角よりも小である」，「光速に近づけば，時間も空間も短縮する」，「ペンは剣よりも強し」という言明は，どれも「真」（true）であることを知っている。これは人間に理性が備わっている証拠とされよう。

また，私たちは「自分がして欲しくないことを他人にしてはならない」，「人を殺してはならない」，「人を傷つけてはならない」，「人のものを奪ってはな

---

[2] David Hume, *Treatise of Human Nature*, 1739-40, *Philosophical Essays concerning human Understanding*, 1748, *An Enquiry concerning human Understanding*, 1758.

らない」,「人の自尊心を侵害してはならない」という言明が相互信頼を基礎とする平和共存のための社会的協力において何れも「正しい」当為言明であることを知っている。これは人間に良心が備わっている証拠とされよう。

　理性と良心がなければ，私たちは裸のジャングル状態に生き，厳しいストレス（急襲）に曝され，内部環境は脅かされ続けるに違いない。危険とジレンマに満ちたジャングル状態の外部環境に社会的協力の「緩衝帯」を導入する「社会契約論」の試みなど，思いもよらなかったに違いない。しかし，人間は「拡大ホメオスタシス」たる理性と良心に基づく合意形成よってより豊かに清潔に生き，より長生きする方策を考えついた。

　「合意形成は幻想だ」,「合意形成などありえない」という反論に対しては，合意形成を諦めれば，人間は，再び，猛獣と化し，力の正義のために生き，生きるために戦うというジャングル状態への逆戻りを指摘するがよい。自由と平等を否定し，それを幻想とみなす人には，自由と平等のない場所へ案内すればよい。百聞は一見にしかずという。今までは気付かなかったが「たしかに，自由と平等はある」という事実を知らしめるだけで十分であり，それ以上の経験的な苦痛を与える必要はない。

　同様に「合意形成は幻想だ」という人との社会的協力は望めない。本心からそう思っている御仁なら，無人島での一人暮らしも耐えられよう。社会的協力に従事して生きているということそれ自体が「合意形成の可能性」を前提にして生きている証拠である。自分の意見を述べるのも，会議に出席するのも，国政選挙で己が賛同する人に一票を投ずるのも，子供を叱りつけるのも，すべては「対話と合意」のためであり，当然のことながら「合意形成はありうる」ことを前提としている。

　あると信じて，ないと言う。可能としながら不可能という。これは矛盾である。それでも合意形成などありえないとか，幻想であると言い張るのは，己の虚言に気づいていないからか，相手を煙に巻くジョークか，詭弁か，いずれにせよ誠意ある主張ではない。

ジャングル状態から

急襲 急襲 急襲 急襲 急襲 急襲 急襲 急襲
内部環境
不安定

自然状態

社会的協力の状態へ

急襲 社会環境 急襲
緩衝帯
内部環境
安定化
急襲 急襲

自然環境

力の正義から

○○○○
○○○○○
○○○○
○

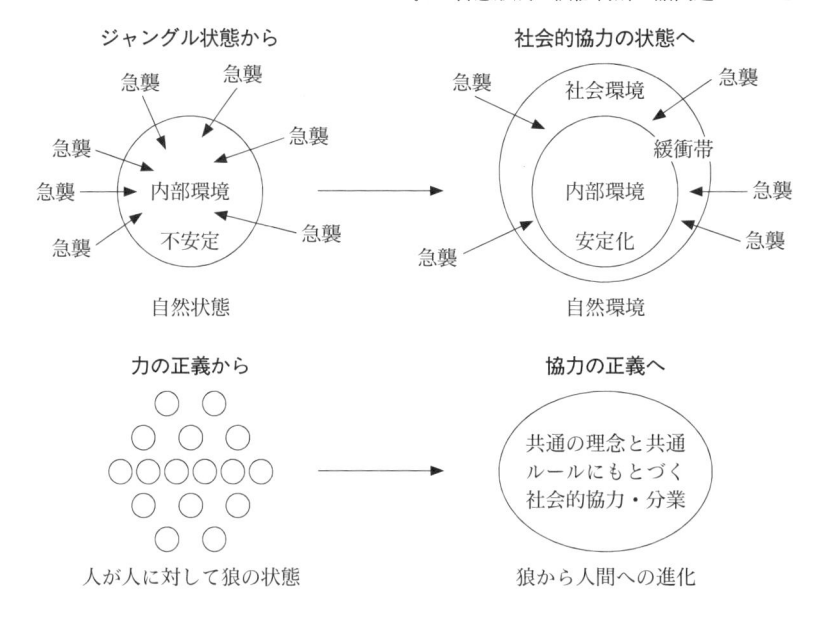

人が人に対して狼の状態

協力の正義へ

共通の理念と共通ルールにもとづく社会的協力・分業

狼から人間への進化

4.3 合意形成と価値判断の諸問題

　各人の自然財・人生計画・選好体系・善美聖の概念・利益の概念・幸福の概念はそれぞれ違っているから，個人的価値に関わる合意形成は難しいというか，意味がない。ときには，怒鳴り合いの喧嘩にもなろうが，社会的協力において個人的価値に関わる問題については，互いに寛容の精神を尊重し，固有の自然財に基づく多様性を認め合うべきだろう。

　互いに個人的価値の違い（自然財，人生計画，選好体系，善美聖概念，利益や幸福概念の違い）を尊重し，互いに相手の存在を望み，価値を尊重し，利益を顧慮し，相手の自尊心を充たすことで平和共存をはかるという公正な社会的協力の理念の他に，相手が嫌がることをしないなど，その理念を具体化した共通ルールに合意形成がはかられる限り，個人的価値観の対立からくる諸問題は，自ずと解決され，「対話」をつうじて個人的特殊性に関する相互理解が深まりを呈してくるであろう。

しかし，何が何でも合意すればよいわけではない。主観的な合意の裏に客観的な根拠が求められる。要は，合意形成に至る証拠であり，理由であり，根拠である。外部から利益誘導された不純な合意形成では意味がないし，また，何らかの仕方で外部から強制された合意形成でもいけない。なぜなら，合意されたから正しいとか，正義に適うというわけにはいかないからである。逆に，正しいとされ，正義に適うとされる根拠があるからこそ，合意が形成されるのである。それゆえ「合意形成」にとって大切なことは，必要なすべての真なる情報の開示と十分な審議と納得のいく根拠であり，その公正なプロセスである。

一般に「価値」という場合，私たちはややもすると己の自然財・人生計画・選好体系に深く根ざした私的な善概念，美概念，聖概念，利益概念，幸福概念への寄与という個人的価値を念頭にしがちであり，こうした個人的価値を前提に「科学は価値について論じてはならない」，「科学は価値中立的である」，「科学は価値を排除すべきだ」，「価値は相対的である」と論じられてきたのである。

しかし，この見解は「価値概念」を混同している。問題は当為言明「科学は価値を排除すべきである」にある。というのは，一般に，「価値」（value, Wert）とは，大切なものとか望ましい何かをいうからである。しかし問題は，何にとって大切であるのか，何にとって望ましいのか，である。その大切なもの，望ましいものとは，個人にとってなのか。もし個人だとすれば，太郎にとってか，花子にとってか。それとも，社会にとって大切なもの／望ましいものであるのか。または，自然にとって大切なもの／望ましいものであるのか。

こうして「価値」には，個人的価値もあれば，社会的価値もあり，さらに自然的価値もあることがわかる。ただ，個人的価値としての善・美・聖，利益，幸福ばかりが価値ではない。社会的価値としての正，正義，公正，正当なども，社会的視点からの価値であり，また，自然的価値としての真，真実，真理も，自然的視点からの価値である。すでに述べたように，こういう区分を私は「価値三元論」とよんでいる。

たしかに，個人にとっては，それら善（美聖），利益，幸福の価値は，自然

財・人生計画・選好体系など多様な個人的特殊性に応じてそれぞれ異なっており，私的に見れば，何れも大切なものに違いなく，すべて，当人にとっては，個人的に望ましいものである．しかし，それゆえにこそ，A，Bを個人的諸条件の違った個人，つまり，個人的特殊性の違った個人とするとき，個人Aの善（美聖），利益，幸福といった個人的価値観は，個人Bの善（美聖），利益，幸福といった個人的価値観とは違っている．これこそは，個人的価値として分類されるべき所以である．

この他にも，選ばれた共通の理念と共通ルールの下に，一社会のすべての成員に共通な正／正義／公正／正当など，公的に大切とされるもの／社会にとって望ましいとされるものがある．これらを公的・社会的価値として分類したいと思う．

さらに，かつて「ピレネの彼方の真理は，ピレネの此方の虚偽」とされる時代もあったが，科学技術の急速な発展によって，いまや，世界中，いつでもどこでも，共通に真なるもの，真理，真実など普遍的に大切なもの／自然的に望ましいものがある．これを普遍的・自然的価値とする．しかし，世界共通なのは，ただ，自然的価値ばかりではない．年々，深刻さを増しつつある環境問題は，けっして一国では解決することができず，その合理的な解決には，各国の協力が欠かせないし，また，核拡散防止の問題も放置できない状況にあるし，国際テロの問題もグローバルな協力を不可欠とする社会的価値の問題でもある．

そればかりではない．すでに社会的協力は自足的ではありえない．他国との相互依存の上にのみ，国は成立し，国の繁栄は成り立つ．いまや，各国は「グローバルな協力」の上に成立している．従来のような「自らにおいて，自らによって存在する国家」という実体としての国家の観念は，すでに古びた幻想に他ならない．急速な技術革新と高度情報化社会への傾向がこれに拍車をかけている．不干渉原則など無意味である．

こういうわけで，相互的調整を経て共通化を目指すべき価値は真，真理，真実といった自然的価値ばかりではない．すでに，人類が生き残るために「グローバルな協力」を必要とする今日にあっては，正，正義，公正，正当といった公的・社会的価値についても相互的調整と合意形成をつうじて共通化を

図るべき時期が到来したのである。

かつて「ピレネの彼方の真理は，ピレネの此方の虚偽」とされたように，「ピレネの彼方の正義は，ピレネの此方の不正」とされ，実際，30〜60年代のソ連圏では，社会的価値のみならず自然的価値までも政治の下におき，国策によって「メンデルの遺伝の法則」を偽であるとし，そのかわりに，ルイセンコ，ミチューリンが主張する「獲得遺伝子説」を真として，いわゆる「ヤロビ農法」を推奨していた。

記号論理学／数理論理学の分野でさえ，ロシア語で書かれたどの著書をみても，最初にその「はしがき」において「著書の内容はマルクス・エンゲルスの主張と矛盾しない」という一文が添えられていた。約1000年続いたローマ帝国も，アカデミズムを踏みにじって大学をつぶし，キリスト教による学問の支配を進めたが，学問の自由を認めず，学問までも政治の下に置こうとする体制に持続的発展の可能性はない。後にソ連は自らの誤謬を認め，当該学説を撤回したが，政治が学問を支配すると，真理を愛するという「アカデミズムの精神」[3]が失われ，真実を真実とする勇気を失い，科学の進歩を阻止し，ひいては社会の発展を阻害することになるのは避けられない。

以上の理由により，「科学は価値中立的である」，「科学は価値を排除すべきだ」，「価値は相対的である」というのは，三種の価値のうち「私的・個人的価値」に限る。社会的価値や自然的価値までも排除すべしとする主張には，私は賛成できない。すでに与えた定義によって，何が善いかは，人によってそれぞれ異なるが，何が正義か，何が正しいかは社会的価値であり，また，何が真か・真理か／真実かは自然的価値だからである。

これらの二つの価値に触れない科学とは，いったい，どのような学問か。科学からそうした価値を排除すると，いったい，何が残るか。本来，社会的価値（正，正義，公正，正当）を追求するのが社会科学の使命ではなかったか。

---

[3] これは，古代ギリシアのアリストテレスが述べた「私は師を愛する。しかしそれ以上に，真理を愛する」に由来する名言である。アリストテレスは経験的基礎を重視し，イデアを重視するプラトンに対して異論を提唱していた。これに対して学友がなだめた意見に対する反論がこれであった。たとえ，恩師といえども，真理は真理であり，譲れない，と。

さらに，自然的価値（真，真理，真実）を追求するのが自然科学の使命ではなかったであろうか。ともに証拠／証拠体系に基づき，歴史的に開かれているのが科学の特徴である。

4.3-1 科学から排除すべき個人的価値

個人的価値は人の個性・適性・才能など自然財／人生計画／選好体系／選好体系／善概念の違いによってそれぞれ異なる。その意味で，個人的価値は個人的諸条件に対して相対的であるとする見解は正しい。また，その意味で個人的価値は好みの多様性を呈し，科学には馴染まないから，当然ながら，個人的価値は科学から排除すべきである。

もう一つ，個人的価値に関する判断には，他者との対話も合意形成も不要である。ただ自己に固有の自然財→人生計画→選好システムに基づく独自の善（美聖）概念や利益概念や幸福概念に従って自分の意思と好みに忠実に判断を下せばよい。他の善概念は己の善概念とは異なる。他の意見による判断は，己の善概念による正直な価値判断ではなく，違った善概念による偽りの判断であり，偽善の判断である。

4.3-2 社会科学の暗黙裡の前提は社会的価値

個人的価値とは違って例えば，この政策は正しいか，制度は公正であるか，この条文は改定すべきかは，明らかに，社会的価値の問題である。こうした社会的価値まで排除してしまうと，政策 P は正しいか，制度 I は公正であるか，社会的協力の理念は正義に適っているかなど，社会に求められる価値，つまり，社会にとって大切とされる社会的価値は問えないことになる。合意形成に基づく社会的協力は価値論的な根拠を失い，科学的探究から除外され，社会科学は成立しないことになろう。

もし，社会的価値を科学から追放し，社会的価値まで個人的価値に還元し，一元化してしまうなら，いったい，どういう事態が発生するか。恐ろしい顛末を迎えるだろう。世のリーダーたちの善（美／聖）追求・利益追求・幸福追求がその時代の社会を支配し，彼の個人的価値基準が社会的価値の模範として画一化されることになる。王政の下では往々にしてそうであったであろう

が，個人的・私的に君主と違った価値観をもつ人びとにとっては，かなり迷惑であったに違いない。

暴君が好む真っ赤な衣装を美しい衣装として国の制服に指定するとか，太陽を神として崇めるイスラム教徒のコンスタンティヌス帝がキリスト教をそれと誤解して国教に指定し，キリスト教だけを聖なる宗教と定め，別の神を祀るような宗教を邪教とし異教徒にひどい弾圧を加えるなど，また，ピカソやマチスに弾圧を加えたかのヒットラーのように，彼の嫌いな抽象画を醜悪な退廃芸術，醜い絵画として国外追放処分にしたりなど，恣意的な公私混淆の判断が罷り通ることになる。

社会的価値の諸判断は，誰か一人が下すべきものではなく，社会的協力に従事する関係者全員の合意形成によって下されるべきものである。その意味において社会的価値は，個人的価値とはレベルを異にしている。これは政治家の心すべき一要諦である。政治家は常に正しい政策に専念し，決して自分にとって善い政策かを考えてはならない。

4.3-3　自然科学の暗黙裡の前提は自然的価値

正，正義，公正，正当が一つの価値（社会的価値）なら，真，真実，真理もまた，一つの価値（自然的価値）である。あれは本当に毒蛇か，景気は回復基調にあるとの政府見解は真実か，早ければ2060年に世界の終末がくるというニュートン自筆の予言は本当か，真であるか。エネルギー＝質量×光速の二乗（$E=MC^2$）は，真理であるか。

こうした判断は，いずれも価値判断，より厳密には，自然的価値に関する判断であって，他のすべての価値（個人的価値・社会的価値）の論理的前提をなす基礎的価値であり，これを自然的価値というが，伝統的価値論は事実と価値の二分法に基づき，自然的価値の問題を事実問題として価値の問題から区別し，真偽を価値の範疇から追いだした。これは間違っている。真，真理，真実は，いずれも価値判断であり，厳密には自然的価値の判断である。事実判断の前に価値判断がある。事実判断は選ばれた「真偽の基準」の関数だからである。価値判断を免れるような事実判断はありえない。自然科学は真／偽の価値を前提とする。新聞報道やテレビのニュース，政府広報や企業の会

計報告，法廷での被告の証言や警察の情報が「事実か否か」の判断は，選ばれた真偽の基準を変数とする関数である。当然のことながら，基準が違えば，事実の内容も変わる。

ジェームズ流「プラグマティズム」(pragmatism)のように，己の善や利益や幸福をもって真偽の基準とすれば，実際は屋上の植木に散水していたにも関わらず，「ああ，雨が降っている」と誤解して傘を持参し，濡れずにすんだから，判断は真であったとする学説もある。しかし，有益ゆえに真とする判断は間違っている。あくまでも，白は白，黒は黒，真実は真実である。価値レベルの混同は許されない。

言明「あれは毒キノコだ！」が真であるのは，あれが毒キノコであるとき，そのときに限る。Aはその言明を真と判断し，それを食べなかったから助かった。しかし，Bはその言明を偽と判断し，美味そう（有益）だと言って食べたから死んだ。このことは，真ゆえに有益なのであり，逆ではないことを意味している。

法廷において正しい判決を求めるには，被疑者や関係者の証言は，真実でなければならない。罪を逃れるために故意に虚偽の証言をおこなうなど，自己に有利な証言を真とするプラグマティックな発想は判決を混乱させ，社会秩序を瓦解させる。法廷における罪状審理と判決とが正しく，また，国会における政策審議と結論が正しいのも，他の諸条件が一定なら，その判決／結論にとって論理的前提をなす陳述／証言／事実関係の認識が真であるとき，そのときに限る。その使命からして責任重大な法廷や国会における真実に基づくべき厳粛な判断の論理的前提が失われると，裁判も政治も政策も国民の信頼を失い，社会的協力は崩壊することになる。

これに対し「頑固な事実」，「動かし難い事実」という考えも間違っている。そのような「真偽の基準」に先立つ真偽の判断は不可能であり，また，真偽の判断に先立つ事実そのもの／頑固な事実／動かし難い事実なども存在しない。事実判断の前に真偽の価値（自然的価値）判断が存在する。その意味では，自然科学も価値中立ではありえず，選ばれた真偽の価値基準を前提とした「価値依存」の科学である。

一般に，「社会科学」(social science)は「社会的価値」(social values)を

探求する学問であるのに対して、「自然科学」(natural science)は「自然的価値」(natural values)を探求する学問である。では、「個人的価値」(individual values)はどうか。

これは己にとって善（美／聖）／財／利益／幸福などを追求する領域である。なお、美は善の極致、また、聖は美の極致だから、芸術(arts)的価値としての「美」も、宗教的価値としての「聖」も、個人的諸条件に応じてそれぞれ異なる私的・個人的価値とみなすことができる。これは等しく尊重すべき好みの問題ゆえに「人文学」(humanity)では対象としても、科学が扱う問題ではない。

(1)一般的価値の定義：一般に「価値」とは、望ましい／好ましい何かをいう。
(2)個人的価値の定義：個人的価値とは個人的(私的)に望ましい何かをいう。
(3)社会的価値の定義：社会的価値とは社会的(公的)に望ましい何かをいう。
(4)自然的価値の定義：自然的価値とは自然的(学的)に望ましい何かをいう。

既述のとおり、私は「価値三元論」（真／偽の自然的価値・正／邪の社会的価値・私的利益や幸福や善美聖の個人的価値）と「価値体系論」（自然的価値⇒社会的価値⇒個人的価値の支配関係）をとっているが、こうした枠組みで「価値判断」を下す際には、価値判断の根拠は次の三つに区別される。なお、矢印→は支配関係を示す。

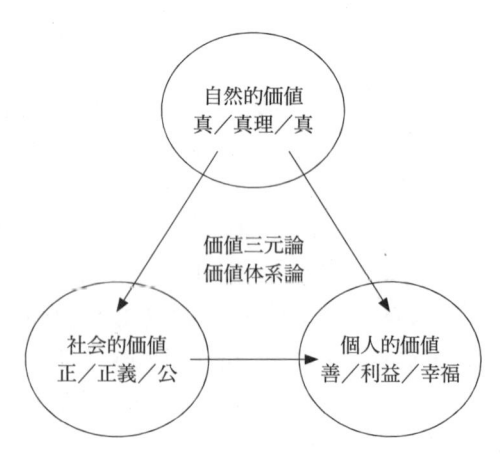

```
          自然的価値
          真／真理／真

         価値三元論
         価値体系論

  社会的価値  →  個人的価値
  正／正義／公    善／利益／幸福
```

4.3-4 個人的価値の根拠

日常的に，到るところで，よく公私混淆の価値判断に遭遇するが，すべての価値判断は次の三つの根拠（個人的根拠，社会的根拠，自然的根拠）を厳粛に区別し，それに応じた三つの視点（私的視点，公的視点，学的視点）のいずれの視点から判断を下すべきかをはっきりと自覚した上で慎重に下し，けっして，公私混淆に陥ってはならない。

個人的価値の根拠：この価値の根拠は，各人の自然財・人生計画・選好体系に由来するそれぞれ異なった善／美／聖概念（利益・幸福を含む）に求められる。

このように個人的価値の判断根拠は，個々人の生得的な自然財・人生計画・選好体系に深く根ざした善／美／聖（利益・幸福を含む）概念に求められる。しかるに，究極的な根拠たる各人の自然財（才能，能力，適性，個性，性格，性別，肌色，髪色など自尊心の基礎）は多様であるから，それぞれの利益追求や幸福追求のあり方を含む善美聖の概念は，十人十色の様相を呈し，ゆえに，個人的（私的）価値の根拠は十人十色である。

一部の善美聖概念を制度的に優遇し，彼らの利益や幸福追求の自由を重視し，自尊心を充たすのに対し，他の善美聖概念を制度的に冷遇し，彼らの利益や幸福追求の自由を軽視し，自尊心を侵害するような不公正な社会的協力・分業は，その発掘不全の自然財の量と偽善（⇒偽りの選好体系⇒偽りの人生計画⇒偽りの自然財）という不幸な人生を強いる度合いとに応じて「非効率」に陥る一方，前者には，優越感，傲慢，横柄などさまざまな悪徳，また後者には，劣等感，怠惰，憎悪などの悪徳を生みだし「不安定」に陥る。この非効率と不安定の悪循環は，制度上の不公正に起因する。

社会的協力・分業の活性化は，すべての人の自然財の十全なる発掘による自尊心の充足と個人的価値の多様化によって達成されよう。しかしながら，このことは，人びとの多様な自然財の平等な尊重の上にのみ可能である。また，正しい制度ゆえに活性化される。目的論的な逆の発想はいけない。「全体主義体制」が誤っているのは，独自の自然財，人生計画，選好体系の多様性

とそれに由来する善／美／聖の概念，利益や幸福の概念の多様性を認めず，これらを画一化することにある。

　公人は，けっして，己の私的・個人的な価値観を公的・社会的に一般化したり，国民に押しつけたり，画一化を図ったりしてはならない。なぜなら，これはRの好みを強制する威嚇と支配の横暴であって，Rの善／美／聖概念と合致しない人びとの自尊心を著しく侵害することになるし，結果において，すべての人を満足させるべき社会的協力・分業を非効率と不安定の悪循環に陥らせるからである。

　こうして公人は，公人の立場にある限り，私的・個人的価値には厳正中立を維持すべきである。かりそめにも，己にとって善い法律か，善い制度か，善い政策か，己に好都合か，有利か，己の幸福に寄与するかなど，私的な判断を下してはならない。

　また，公人は，在任中は，美しい絵画か醜い絵画か，綺麗な音楽か穢い音楽かといったような己の芸術的な判断も差し控えるべきであって，芸術に対しては，あくまでも，厳正中立を維持すべきである。さらに，公人は，聖なる宗教か俗っぽい宗教か，キリスト教がイスラム教よりも聖らかとか，俗っぽいとかなど，けっして宗教的な判断も下してはならない。在任中は，公人は宗教に対しても，厳正中立を維持すべきである。

　善美聖の概念，利益概念，幸福概念はいずれも，当人の好みからくる私的な視点からの個人的な価値判断だからである。西洋には古来「ノブレス・オブリージ」（地位の高いものには，それだけ重い責任が伴う）という諺があるように，公人の公私混淆という悪事は，絶対にあってはならない不正であり，重罰を免れえない重い犯罪である。

4.3-5　社会的価値の根拠

　すべての公人は，正しいか否か，公正か否か，正当か否か，正義に適っているか否かなど，己の視点を公的な価値の視点に限って価値判断を下すべきである。なぜなら，公的な社会的価値の根拠は，私的・個人的価値とはレベルを異にしているからである。

　公人が社会的な視点から下すべき公的な価値判断において，正しい制度か

否か，正しい政策か否かに関心を示さず，個人的・私的価値の視点から，己にとって善い制度か，有利な政策か否かに関心を示すのは，まさに価値の公私混淆であり，「価値レベルを置き換える誤謬」[4]である。これは社会的視点から答えるべき「正しいか否か，公正か否か」の問題である。これを己にとって善いか否かの問題と勘違いしてはならない。

社会的価値の根拠：この価値の根拠は，当為言明とそれが指示する当為関係との間の論理的対応を有する理由 (reason)／理由体系，究極的には合意形成に基づく公認の社会的協力の「共通の理念と共通ルール」に求められる。

社会的な価値判断の根拠をなす理由や理由体系には，最も基本的な社会的協力の公認の理念と共通ルールの他に必要なら真偽の根拠をなす証拠や証拠体系が含まれる。「当為 (Sollen) 判断」は「……であるべし」という判断を意味し，拡大タルスキー的対応を有する理由／理由体系は，当為判断が指示する当該根拠をいう。ホッブズの当為判断「平和のため，自己防衛のため，人は必要なら，他人が合意する限りの権利を喜んで放棄すべきであり，己が他人に対して有する権利は，他人が己に対してもつことを己が喜んで認める範囲内に満足すべきである」[5]が正しい判断であるのは，すでに合意形成された社会的協力の理念と共通ルールとを基本とする科学的な理由／理由体系に基づき，平和のため，自己防衛のために，人は必要なら，他人が合意する限りの権利を喜んで放棄すべきであり，己が他人に対して有する権利は，他人が己に対してもつことを己が喜んで認める範囲内で満足すべきであるとき，そのときに限る。

---

4) 私は価値の公私混淆を「価値レベルを置き換える誤謬」と呼ぶ。すでに述べた「価値三元論」によれば，個人的価値と社会的価値はレベルが違っている。価値三元論によれば，自然的価値が社会的価値を支配し，社会的価値が個人的価値を支配するという構造を呈しているからである。
5) これはホッブズの「自然法」第2条である。T. Hobbes, *Leviathan*, I, 14, 15. 拙著『正義の研究3 社会思想史』成文堂，1997，pp.55-56参照されたい。ホッブズは，自然法か否かを判定するためのメタ基準を「自分にして欲しくないことを他人にしてはならない」に求めている。T. Hobbes, *Leviathan*, II, 25.

こうして「正の基準」は，AとBを任意の対象とするとき，次のように定義される。

> **正の定義**：当為判断「AはBであるべきだ」が正しいのは，すでに合意形成済の社会的協力の理念と共通ルールと合理的な理由／理由体系に基づき，AはBであるべきとき，そのときに限る。

公務に従事する公人たちは，少なくとも公職にある限り，社会的価値の視点から公的な価値判断の根拠に立脚して，正しいか否か，正当か否か，正義に適っているか否かの価値判断を下すべき責任と義務がある。公人の立場にありながら，公職にあるにもかかわらず，この法案／この政策／このXは己にとって善いか否か，有利か否か，幸福にとって好都合か否か，私益に寄与するか否かといった私的な視点から，個人的な価値判断を下すことはけっして許されない。これは公人の職権濫用であり，公職を私益に用いる公私混淆の犯罪だからである。

個人的価値の上に，社会的価値が発生するのは，私たちがジャングル状態から脱却して社会的協力・分業に移行するとき，そのときに限る。なぜなら，社会的協力・分業はすでに述べたように，合意形成に基づき，共通の理念と共通ルールの下で，各人の権利と義務を規定し，利益の争奪戦とか善(美・聖)概念の対立に起因する対立や武力衝突を未然に防止し，すべての人が望むであろう論理的に両立可能な限りの幸福追求の最大の自由を各人に公正に確保するためである。

> **当事者の視点**：合意が形成されるのは，当事者の視点を社会的価値の頂点をなす社会的協力の共通の理念と共通ルールに求めるとき，そのときに限る。

正しい，正義に適う，正当だ，公正であるといった観念を欠いており，誰もが個人的・私的な善（美聖），利益，幸福の価値判断を下すのみのジャングル状態においては，合意形成など望むべくもない「力の正義と威嚇と支配」

の世界である。協力の正義と対話と合意はジャングル状態から脱却し，社会的協力に移行した後にはじめて可能となる。

それゆえ，十人十色の善(美聖)概念，利益概念，幸福概念の上に，社会的協力の理念に基づく共通ルールの規制をかけ，他人の善を奪うのが己の善だとか，他の幸福を壊すのが自分の幸福だとかいった互いに両立不能な利益追求，幸福追求，善(美聖)追求に合理的な規制をかけて両立可能な状態を整え，こうして「平和共存」を図るのである。

4.3-6 社会的価値判断における正／邪の計算体系

タルスキーは事実判断における真偽の基準と真偽の計算体系[6]を構築したが，同じく次のように当為判断における正邪の基準と正邪の計算体系を構築することによって，すべての当為判断の正邪決定と論理的な推論・演繹に活用されよう。AとBを任意の判断とするとき，

① 一般当為判断「AはBであるべきだ」が正しいのは，AがBであるべきとき，そのときに限る。
② 当為否定判断「￢A」が正しいのは，判断「A」が正しくないとき，そのときに限る。
③ 当為連言判断「A・B」が正しいのは，判断「A」と「B」がともに正しいとき，そのときに限る。
④ 当為選言判断「A∨B」が正しいのは，判断「A」か「B」の何れかが正しいとき，そのときに限る。
⑤ 当為条件法判断「A⊃B」が正しいのは，判断「￢A∨B」が正しいとき，そのときに限る。
⑥ 当為双条件判断「A≡B」が正しいのは，判断「(A⊃B)・(B⊃A)」が正しいとき，そのときに限る。
⑦ 当為全称判断「∀xA(x)」(すべてのxに対してxはAであるべし) が正し

---

[6] A. Tarski, Der Wahrheitsbegriff in den formalisierten Sprachen, *Studia Philosophica*, I, 1935-36. The Semantiuc Conception of Truth and the Foundation of Semantics, *Journal of Philosophy and Phenomenological Reseach*, 4, 1944 を参照されたい。

いのは，A(x) の対象領域(domain)のすべての要素に対して正しいとき，そのときに限る。

⑧当為特称判断「∃xA(x)」（ある x に対して x は A であるべし）が正しいのは，A(x) の対象領域内のどれかの要素に対して正しいとき，そのときに限る。

このうち，当為判断 AB の意味内容とは無関係に，その判断形式ゆえに恒常的に正しいといった論理法則も存在する。たとえば，① A⊃A(A であるべきなら A であるべし)，② A∨⌐A(A たるべしか A たるべきに非ず)，③⌐(A・⌐A)(A たるべきで，A たるべきに非ず，ということはあってはならぬ) ……であり，その数は「加算無限個」にのぼる。

4.3-7 社会的価値判断に必要な「理由体系」の有効期限

正邪の形式的な計算体系は，社会的協力の理念や共通ルールがどう変化しようと一定であり，恒常的に理念中立的かつ共通ルール中立的であるが，それらを根拠とする実質的な正邪判断の結果は，当然ながら，選ばれた社会的協力の理念と共通ルールの変化に伴って変化せざるをえない。羅針盤が変われば，舵取りも変わる。

科学技術の進歩により DNA 鑑定や癌細胞摘出が可能となって科学的な証拠や証拠体系に変化が生じ，真偽の実質的な決定基準が変化を余儀なくされたように，正邪についても社会的協力の理念が変化し，共通ルールが改訂されるなら，それらを正当化の根拠とする実質的な決定基準も変化する。それゆえ，選ばれた基準に対して相対的な結論も，変化を余儀なくされる。

日本における社会的協力の理念（正義概念を含む）と共通ルール（憲法をその公理とする）は，明治憲法下のものと戦後の平和憲法下のものとでは，大きく違っている。前者では，当為言明「男女は同権であるべし」は，不正で，正義に反するとされてきたが，60年前の平和憲法の下では，男女同権は明らかに正しい，正義に適うとされるに至った。正／邪の判断基準とその根拠は，社会的協力の理念と共通ルールに相対的なのである。

したがって，正邪判断の根拠となる科学的な理由／理由体系は，選ばれた社会的協力の理念・共通ルールの進化とともに，社会的パラダイム・シフト

とともに進化せざるを得ない。古今東西を問わず，時空を超えて未来永劫に変化しない普遍的な証拠体系や理由体系など存在しない。例外は宗教の教義のみ。旧教国が遅れたわけである。

　この点については，真偽判断の根拠となる科学的な証拠／証拠体系の場合と同様であるが，ただ，真とか真理とか真実といった自然的価値判断の根拠は，合理的・客観的な証拠とか証拠体系であって，社会的価値判断の場合のような社会的協力の理念や共通ルールは不必要である。強固な神学体系の上に1000年も続いた中世ローマの封建体制さえ，ルネッサンス期のオックスフォード，パリ，パドヴァの各大学を中心とする科学的真理の発見によって土台から崩れ去った。

　いかなる価値判断にも不可欠とされる「理由体系」は，これまでも絶えず進化してきたわけであるが，では，その「有効期限」は，どう定義されるか。

理由体系の有効期限：理由体系が有効であるのは，究極的には，社会的協力の理念と共通ルールが有効であるとき，そのときに限る。

　悠久の人類の歴史を眺めると，学問や文化の進化につれて社会的協力の理念（正義概念を含む）と共通ルール（憲法や言語や度量衡……を含む）も変化し，また，それらの変化に伴って，何が正しいか，何が正義に適っているか，何が正当か，何が公正かといった社会的価値の判断の根拠をなす理由／理由体系も，それぞれの時代の社会の羅針盤として大きく変化をとげてきたことが明らかとなる。

社会的価値（正／正当／正義／公正）判断の根拠となる
理 由 体 系

当為言明「noblesse oblige」が正しいのは，理由体系に基づき，確かに noblesse oblige のとき，そのときに限る。

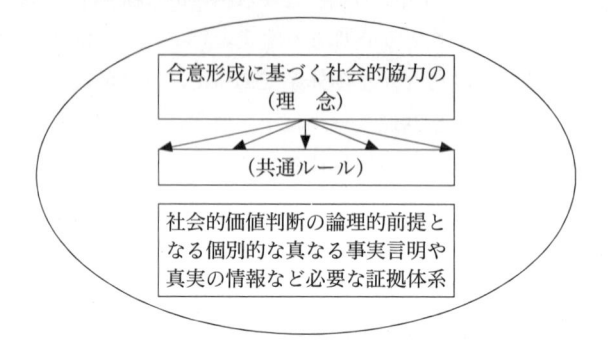

```
┌─────────────────────────┐
│  合意形成に基づく社会的協力の │
│        （理　念）         │
└─────────────────────────┘
           ↕
     （共通ルール）
┌─────────────────────────┐
│ 社会的価値判断の論理的前提と  │
│ なる個別的な真なる事実言明や  │
│ 真実の情報など必要な証拠体系  │
└─────────────────────────┘
```

自然的価値（真／真実／真理）判断の根拠となる
証 拠 体 系

事実言明「民主党が勝った」が真であるのは，証拠体系に基づき，確かに，民主党が勝ったとき，そのときに限る。

```
┌─────────────────────────┐
│ このケースについて自然的価値  │
│ (真／真実／真理)判断の根拠と │
│ なるさまざまの個別的な真なる  │
│ 言明，真なる新聞・雑誌記事や  │
│ 官報の記事，テレビやラジオで  │
│ 報道された真実を伝える一連の  │
│ 情報，などなど。           │
└─────────────────────────┘
```

**個人的価値（善／美／聖／利益／幸福）判断の根拠となる
選　好　体　系**

選好言明「トムは花より団子が善い」のは，トムの選好体系に基づき，トムは花より団子が善いとき，そのときに限る。

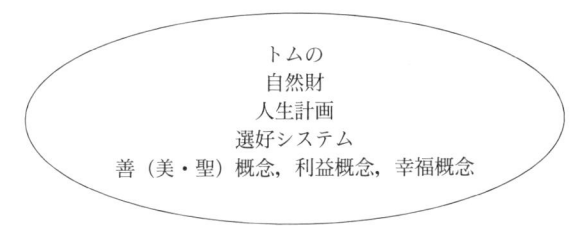

$$
\begin{array}{c}
\text{トムの} \\
\text{自然財} \\
\text{人生計画} \\
\text{選好システム} \\
\text{善（美・聖）概念，利益概念，幸福概念}
\end{array}
$$

4.4　合意形成に基づく「理由体系」のパラダイム転換

　公的・社会的な正しい舵取り（政策）には，合意形成に基づく公認の正しい羅針盤（社会的協力の理念）が必要である。ジャングル状態とは，これがない状態をいう。しかし，歴史が示すように，万古不易の羅針盤などない。どの国の羅針盤も，国民の知的進化と社会的協力の進化に伴って進化してきた。じっさい今日の羅針盤は，奴隷制を許容していた古代中世のそれとは異なる。いまや「威嚇と支配」の時代は去り，「対話と合意」を羅針盤とする時代へと歴史は動いている。

　最大多数の最大幸福と功利性の最大化とを社会的協力の理念とする功利主義は，当初は，神の呪縛から人びとを解放し，自由と平等の夢と希望を人びとに与えたのであるが，後に，この地上を植民地争奪，奴隷の売買，労使闘争，パン争奪戦の戦場たるジャングル状態にしてしまった。功利主義に対する歴史の審判は下り，経済活動のグローバル化と高度情報社会に応える持続可能な新しい世界的協力の理念へのパラダイム・シフトが人類の存続と平和共存にとって不可欠な時代になってきたと考える。

4.4-1　社会的協力に必要な共通の羅針盤の導入

　他の条件を一定とすれば，船の安全運航や飛行機の安全な舵取りには，正しい羅針盤が必要であるように，企業とか自治体とか国など組織の繁栄や発

展への舵取りにも，合意に基づく正しい羅針盤，つまり，公認の正しい理念が必要であるが,下部の羅針盤は上部の羅針盤との間に序列的関係があって，互いに矛盾してはならない。

現在のところ，各国の羅針盤が当該国内の最上位の羅針盤とされ，国内のいかなる下部組織であれ，国はそれと矛盾する羅針盤の使用を禁じる。上部の羅針盤と矛盾する場合には,健康な組織を破壊するガン組織のそれとされ，他の自由を奪う自由は，両立不可能な自由ゆえに法的に禁止される。自由の規制は自由のためにのみある。

現在，ヨーロッパ連合（EU）への統合をめざす各国には，独自の羅針盤が認められているが，将来，加盟国内でEU共通の理念と共通ルールが選ばれるなら，羅針盤が選ばれたことになり，加盟国はそれに服すべき責務を負うことになる。もう戦争に訴える必要はない。圏内の権利係争は，すべて共通の理念と法に基づき裁判によって片付くからである。ホッブズ，ロック，ルソー，カントなど歴代の契約論者が「共通の羅針盤」を選び出そうとしたのは，互いに両立不能な羅針盤を（合意形成に基づき）共通の羅針盤の下に置き，羅針盤の衝突という戦争の原因を取り除くためであった。

各人が互いに両立不可能な羅針盤を有するなら，互いにぶつかり合い，互いに殺し合う弱肉強食のジャングル状態に陥ること必至であるから，人間の理性と良心は，合意形成によって共通の羅針盤を導入し，すべての人が公正に裨益されるような社会的協力・分業に入るよう自らに命じたのである。人が人に対して狼という万人の万民に対する闘争状態を終結させるためであった。しかし問題は，それで解決したわけではない。国は一つではない。地上には，それぞれ違った羅針盤をもつ複数の国（社会的協力の単位）がある。だから，権利係争を合理的に解決する術がない。

こうして人間の理性は，償おうにも償いえない多大な犠牲を払った末に，個人ばかりか企業，自治体，国などいかなる組織も，互いに矛盾し合った羅針盤の衝突が戦争の原因であり，この地上を流血のジャングルへと誘うことを洞察し，各国の羅針盤をすり合わせる段階に入ったのである。目的は共通の羅針盤の下での平和共存にある。

4.4-2　武力による羅針盤の統合から，合意形成による羅針盤の統合へ

　人類の歴史は，ポリス（都市国家）から，コスモポリス（世界国家）への歩みのプロセスを如実に示している。古代ギリシア時代，アリストテレスから共通の羅針盤の下での平和の確立を学んだアレキサンドロス王子[7]は，王位を継承した後，これを実践し，インド西方とアフガニスタンに至るまで各地に図書館や学校を建てるなど，ギリシア風の文化や秩序を東方世界に広げた。この「パックス・ヘレナ」は夢半ばにして「パックス・ロマーナ」に飲み込まれた。こうした羅針盤の統合による平和は，目的としては正しいが，要は手段である。それは威嚇と支配ではなく，対話と合意による統合でなければならない。

　しかし合意形成には，暴力による威嚇を背景としたケースもあれば，心理的・物理的な外圧による不本意なケースもある。これはいけない。合意形成は自発的なもの，つまり，科学的な根拠（客観的・合理的な根拠）に基づき，一人ひとりが自らの意思で合意するものでなければならない。では，科学的根拠とは何か。

　要は，任意の政策 P について，他よりも P に多数の合意が形成されたから，P は正しいとされるべきか，それとも逆に，客観的かつ合理的な証拠や理由に基づき，他よりも P は正しいから多数の合意が形成されたのか，これが問題である。

　一般に，裁判においては，事実関係 R が最大の争点とされるが，では，R が容認されるのは，どういう場合か。必要なら DNA 鑑定に付すなど，証拠体系に基づき R が真であるからか，それとも，多数の裁判官が R に合意したからなのか。

　今日の多くの国は，科学的な根拠を最も重視する「証拠主義」[8]を採用している。自白が証拠の王とされる不幸な時代も過去にはあったし，濡れ衣を着

---

[7]　アリストテレスは，アレキサンドロス王子の家庭教師として哲学，倫理学，政治学，論理学，自然学など，帝王学を教えた。彼は「ポリス」単位の社会的協力から共通秩序の下での社会的協力を説き，ポリス間の戦争回避と平和共存のため「コスモポリス」へのパラダイム転換を積極的に提唱した。

[8]　「証拠主義」の嚆矢は，ルソーの民主的契約論を法制へと展開したベッカリーア（C. B. Beccaria, *Dei delitti e delle pene*, 1774）である。

せられ冤罪の犠牲になった人たちも少なくなかったが，科学技術の発展に伴って人びとの知的枠組みも進化し，物的証拠が重視される時代になった。

4.4-3 真実ゆえの合意形成か，合意形成ゆえの真実か

すべての事実判断（F）について，Fに多数の合意形成が得られるから，Fが真なのではない。逆に，Fは科学的な証拠体系に基づいて真であるから，多数の人がFに合意するのである。合意形成それ自体に意味はない。数の暴力は避けるべきである。

定理1：事実判断Fに対して合意が形成されるのは，科学的な証拠体系に基づいて，Fが真であるとき，そのときに限る。

多数の人が事実判断Fに合意するのは，科学的（合理的・客観的）証拠体系に基づき，判断Fが真だからであって，逆ではない。真実であるから賛成し，同意し，支持するのである。言い換えると，真実ゆえの合意形成であって，逆に，合意形成ゆえの真実ではない。この定理の誤解が歴史的に多くの無辜の良民に濡れ衣を着せ，冤罪でありながら，生きる権利と自由を奪い取り，多くの人びとを犠牲にしてきた。

4.4-4 正当ゆえの合意形成か，合意形成ゆえの正当か

これと同様に，すべての政策判断Pについても，ただ単に合意形成の数ではなく，その科学的根拠が問われる時代になった。「なぜ，合意した？」と，その理由が問われるわけであって，それに答えられない合意それじたいには何の意味もない。

合意形成には，それなりの科学的根拠が必要である。要は，合意の数の大小ではない。利益の誘導や外的強制による合意形成は無効である。また，義理人情に訴えるような合意形成にも意味はない。任意の政策判断Pについて，Pに多数の合意が得られるから，Pが正しいのではない。逆に，科学的な理由とか理由体系に基づいて，Pは正しいから，Pに賛成するのである。

4.4 合意形成に基づく「理由体系」のパラダイム転換　131

定理2：政策判断Pに対して合意が形成されるのは，科学的な証拠体系に基づいて，Fが正しい(正義に適っている，正当である，公正である)とき，そのときに限る。

　事実判断の場合と同じく，要は，その根拠である。合理的・客観的な理由体系に基づき，政策判断Pは正しい(正義に適っている，正当である，公正である)から，多数の人がPに賛成する。その逆ではない。理由体系を問わない合意形成には意味がない。

　これでは，なぜ，そうなのか，まだ幼稚で理解力のない子供が理由もなく賛成するようなものであり，そういう人の数をいかに集めても，けっして判断を正しいとする理由にはならないからである。問題は，理由体系であって，賛成者の数ではない。

　このことは何を意味しているのか。判断の前提として必要な正しい情報や真実の情報の開示と，誰もが納得するに必要かつ十分な審議である。知れると都合の悪い真実の情報を作為的に隠蔽するとか，己に不利な証拠を隠滅するとか，自らに都合のよい虚偽の情報を故意に捏造するなど，たとえ己にとって不都合であれ，黒を白とし，白を黒とする自由はない。あくまでもAはAである。AであってAでない($\neg A$)などあり得ない($\neg(A \cdot \neg A)$)。判断の前提はすべて真でなければならぬ。否なら，結論は信頼できない。前提が偽なら，何でも言えるからである。なぜなら，$(A \cdot \neg A) \supset B$。

　人類の歴史は，私たちに，たとえば「女性は男性に劣る」といった誤った前提から誤った結論を導き出し，女性に不利な法制や政策を正当化してきたことを教えてくれる。誤った証拠体系を前提として多くの差別(制度による不平等)を導き出し，それを正しいものと誤解し錯覚してきた。虚偽の証拠体系から，不当な社会的協力の理念と差別的な共通ルールを導き出し，それを正当化してきたのである。

　以上で明らかのように，社会的価値判断の前提となる証拠体系は，すべて真でなければならず，また，理由体系(社会的協力の理念と共通ルールを基本とする)は，合意形成に基づき正しいものでなければならない。さらに，社会的な価値判断が正しいものであるためには，このような二つの要件①②の他に，

誰もが納得するに必要かつ十分な審議を尽くすという第三の要件③が加わらなければならない。記号・を連言，⊃を条件法，≡を双条件法とし論理式で表すなら，次のとおりである。

定理3：（（①真実の証拠体系・②正当な理由体系）・③十分な審議）⊃④正しい社会的価値判断が求められる。

つまり，(1)（（①・②）・③)⊃④。逆もいえるから，(2)④⊃（（①・②）・③）。ゆえに，(1)と(2)から(3)（（①・②）・③)≡④が成りたつ。

現在のところ，社会的協力の単位は，まだ，それぞれの国であり，ゆえに，理念も共通ルールも国によって違っている。社会的価値の判断に必要な理由体系も，国ごとに違ってピレネの此方では正しい理由体系がピレネの彼方では不当な理由体系とされる状況にあるから，これが国際紛争や戦争の究極の原因となっている。これでは，各国がどう「寛容の精神」を訴えても，地上から戦争はなくならない。

しかし，科学技術の急速な発展と高度情報社会における政治的・経済的・社会的協力のグローバリゼーションという歴史的な環境の変化は，私たち人類に新しい課題をつき突きつけ，速やかな解決を迫っている。各国の反応はというと，核拡散，国際テロ拡大，地球環境の破壊など，従来の理由体系をもってしては解決できず，しかも，一国では解決不能な難問に戸惑いを覚え「判断中止」（epochē）の状態に陥っている。

問題は，各国各様の理由体系にあり，各国各様の理念と共通ルールにある。その多様性ゆえに，戦争は起きるべくして起きるのであるから，私たちは，歴史の流れを洞察し，科学技術の急速な発展と高度情報社会における政治的・経済的・社会的協力のグローバリゼーションという歴史的変化に適切に対応すべく，戦争回避と裁判による権利係争の平和的な解決のためにアリストテレスが「ポリス」から「コスモ・ポリス」への移行と共通の理念・共通ルールの下での平和共存を唱えたように，合意形成に基づき，その合理的な仕組みゆえに，武力に訴えて解決をはかる必要のない世界を築き上げることである。

人類の知恵と勇気を総動員すれば,この地上をその仕組みゆえに戦争のない世界にすることができる。では,その仕組みとは何か。要は,羅針盤の共有である。人類全体の合意形成に基づき世界共通の理念と共通ルールとを選び出し,共通の理由体系に則って共通の社会的評価が下せるような世界的協力(global cooperation)へと転換することである。すでにEUは,羅針盤を共有する欧州連合へと向かっているが,これは羅針盤の世界的な統合をめざす壮大な試みへの一里塚といえよう。

ニュートンの予言では,「世界の終末」[9]は2060年の由,聖書を信じなくても,頻発する自爆テロ,核の拡散,イラク戦争の泥沼化,世界規模の格差の拡大,貧困国の富裕国への憎悪の連鎖,地球環境の破壊の進行,競争という名の狂気的な利得争奪戦,功利を人権に優先させ,カネを実弾とするグローバルな経済戦争の激化などをみれば,人類に残された時間は,もう少ないと思わざるを得ない。

このままでは,人類は必ずや自滅する。抜本的解決が必要である。人類は世界的協力の理念とルールを共有し,社会的価値判断の理由体系と羅針盤とを共有し,競争から協力に向けて舵をとるべきである。そのために,合意形成に向け人類の叡智を結集すべきときがきたと考える。地上に恒久平和が実現するのは,人類の合意形成によって共通の羅針盤を導入し,それに従って舵取りを始めるとき,そのときに限る。

4.4-5 合意形成の歴史的推移

社会的に正しい／正当／公正／正義に適うとする正当化(justification)の根拠を「合意形成」(agreement)に求めたのは,ホッブズ(T. Hobbes, *Leviathan*, 1651),ロック(J. Locke, *Two Treatises of Government*, 1690),ルソー(J. J. Rousseau, *Du Contrat social, ou principes du doroit politique*, 1762)など,最初に仮定された「自然状態」(natural state)から思考実験を展開する近代「社会契約論」(social contract theory)者たちであった。

---

[9] 「万有引力の法則」の発見で有名なニュートンは,旧約聖書のダニエル書を解読して「世界の終末」を2060年と予言した。彼の直筆文書はヘブライ大学(イスラエル)図書館に保管されている。

それ以前は，ただ「上からの正当化」によって，つまり，「王の命令または神の命令」によるものであるとか，あるいは，中世アウグスティヌスの時代になると「自然法」(lex naturalis) とそれに由来する「自然権」(jus naturale) だけが，社会的に正しい／正当である／公正である／正義に適うところの唯一の根拠とされてきた。

合意形成の痕跡は，中世封建主義から近代民主主義への過渡期にあって，中世の自然法概念を棄てきれずに公的な正当化の根拠を自然法と合意形成との双方に求めたホッブズの二元論に窺える。ホッブズ（同上）は，「指導者への権力付与には，人びとの合意が必要である」と指摘し，また，ロック（同上）も，「合意なき権力への服従は無効である」としており，二人とも，社会的な結合における合意形成の不可欠性を認識し，すでに両者は，合意形成こそは合法的な社会に不可欠な要件であり，かつ，社会的協力にとって最も重要な必要条件であることを洞察していた。

またルソー（仏，同上）も，ホッブズ（英）やロック（英）の影響の下に「合意形成こそは社会的権威の合法化にとっても，また，社会秩序を維持する上でも欠かせない基本要件である」と主張している。このように，彼らはともに「合法化の根拠たるべき合意の意義」と「統治・法の支配の根拠であるべき合意の理由」について深く洞察していた。ロックは第16章「征服について」で合意（agreement）の重要性についてこう述べている。

「強盗が進入して喉元に短刀を突きつけ，強制的に資産譲渡契約書に捺印させたとせよ。その強盗は何らかの権利を得たことになるだろうか。武力で服従を強いる不正な征服者が剣で手に入れる権利というのは，所詮，このたぐいの権利に他ならぬ。戦争に訴えて征服や略奪の限りを尽くし，征服者が被征服者に対し隷属や隷従を強いたにせよ，彼らが獲得する権利など全くないのである。」

これは歴史的にみて，封建主義から民主主義へ，上⇒下から下⇒上へ，さらに，自然法から合意形成への大きな「パラダイム転換」であった。しかし，合意形成にはさまざまな形態がある。友人同士の話し合いにおける合意形成のように，当事者が二人の場合もあれば，法廷での審理や国会での審議の場合も，各種会議の合意形成のように当事者が多数のケースもあり，ときには，

4.4 合意形成に基づく「理由体系」のパラダイム転換　　*135*

すべての国民の意志を問うケースもあろう。

　また，問題によっては，多数の合意（不完全合意）で十分な場合もあれば，貧困で不潔で短命なジャングル状態から，共存共栄の平和な社会状態へ移行するか否か，もし移行するなら，社会的協力の理念（正義概念を含む）や共通ルール（憲法を公理として含む）はどうあるべきかといった各人の人生展望に深く関わる人権問題など基本的な諸問題の場合のように全会一致の合意（完全合意）が必要な場合もある。ルソー（同上，part1, ch.4）はいう。

　「満場一致の合意など，非現実的な要求であると思われるかもしれないが，少なくとも一回は，いかなる人も多数決原理にしたがう義務を負うことについて満場一致の合意をとりつけることが必要である。」

　この考え方は，ロールズの『正義の理論』（J. Rawls, *A Theory of Justice*, Harvard University Press, 1971）に継承発展され，社会的協力の理念や目的や正義概念を導出するための思考実験上の精緻な「契約論的方法」として確立された。

　なお，カント（I. Kant, *Die Metaphysik der Sitten*, 1979）も，社会契約論の流れをくむ先達の一人には違いないが，カントの場合は，法体系それ自体が正当であることを示す正当化の根拠を「合意形成」ではなく，「普遍妥当な道徳律」に求めている点で他の契約論者達とは違って独自のユニークな立場に立脚している。当時のドイツは，日本に似て，まだ，民主主義は成熟しておらず，社会的な合意形成の価値は低かったようである。

4.4-6　合意形成のドメイン（当事者域）

　「合意形成」（agreement）には，友人同士や夫婦や親子など少数者の間の合意の場合もあれば，また，学校や会社や自治体など多数の人びとの合意の場合もあるし，さらに国や国際社会など，より広範囲の人びとの合意形成の場合もあろう。これを「合意形成のドメイン」（当事者域：domain）とよぶ。

　合意形成のドメインにおける成員は，このように，下は友人同士や家族やサークルなど，少数のケースから，学校や会社や自治体などの組織の成員のような中規模のケースをへて，上は国民やグローバル社会の成員のような大規模なケースに至るまで多種多様なレベルが存在するが，一般に，合意形成

のドメインが小から大へ（成員nが2，3，4，5，……，へ）と移るにつれて，それぞれ違った善／美／聖の概念，利益概念，幸福概念をもつ成員の数が増大することから，多様な価値観が互いにぶつかり合い，利害の対立と幸福追求の自由の争奪戦が発生しやすくなり，合意形成のプロセスはしだいに複雑さを増してくる。

話を簡単ならしめるために，合意形成に参加する当事者域（ドメイン）の数が最も小さい成員 $n=2$ のケースから，段階的に $n=3$，4，5，……へと拡大していく。

$n=2$ のケース：夫Aと妻Bがデパートの家具売り場で口論し合っている。Bは真っ赤なソファを指差して，これにしようと主張し，Aはベイジュ色の地味なのがいいと主張して譲らない。値段，形，構造，重量，材質，利便性など他の諸条件は，すでに合意済とし，色彩について双方の意見が割れている。その理由をBは「赤が好き」に求め，Aは「赤は嫌い，ベイジュの方が安らぐ」に求める。

こうしたA，B2者間の意見の対立は，善美聖概念，利益や幸福概念など，個人的諸条件の違いによるが，既述のとおり，善美聖概念や利益・幸福概念の違いは，一般には，好みやライフ・プランの違い，究極的には，自然財の違いに由来する。それゆえ，それにこだわる限り，合意形成は容易ではない。どちらか一方か双方に思い遣りの精神・謙譲の美徳・愛・信頼関係があるなら，個人的諸条件の違いを互いに尊重した上で，両者は利益均衡の状態へと収束し，両者の合意点（均衡解）に達するであろう。

このためには，家庭における共通の理念と共通ルールの合意形成が先決問題である。もしすでに合意形成が図られているなら，合意済みの共通理念と共通ルールから論理的な演繹によってBがAに歩み寄って選ぶべきソファの色彩も合意に達するに違いない。これとは逆に，共通の家庭の理念と尊重すべきルールがなく，すべての決定において，AかBが暴力的に決めるとか，相手が嫌がる色彩のソファを選ぶという場合には，合意形成は不調に終わり，相手には不満がつのる。これでは双方が不幸である。

なお，既述の「愛の定義」により，夫が妻を愛しているとは，夫が妻の存在を望み，夫が妻の価値を尊重し，夫が妻の利益に配慮し，もって夫が妻の

4.4 合意形成に基づく「理由体系」のパラダイム転換　137

自尊心を充たすとき，そのときに限る．また，逆も然りで，妻が夫を愛しているとは，妻が夫の存在を望み，妻が夫の価値を尊重し，妻が夫の利益に配慮し，もって妻が夫の自尊心を充たすとき，そのときに限る．上位のそれと矛盾しない家庭内の共通の理念とルールとがあり，こうした「愛」に基づく相互信頼の関係が成立している限り，AとBは利益・幸福の均衡・善美聖の均衡状態へと収束し，双方の合意形成は可能である．

　Aが合意するをAとし，Aが合意しないを￢Aとするとき，そのドメインにおける合意の形成は，A・Bのときに限る．上記の条件を充たさず，次の$2^2-1=4-1=3$通り，A・￢Bか，￢A・Bか，￢A・￢Bの場合には，合意形成は図れない．

　$n=3$のケース：子供Cが加わって$n=3$の場合にも，すでに家庭の理念と共通ルールに合意形成が図られており，家庭において「愛」の条件を充たし，愛に基づく相互信頼の関係が成立している限り，買い物であれ，旅行であれ，学校の選択であれ，合意形成は可能である．もし否なら，AかBかCの見栄や独断と偏見や横暴など，合意に対する攪乱要因が存在しているに違いない．変数が3の場合，合意形成が図られるのは，A・B・Cの場合に限るが，次の$2^3-1=8-1$通り，￢A・B・Cか，A・￢B・Cか，A・B・￢Cか，￢A・￢B・Cか，A・￢B・￢Cか，￢A・B・￢Cか，￢A・B・￢Cかの組み合わせが可能だが，3者それぞれの善概念，利益概念，幸福概念が公正に保障されているかなど，攪乱要因／阻害要因を探り，その理由を分析することによって合理的な解決が望めるかもしれない．合意形成は目的論的または初めに結論ありきであってはならず，場合によっては撤回もありうる，と考えるべきであろう．

　$n=4$およびそれ以上のケース：企業や政府レベルのように合意形成のドメインが大きく，かつ人びとの利害関係が複雑に絡み合い，それぞれ合意の成否が己の人生展望に密着している場合には，合意条件もそれだけ複雑になる．それゆえ，まず変数2から検討を進めて変数nへ，ドメインが小さくて単純なケースから，それが大きくて複雑なケースへと順を追って考察を進めていくことが望ましい．

　変数が4の場合は，合意形成はA・B・C・Dの場合に限る．残りの$2^4-1=$

16－1＝15通りについては，合意形成は図れない。この場合にも，変数3の場合と同じように，逐一その原因，つまり，合意形成を拒む原因を究明し，どのような提案なら合意形成が図れるかを調べ上げることである。

変数がさらに増え，人口100,000人の自治体だと，直接，住民の声を聞く必要がある場合には，厳密には$2^{100,000}$通りの可能性が認められ，合意形成を妨げる$2^{100,000}-1$通りの意見の分析が必要になる。これは膨大な数に上るが，たとえば，類型化を図るとかの工夫をすれば不可能ではない。個人の目的は幸福にある。一国の場合にも，国際社会の場合にも，変数は天文学的数字に膨れ上がろうが，自治体の場合と同じように，完全合意を図りうる決定を下すことは，けっして不可能ではない。

しかし，合意形成のドメインが大であれ小であれ，合意形成に際して何よりも肝心なことは，ドメインのすべての成員（当事者全員）が果たして①「何のための合意か」（合意目的），②「何についての合意か」（合意対象），③「共通理念と共通ルールは何か」，④「求められるべき合意は完全合意か」，それとも，⑤「多数決による不完全合意でよいのか」について，共通認識をもっていることである。

4.4-7 何のための合意か（合意目的）

合意形成の目的は，夫婦間のもめごと，兄弟間の相続問題，衝突事故の補償問題，大家と借家人との敷金を巡るトラブル，一国の賠償問題や領土問題や政策問題，雇用者の解雇の無効問題，企業間の買収問題など，「利害の対立」や「権利係争」に際して当事者間に介在するさまざまな問題を円満に解決する合理的な手段としてである。

それゆえ，合意形成に失敗すれば，他に問題解決の合理的な手段がなく，個人間の場合には，摑み合いの喧嘩になったり殺し合いになったりと，最終的には，裁判で決着をつけるしかない。また，それが自治体や企業などのように，組織と組織の場合にも，合意形成が失敗に終われば，法廷闘争に持ち込まれざるをえない。問題の解決を裁判に委ねた以上は判決が幾分か不満であれ，それが合意形成に基づく社会的協力の理念と共通ルールによるものである以上，当事者の双方に対して，国権の下に，最終審である最高裁判所の

判決に従うべき義務が課されるのである。

　これに対して，国家レベルの合意形成に際しては，より複雑な諸問題が伴う。完全合意の困難性ゆえに代議制をとっているが，それでも，国民の信を問うべき基本政策において，また，基本的な共通ルールの改定などにおいて，国民の合意形成を図ることは，けっして容易なことではない。理念を異にしている場合は，深刻であるが，個人はすべて自然財も人生計画も，選好システムも善美聖概念も，また，利益概念も幸福概念も違うわけであるから，わずかな政策変更が己の人生展望に変化を及ぼすことになるからだが，国の場合には，合意形成の他に決定法はない。

　それゆえ，$2^{120,000,000}$という膨大な数の国民の意思を合理的な方法を用いて推察することである。さらに，国は最高の意思決定機関であるから，他国との権利係争とか，合意形成の失敗に際しては，以前は，頼るべき上位の機関も，上位の権力もなく，戦争という手段に訴えざるをえなかった。

　しかしいまや，国の上に国連が置かれているが，国内の裁判所のような実効性や強制力はなく，たとえば，国際刑事裁判所の判決に従わない場合であれ，経済制裁やときには軍事制裁が加えられるのみ。合意形成が国内ばかりか，国際的な権利係争に際しても合理的な問題解決法となるには，後に述べるように，現在の各国の上に，強制力と実効性をもったグローバルな協力の理念と共通ルールを導入し，それぞれの国の上に上位のグローバルな組織をつくり，各国がそれに従うしかない。

　上記の夫Aと妻Bの場合もそうであったが，話し合い（対話）と合意の目的が「応接室にどのようなソファを置くか」について「共通の合意目的」が前提とされていなければならない。どういうソファがよいかといった個人的価値（善美聖）の判断は，しょせん，各人の好みの問題であって，それが生得的な自然財に深く根ざした当人に固有の選好システムの問題である以上，単身ならば，話し合いや合意の必要はなく，己の好みや値段など個人的事情に応じて，赤い派手なソファでも，豪華な黒い皮製ソファでも，アレキサンドロスが座った高価なアンティークのソファでも，何でも好きなものを買えばよい。これは当人の幸福追求の自由の問題である。

　しかし，結婚し家庭をもつと状況が急変する。単身時代のような思うがま

まの幸福追求の自由は契約によって規制され，家庭という社会の一員として，家庭の理念と共通ルールの下での話し合いと合意に基づく「共通の幸福追求の自由」へと変化する。

　ＡとＢとが結婚に際して上位の民主的な社会的協力の理念と民主的な共通ルールに従うことに合意して築いた家庭なら，その後の合意形成なきＡの亭主関白や独断専行も，Ｂの唯我独尊的な我侭も，ともに契約違反である。どういう家具を買うかは勿論，夕食を何にするか，週末をどう過ごすかまで，家庭という社会の一員として，共通の公的な家庭Ｈの視点から，対話と合意が求められることになる。

　そういうわけで自分たちの応接間にどのようなソファを置くかについても，ＡＢが生まれ育った以前のそれぞれ違った二つの家庭の理念や共通ルールおよびそこから生ずる二つの違った独特な文化（家風）ではなく，すでにＡＢの合意形成によって導入された新しい家庭Ｈの新しい理念とルールに基づく決定でなければならない。

　ＡとＢの個人的価値（善美聖，利益，幸福など），現在と将来の経済状況の予測，共通の人生計画，応接間の広さや色彩との調和，値段の許容範囲，主たる目的，望ましい形状，永年使用か短期使用か，望まれる構造，重量，材質，機能性，利便性など可能なすべての視点から双方が話し合いを続けることによって，ＡとＢの考えや要求は，収束しつつ均衡解へと向かい，最終的には，合意形成に辿り着くことになる。

4.4-8　何についての合意か（合意対象）

　これについては，いちいち例示する必要はない。個人であれ組織であれ，利害の対立とか権利の争いがあるところには，必ずやジャングル状態における威嚇と支配に代わって対話と合意とが求められる。話し合いの途中で合意が決裂し，合意形成へむかう努力が失敗に終わるというケースもあろうが，問題が深刻であればあるほど，下手するとそういう傾向が高まるにせよ，どう問題が深刻であれ，合意が決裂したその原因は，その深刻さではなく話し合いのプロセスに求められるべきである。簡単に合意可能な問題さえ技法を誤ったために合意が決裂し，話し合いや交渉が失敗に帰すこともあろう。

こういう場合には，いったん白紙に戻して交渉のプロセスを反省し，公正な原則であったか否か，もし然りなら己の非を認めて謝罪し，再度，誠意をもって合意への途を探るべきであろう。けっして武器に訴えて力の対決を図るような過去の「威嚇と支配」の戦術に逆戻りしてはならない。根気よく相手の理性と良心に訴え続けることが賢明であり，合理的な方策である。「力の正義」に基づく力による解決法は，自らをジャングル状態のジレンマに陥れざるをえない理性と良心に乏しい過去の蛮族の合理性を欠く解決法であり，21世紀の今日では避けるべきである。

なぜなら，喧嘩は勝っても負けても後味が悪い。戦争とならば，生命財産に膨大な犠牲が伴い，費用負担も甚大であり，戦争によって得るものはない。屈辱を晴らそうとして再び屈辱を味わうことになる。自尊心が侵害される。それでもなお，何かというとすぐ武力に訴えようとする国もあれば御仁もいる。問答無用の姿勢ともいうべきだが，これは理性も良心もバージョンの低い野蛮国・野蛮人の証拠である。恐竜が滅び，ローマ帝国が滅びたように，重要なのは，武力ではない。要は，合意形成へと導く知力である。

4.5 完全合意と不完全合意

現実の政策決定における合意形成には，多数決による不完全合意，つまり，当事者たちの過半数の合意でもって十分とし，2分の1以上の賛成によって決定または採択するという場合もあれば，社会的協力の理念に関わるとか，各人の人生展望に影響を及ぼす場合など，問題によっては，より厳しく，3分の2以上の合意を求めるような場合もある。たとえば，憲法改正のように社会的協力の理念（正義概念を含む）や共通ルールの公理のような重要問題である場合には，現行憲法の第96条（改正の手続き，その公布）において定められているように，

①この憲法の改正は，各議院の総議員の3分の1以上の賛成で，国会がこれを発議し，国民に提案してその承認を経なければならない。……

②……天皇は，国民の名で，この憲法と一体を成すものとして，直ちにこれを公布する。

とされる。

　一国の憲法を改定するということは，社会的協力の理念（正義概念を含む）と共通ルールの改訂を論理的に含意している。ゆえに「改憲」は，国政の根幹に関わる舵取りの羅針盤に変更を加えることを意味する。しかし国の方針を大きく変えることは，クーデターに似て容易にありえない稀有の事態であり，対外的にも信頼をなくすおそれがある。信頼関係に基づき成り立つ国際社会に対して不安材料を与えかねない。以上は，程度の差こそあれ，いずれも多数決による不完全合意のケースである。

　しかるに，合意形成に対しもっと厳しい制約を課さなければならないようなケースもある。ルソーが指摘しているように（前掲書），社会契約に際して，何よりもまず多数決にしたがうことについて，少なくとも一度は完全合意（満場一致の合意）を取り付けておかなければならない。そうでないと，どういう社会をつくるかを決めるに際して多数決を採用することができず，何も決められないからである。

　社会的協力・分業の理念（正義概念を含む）／目的は，どうあるべきか，共通ルールの公理としての憲法は，どうあるべきか，選ばれた正義概念が論理的に含意する共通ルールとはどのようなものか，などなど，誰一人として置き去りを許さない。それゆえ，全会一致の賛成でないと決まらないとか，少なくとも一度は，多数決による決定に満場一致の合意を取り付けておかないと，事後のすべての社会的選択・決定に支障をきたすといったような社会契約初期の重要案件の場合には，完全合意／満場一致の合意／全会一致の合意が必要かつ不可欠である。

　すべての人の生涯展望に影響を及ぼすような重要案件を審議し，完全合意に基づき決定を下すべき事案の場合には，当該ドメイン内の当事者すべての善概念を等しく充たし，利益と幸福を公正に保障し，当事者すべての自尊心を等しく保障し，当事者すべての自然財（性格，能力，才能，個性，適性）を充足していなければならないことは，既述の最も基本的な「ドメイン２」の場合と同じである。

　このように，求められるべき合意形成には，２分の１以上，または３分の２以上の不完全合意で十分とされるケースもあれば，また，事と次第では，

当事者すべての賛成を求める完全合意でなければならないような重要事案の場合もある。こうして，合意形成の条件については，完全合意のそれか，それとも，不完全合意のそれかによっても，大きく違ったものになるのであって，十把一絡げに論ずることはできない。

4.5-1 多数決と不完全合意

現実に私たちが何かを決めようとして「多数決規則」（majority rule）に訴えるとき，あたかも多数派の意思や要求や判断は，正しい／正当／妥当／合理的／正義に適うかのような錯覚に陥ってはいないだろうか。しかし，それは根拠なき誤った思い込みに他ならない。多数派の判断を正しい／正当だ／正義に適うとする科学的根拠はどこにもない。多数派の意思や要求を妥当とすべき科学的理由も存在しないのである。

多数決には，多数派の考えや判断は正しいとか，正当だとかいった誤った暗黙裡の仮定がうかがえるが，ある政策Ｐが正しいかどうかは，Ｐに対して多数が合意するかどうかとは次元を異にする問題である。これは，太郎の供述の真／偽の判断が客観的・合理的な証拠体系に基づいて科学的に決まるのであり，決して多数の支持があるか否かで決まるのではないのと同じである。多数決を利益争奪の手段としてはならず，数の暴力としてはならない。多数決はあくまでも，それに参加する当事者たちが審理を尽くし，公正な判断に至るための客観的な探求法[10]なのである。アメリカ合衆国における多数決の濫用や多数派万能の弊害について，トクヴィルは，こう述べている。

「個人よりも多数の集団に見識や叡智を見出そうとするこの考えは，人間の自尊心の最後の砦まで闖入して侵す。こうした多数派の道義的な権威は，最大の多数派の利益を少数派の利益に優先せよ，という原理に基づいている。そして，あることに一旦，多数派の形成を見ると，前途を遮るものは何もなく，苦情をきく余裕さえもなくなる。全権の根拠を多数派の意思に求めるのは自己撞着といえる。私たちには全人類の普遍的な法がある。正義がそれだ。

---

[10] この問題については，拙著『公正としての正義の研究』成文堂，1989，pp.266を参照されたい。A. Tocqueville, *Democracy in America by Alexis de Tocqueville, A New Translation by George Lawrence*, New York, Harper & Row, 1966.

正義は各国民の権利の行使を規制する。不正な法に対する不服従には，人民主権から人類主権への移行を必要とし，至高の公権が求められよう。多数派の権力を抑えこれを穏健にする方策がないと自由は危機に瀕する。多数派万能は，それ自体が危険な専制の萌芽と解すべきだ。

アメリカ合衆国において不正を訴える先は何か。世論は，多数派の形成母体であり，また立法府や行政府は，いずれも多数派に対する盲従機関であり奉仕機関に過ぎない。警察は武装した多数派，陪審員も処罰権をもつ多数派であって，処分が不当でも服役を強いる。専制に対する防備はなく，多数派による思想統制も明らか，たかだか枠内での自由しか許さず，逸脱は災厄をまねく。火炙りの刑は免れえても，弾圧や迫害の覚悟が必要であり，結局，不満を吐露する勇気を失って，ただ沈黙するのみ。多数派を正常視することが元凶といえる。自由なき事態が到来するのは，多数派の万能が少数派を絶望に追いやり，暴力に救いを求めるときだ。多数派専制の顚末は無法状態である。」

多数決に加わる当事者が事案に賛成するか，反対するかは，ときには好き嫌いによって，またときには，知識とか情報の量と質によって，あるいは，判断力の如何によって決まるだろうが，その理由は，現実状態に生きている人びと（私人といわれる現実人）すべてが私心の惑乱から免れ得ない状況にあるからである。自分にとって有利かどうかの視点から，己にとって有利と思われる要求に賛成し，逆に，己にとってどうみても不利な事案には，頑として反対し，けっして合意しないということである。

現実人は公人と私人との複合体であって，私生活においては私人として振る舞い，公務においては公人として振る舞うべきだが，往々にして，公私混淆がうかがえる。公人として振る舞うべき公務上の決定においても，公人の立場から私心を排して公正に判断を下すべき場合にも，私心の惑乱から私的問題と勘違いし，私人としての立場から，自分に有利と思われる案件に賛成するというのは間違った判断である。

国民から国の舵取りを付託され，その社会的・背景的公正の維持に責任を負う総理大臣や国の行政を委ねられた公務員，また株主から会社の舵取りを

委ねられた社長ほか経営陣とか，一般に組織の舵取りを付託された者は，すべてその組織をはじめ，社会全体に重責を負っているのであって，どのような場合にも自分に有利な舵取りをしてはならない。いついかなる場合にも，私人として自分にとって有利かどうかではなく，公人として舵取りを付託されたすべての人にとって有利かどうか，という視点から，公正な判断を下すべき責任を負っているのである。

いいかえれば，私人は，私人として，自分の利益や幸福にとって好都合と思われる判断を下せばよいが，公人は，公人として，つねに舵取りを付託されたすべての人の利益や幸福にとって好都合と思われる判断，つまり，正しいを下すべき責任がある。

4.5-2 タルスキーとロールズ：完全合意（均衡解）へ導く方法

タルスキーは，厳密な論理的証明によって「真理」の定義(真偽の判断基準)[11]を与えた。

定義1：事実言明「雪は白い」が真であるのは，雪が白いとき，そのときに限る。

なお，雪が白いは，言明「雪は白い」の証拠である。一般的には，

定義2：事実言明「S」が真であるのは，Sであるとき，そのときに限る。

と表現される。こうした学説を「新対応説」という。

要は，言明「S」に対応する証拠Sがあるか否かである。この対応はアリストテレス的な「素朴対応説」ではなく，選ばれた「理論依存的な対応」を意味する。タルスキーの「真偽の判定基準」と同じように，ロールズもまた，斬新な契約論的方法／抽象的な思考実験の方法を用いて次のような「正邪の判定基準」を開発した。

---

[11] A. Tarski, Der Wahrheitsbegriff in den formalisierten Sprachen, *Studia Philosophica*, 1, 1935-36, The Semantic Conception of Truth and the Foundation of Semantics, *Journal of Philosophy and Phenomenological Research*, 4. 1944 を参照されたい。

定義3：当為言明「人は生きるために協力すべきだ」が正しいのは，人が生きるために協力すべきとき，そのときに限る。

なお，当為言明に対応する当為それ自体が「理由」である。一般的には，

定義4：当為言明「S」が正当なのは，S であるべきとき，そのときに限る。

と表現される。これを「当為の新対応説」と呼んでおこう。

この場合も，要は，言明「S」に対応する理由 S があるか否かだが，いついかなる場合にも，理由 S は社会的協力の理念と共通ルールと矛盾があってはならない。ロールズはその理由 S を「形式的な理由」と「実質的な理由」の2つに絞っている。まず，形式的な理由は，すべての定理は，論理的にみて「公理」にインプライされなければならないということである。実質的な理由はすべての正しい当為言明（すべての定理）の究極的根拠を「公理」に求める。ロールズの場合には，この公理に位置するのが社会的協力の「理念」に含まれる「正義原理」(principles of justice) である。

こうして，思考実験的な完全合意によって選びだされた「正義原理」（均衡解としての正義原理）を J とするとき，次の定義が与えられる。

定義5：J がインプライしている当為言明は，すべて正しい／正義に適う。

しかし問題は，一般に，正邪を決める肝心の公理（正義原理）はいかにして導き出すことができるのかであるが，ロールズは，何が自分にとって有利か，何が不利かを判断できない状態（原初状態）に自らを置き，しかも「マキシミン・ルール」(maximin rule) の他に頼れる杖はないという巧みな「不知のベール」の装置を駆使し，具体的な諸情報が合理的に規制された原初状態において行きつ戻りつしながら，最終的に完全合意へと収束する均衡解としての正義原理 J を発見したのである。

こうして，ロールズが探求し発見した正義原理 J は，社会的な価値判断の究極的な公理として機能し，J が論理的にインプライしているすべての当為言明は，論理的にみて正しいとか，正義に適うとかいうことになる。これは極めて重要なこと，つまり，合意にはそれなりの根拠，しかも人びとを必然

的に合意へと導いていかざるを得ない客観的で合理的な根拠が不可欠であるということを意味している。合意それ自体が重要なのではない。人びとの判断をその証拠／理由ゆえに合意へと収束させていく科学的根拠が重要なのだ、ということである。このことは、

　事実言明「庭の桜が咲いたよ」が真であるのは、証拠に基づき、実際に、庭の桜が咲いたとき、そのときに限る。

ということと同じである。また、このことは、

　算数上の言明「1＋1＝2」が真であるのは、証拠／理由に基づいて、実際に、1＋1＝2であるとき、そのときに限る。

というのと同じである。なお、この場合の証拠／理由は、ホワイトヘッドとラッセル（A. N. Whitehead & B. Russell, *Principia Mathematica, 1-3*, 1910-1913）およびそれ以降の集合論的な基礎づけからも明らかであろう。さらに、このことは、

　ユークリッド幾何学上において、言明「3角形の内角の和は2直角である」が真であるのは、証拠／理由に基づき。実際に3角形の内角の和が2直角であるときそのときに限る。

というのと同じである。なお、この証拠／理由は、「ユークリッド幾何学における平行線の公理」から証明によって明らかといえよう。

　当為言明／政策／舵取りにかかわる正邪の判断は、事実に関わる真偽の判断と同じように、証拠／理由が大切なのである。要は、合意ゆえに正しい／正義に適うのではなく、正しい／正義に適うがゆえに合意形成が図られるということである。この点を誤解すると、数の暴力となるであろう。本当は、合意したくないが、外圧によって、あるいは、自発性や主体性や自立性を抑える精神的／物理的な外圧によって、否応なくしぶしぶ合意に応ずるという類の合意もあるであろう。合意する人が増え／支持者が増えれば、より正しい／より正義に適っているとは言えないのは、真偽の場合と同じである。

　ニュートンの権威が支配的だった19世紀末頃、まだ無名だったアインシュタインがかの「特殊相対性理論」を学会で発表したとき、それを評価し、それに合意してくれる学者はおらず、噴飯ものとされたが、その証拠／理由が明らかになるにつれて、彼の理論が真であることに合意してくれる科学者は

増えてきた。
　要は，合意形成の根拠である。ある理論に対し合意してくれる人が増えてきたから，その理論が真となったわけではない。その理論が真であることの科学的な証拠／理由が明らかになってきたから，しだいに合意形成されるに至ったのである。アインシュタインが唱えた最初から真であった。合意形成されたから，真となったのではない。

4.6　合意形成の根拠

　「証拠主義」に立脚して根拠を重視するタルスキーの「真理の定義」にしたがえば，事実言明「雪は白い」が真（true）であるのは，その証拠として，雪が白いとき，そのときに限るが，これと同様に，正しい（right／just）／正義に適うについても，当為言明「自分にして欲しくないことを他人にしてはならない」が正しい／正義に適うのは，自分にして欲しくないことを他人にしてはならないとき，そのときに限る，ということになる。
　真か偽かといった自然的な価値判断は，科学的（客観的・合理的）根拠に基づき，真なるがゆえに合意形成が図られるのであって，逆に合意形成されるがゆえに真とされるのではないのである。同様に，正しいか否か／正当か否か／正義に適うか否かといった社会的な価値判断の場合にも，科学的（客観的・合理的）根拠に基づき，正しい／正当である／正義に適っているがゆえに合意形成が図られるのであって，合意形成されるがゆえに正しい／正当である／正義に適っているとされるのではない。
　なお，自然的な価値判断における科学的根拠は，客観的・合理的な物的証拠／証拠体系であるが，これに対して社会的な価値判断の科学的な根拠は，社会的協力の理念から定式化された客観的・合理的な「正義原理」に基づく理由／理由体系である。しかるに，社会的協力の「理念」と「正義原理」（principle of justice）は，真偽判断の場合の物的証拠や証拠体系のような自然的根拠ではなく，原点としての「原初状態」（original position）における「不知のベール」（veil of ignorance）の下で，「マキシミン解」（maximin solution）[12]（均衡解の一種）としてすでに完全合意が図られた合意事項である。

正義原理は完全合意ゆえに正しい／正当である／正義に適っているとされる。それゆえ，正邪の判断根拠は，究極的には公認の正義原理を理由／理由体系とする価値判断であって，完全合意された正義原理にインプライされているから正しい／正当である／正義に適っているのである。正義原理にインプライされていないから正しくない／正当でない／正義に適っていないのである。この点において科学的な物的証拠／証拠体系に訴えて真／偽の判断を下す場合と判断の根拠が違っている。

　「言明「S」が真か偽かという自然的な価値判断は，科学的な根拠Sに基づき，真であるから，合意形成が図られるのであって，逆に，合意形成が図られるから，真とされるのではない」というのと同じように，「言明「S」は正しいか否か／正当か否か／正義に適うのか否かといった社会的な価値判断の場合にも，科学的な根拠Sに基づいて，正しい／正義に適っているから，合意形成が図られるのであって，逆に，言明「S」は合意形成されるから正しい／正義に適っているとされるわけではない」とは言えないのではないかという反論があるかもしれないが，それは違う。というのは，考案された「原初状態」における「不知のベール」の下で，「マキシミン解」として完全合意に基づき「正義原理」を選び出すことと，選ばれた正義原理を根拠として正邪の判断を下すことは別問題だからである。二つの合意形成は，区別して考えなければならない。合意形成に違いはないが，両者は次元を異にする合意形成だからである。

　こうして私たちは，合意形成ゆえに真であるとは言えないのと同じように，合意形成ゆえに正しい／正当である／正義に適っている……とは言えないのである。

4.7　合意形成の定義

　言明「地球は丸い」が真であるのは，科学的証拠に基づき，地球が丸いと

12）「マキシミン解」(maximin solution) は，ロールズの命名した maximum minimorum solution の略記である。拙著『正義の研究2：ロールズ哲学の全体像』－公正な社会の新しい理念－成文堂，1995, pp.49f を参照されたい。

き，そのときに限るが，実際に，科学的証拠に基づき，地球は丸く，ゆえに，言明「地球は丸い」は真であるから，合意形成が図られるのである。一般的に，これを次のように定義する。

定義1：事実言明「S」が真／真理／真実であるのは，S であるとき，そのときに限ることから，科学的根拠に基づき，S が立証され，「S」は真／真理／真実ゆえに合意が形成される。合意形成ゆえに「S」が真なのではない。

法廷で審理中の判事 $J_1, …, J_n$ が事実認定において多数決を採用するのは，真実の探求のためであって，多数の合意（n/2以上）ゆえに真実とみなしているわけではない。彼らの眼は，あくまでも科学的根拠(客観的・合理的な証拠／証拠体系)に向けられているのであって，けっして，多数の合意はどちらかなど，合意形成それ自体に向けられているのではないし，また，そうであってはならない。

では，なぜ，判事は一人でないのか。なぜ，大法廷が必要か。なぜ，裁判に複数の判事が必要か。多数決を採用するからではないかと勘違いされる人もいようが，これは間違っている。裁判は真実と正義の探求である。信条や経験を異にするさまざまな判事の立場からさまざまな意見を聞くため，とくに重大犯罪を裁く法廷の場合には，判事は，一人よりは二人，二人よりは三人のほうが独断と偏見などからくる誤審を避けることができ，正しい判決となる確率は高まるからである。

法廷は，真実探求の場であるとともに，法に基づく正義探求の場である。法廷での審理は合意形成のためではない。誤審をさけるべく，合意形成の基礎をなす科学的根拠に基づく真実と正義の探求のためである。それでも法廷での誤審や病院での誤診が後を絶たないのは，私心の攪乱か何かの理由で真実の探求を誤ったか，合意形成を優先したか，いずれにせよ，偽を真と判断したからに他ならない。

事実言明については，科学的根拠に基づく真／偽の判断が合意形成の前提条件であって，一般に，これは審議と合意に先立つ先決問題である。

では，当為言明「各国は力の正義から協力の正義へ移行すべきだ」を「R」

4.7 合意形成の定義

とするとき，「R」が正しい／正義に適っているのは，いかなる場合か。それは，Rであるとき，そのときに限る。言い換えると，科学的根拠に基づき，各国が力の正義から協力の正義へ移行すべきとき，そのときに限る。

つまり，科学的な根拠Rに基づき，実際に，当為言明「各国は力の正義から協力の正義へ移行すべきである」は正しい／正当である／正義に適っているからこそ，当為言明「R」に対して合意形成が図られるのである。科学的根拠Rを問わないで，誤って当為言明「R」に対して多数者の合意が形成されたことを根拠に，それゆえ，当為言明「R」は正しいとか，正義に適うと考えてはならない。

> **定義2**：当為言明「R」が正／正当／正義に適うのは，Rであるとき，そのときに限ることから，科学的根拠に基づきRが立証され，「R」は正／正当／正義に適うがゆえに合意が形成される。合意形成ゆえに「R」が正しいのでも，正当なのでも，正義に適うのでもない。

こうして当為言明は，科学的根拠に基づいて，正しいか否か／正当か否か／正義に適うか否かの決定が合意形成の前提条件であり，これが学会その他における審議と合意に先立つ先決問題である。合意形成ゆえに容認されるのではないことは，事実言明の場合にも当為言明の場合にも同じである。ただ，違いがあるのは，事実言明の真／偽は，科学的根拠に基づき，証拠の裏づけがあるか／証拠十分か，究極的には，証拠体系にインプライされているか否かで決まるのに対し，当為言明の正／邪は，依然，A国の正義はB国の不正義というように国境に閉ざされた状態にあるが，一般に，制定された法体系に基づき，究極的には，科学的根拠に基づく社会的協力の理念・正義原理にインプライされているか否かによって決定されることである。

事実言明を「S」，当為言明を「R」とするとき，真／偽の決定と正／邪の決定に基づく合意形成の違いは，次のとおり図式化されよう。

　証拠か証拠体系Sにインプライ→「S」は真／真理／真実→合意形成
　理念・正義原理Rにインプライ→「R」は正／正義に適う→合意形成

こういう考え方に対しては，「理性」とか「正義」とかいうことばは大嫌い

だ。世の中は不条理きわまりなく，価値はすべて相対的だ。証拠などあり得ない。真／真理／真実など噴飯ものだし，合意形成など幻想に過ぎないなど，実存主義，価値相対主義，価値多元論からの反論もあろうが，これには次のように反駁されよう。

4.8 批判に対する反論

4.8-1 実存主義の問題

たとえば，ある殺人犯が法廷で自己の犯行の理由を「それは太陽のせいだ」と答えたなら，どうなるだろう。もし，それが真面目な答えなら，すぐ精神病院へとなる。治療を要するからだ。不真面目な答えなら，法廷冒瀆もので，ひどく判事の心証を害する。

小説など芸術の世界なら好き嫌いがまかり通るが，事実問題を芸術の世界に移入し，話をそうはぐらかすのは不誠実この上ない。本気でそう思ってなのか，それとも愉快犯に似たいたずらなのか，いずれにせよ世の中の不条理を「太陽がぎらぎらと照っているから」に求めるとか，自ら負うべき悪行の責任をすべて太陽に転嫁したりして茶化すとは，精神の異常か錯乱か不真面目か，それとも，理性の故障による論理の支離滅裂かそう装った権威への一抵抗か，どちらにせよ，これはもう人間理性の機能停止というか，好き嫌いで動く頭の中のジャングル状態に他ならない。

私たちはコンテキストを間違えてはならない。こういったお遊びは，芸術だから許される世界であり，善美聖など私的・個人的価値や選好の問われる世界でのみ許される。しかし学問は芸術ではなく，芸術は学問ではない。学問はそうした個人の好みや私的価値観には関心をもたず，厳正中立を維持する。自然的価値たる真理と社会的価値たる正義を探究するのが学問である。その目的は，自然の真理に基づき，さまざまな不条理を排し，すべての人に公正に最大の自由と住みよい社会を保障するためである。

政治家の本務はその実現にある。しかし，もし一国のリーダーたるものが己の失策を太陽のせいにすれば，きっと国民は「嘗めんなよ」と彼に襲い掛かるだろう。その責任は，国民にではなく，国民の自尊心を冒したそのリー

ダー側にある。

　実存主義は学問ではない。芸術である。人間の理性を否定し，自然的価値としての真理も社会的価値としての正義も大嫌いとする芸術である。コトバの芸術であり，コトバ遊びである。事実問題にも当為問題にも関心はない。関心があるのは，ただ善美聖という私的・個人的価値のみ。とりわけ，己の善概念に合った私的価値の選好や，己の美概念に合った芸術的価値（コトバの美や表現の美）の選好や，己の聖概念に合った宗教的価値の選好に主な関心を示す傾向がある。

　実存主義（existentialism）は，ドイツのヤスパースが命名し，後にフランスのサルトル，カミュ，メルロ・ポンティなどによって発展されたが，とくにフランス実存主義の場合には，かの気障っぽいサルトルやカミュなどにみられるように，時には痛快なアイロニーを描き，ときには，人をくったような詭弁を弄するディレッタンティズムの様相を呈し，世の中の不条理を「太陽がぎらぎらと照っているから」などと茶化して人びとを特殊な芸術の劇場に誘って喝采を博した。

　こうした知的茶番の実存主義は，それがいかに魅力的な思想であろうと，古代ギリシアのソクラテス，プラトン，アリストテレス以来，延々と受け継がれ，いまなお西欧において脈打っている健全な「愛智」（philosophia）の伝統，言い換えると，ホメロスの神話の世界から人びとの目を覚まし，人間の理性と良心をもって真面目に誠実に，真理と正義を探求し続けてきた哲学的冒険の伝統からすれば，思うに，二つの世界大戦後，羅針盤なき奈落の淵を彷徨う人びとの不安，理性への失望，神への不信など入り混じった知的退廃ムードを背景とする一時的な社会病理的流行である。

　実存主義者たちが不条理や限界状況や不安や実存を説き，自らそれによって陶酔し，棄てようにも棄てられず，免れようにも免れえず，けっきょく，どうしようもなく社会的協力に必要不可欠な理性や真理や正義を嫌ったのは，従来の舵取りの羅針盤を失って，失望の奈落に陥ったこういう歴史的な背景ゆえにであり，まさしくパラダイム転換期ともいうべきこうした特殊な事情が前提となっている。私たちはこの点を正しく理解しておかなければならない。しかし問題は，いまなお退廃ムードを背景とした往時の実存主義に

酔いしれた時代錯誤の考えがあるということである。

いかにも，善美聖という個人的価値はだれにも等しく保障されるべきであり，私人として己の好き嫌いを語るのは「言論の自由」に属する。けれども公人の立場から，理性を否定するのは，己の否定を意味し，真理を否定するのは，科学・技術の否定と呪術や迷信への帰依を促し，真実を否定するのは，黒を白とする知的アナーキーを招き，正義を否定するのは，裁判の否定と無法状態の礼賛を意味し，合意形成を否定するのは，暴君や独裁者の登場などジャングル状態への回帰を意味する。

それらはすべて共通ルールにして決まりごとである。存在するか否かではなく，なくてはならない約束ごとである。たしかに時代の変化に伴って決まりごとも変化する。舵取りの羅針盤は歴史的に変化する。実存主義は過去のそれらを棄てようとした。しかし，過去の不合理な決まりごとを壊すだけでは無責任である。スクラップ&ビルドというが，壊せば新しいより合理的な決まりごとが必要である。新たな社会的協力には，新理念（正義原理を含む）とそれがインプライする新しい共通ルール（憲法・分野別法体系・度量衡・言語などを含む）とが不可欠である。合意形成によって選び出すしかない。なぜなら，決まりごとのない状態は，弱肉強食のジャングル状態／己をルールとみなす無法状態／人が人に対して狼たる「万人の万人に対する戦争状態」だからである。

私人としての立場なら，好き嫌いでものを言っても，品性を問われるだけで，何ら問題はない。しかし，その影響の甚大さに鑑みて，公人としての立場から，学問を仕事とする学者としての肩書きをもって好き嫌いでものを言うのは如何なものか。抵抗力や免疫のないナイーブな人たちは，すぐその猛烈な黴菌に感染して発病することになるからである。

4.8-2　真理相対主義の問題

すでに述べたとおり，私は一般に大切なものとか，重要なものとかを「価値」(values)といい，価値を自然的価値(真／真理／真実……)・社会的価値(正／正当／正義……)個人的価値（善／美／聖／利益／幸福……）に区別する。そして，これを「価値三元論」とよんでいるが，このうち，各人の自然財(natural goods），人生の計画（life plan），選好体系（preference）に由来し，究極的には，もともと個々人に固有な「自然財」に由来する各様な善美聖概念などの個人的価値は，人によってそれぞれ違っており，その意味において，個人的価値は各人に固有の自然財に対して相対的である．

しかし，民主社会における合意形成に基づく真理や正義の決まりごとさえも，相対主義を説く人びとがいる．これも戦前の全体主義・画一主義のパラダイム崩壊に伴って，戦後の民主主義への展開過程において現れた最初の考えかたである．それは，どういう考えかたかというと，こうである．すなわち，ピレネの此方でいう真理は，ピレネの彼方では虚偽とされるが，では，どちらが真かと訊ねてはならない．そういう考えは間違っている，と．このとき私たちは，いずれの考えも正しいものとし，互いに相手の判断を尊重し，寛容の精神をもって対処すべきである，と．

こうした「真理相対主義」（relativism of truth）の見解は，容認できるだろうか．たしかに真理の概念も学問の発達に伴って時代とともに変化する．たとえば，アインシュタインの「特殊相対性理論」の台頭（1905）によって，それまでは「われ仮説をつくらず」と豪語して未来永劫の真理とされてきたニュートン力学が修正されたように，昨日まで真とされてきたことが今日から真でないとされる宿命は，なにものも免れえない．

国境の内外は問題ではない．真／偽の問題に国境はない．科学的な真理は国境を越えて普遍的に適用され有効に活用される．個人であれ家庭であれ，企業であれ国であれ，もし真／偽の判断を誤って舵を取るなら命取りだ．今日では，言明「地球は丸い」はピレネの彼方でも此方でも真である．日本でもUSAでも，中国でもロシアでも，科学的な証拠に基づいて真である．これを否定する人も国もないだろう．

AとBを任意の個人／国とするとき，ある事実問題「pはqである」が真か偽かを巡ってABが対立している場合，ABどちらの主張も真である，とすることができようか．Aの主張が真ならBの主張は偽である．そしてAが偽ならBは真である．事実言明「pはqである」は，排中律にしたがって，真か真ではない．二値論理では，真か偽である．また，矛盾律にしたがって，けっして，真であって真でないということはない．白は白，黒は黒だ．白は

黒ではない。また，真は真，偽は偽だ。真は偽ではない。それでもなお，双方の主張を尊重すべしとは，認識秩序の崩壊を意味する。

個人の場合には，赤い毒蛇を赤いヒモと間違って摑めば，自然はその報いとして死の罰を下すように，国の場合には，ABのいずれかに知的進化を止めるとか，技術革新に遅れるとか，競争に負けるとか，自然の裁きによる当然の報いとして，それ相等の自然の罰が下るのみである。意図的か，作為的か，謀略的か，単なる判断ミスかを問わず，何れかが間違っていることになる。その意味において，「真理相対主義」(relativism of truth) は容認できない。この考えはジャングル状態への回帰を意味する。かの戦後の反省から生まれた真理相対主義が皮肉にも戦争回避への途ではなく，戦争誘発への途であるとは，はたして論理学者以外のだれが予想できることであろう。

4.8-3 正義相対主義の問題

次に「正義相対主義」(relativism of justice)も，「真理相対主義」(relativism of truth) と同じように「価値相対主義」(relativism of values) の一部であるから，真理の場合と類似の難点を秘めている。私のいう「正義」(justice) は，王の声でも神の声でもない。古代中世の時代なら，「神の声」を代弁する「王の声」を正義とみなし，リヴァイアサンなど絶対的権威の支配の下に社会的協力を成立させ維持してきたが，神の存在や王の存在を否定しても成り立つ近代民主主義社会にあっては，「正義」を依然として，そうみなす人はいないだろうし，そうみなすべき理由もない。しかし，それにしても，社会的協力における「正義」という概念の論理的な不可欠性は，昔も今も未来も変わりはないであろう。

なぜ，そうなのか。生まれながらにして自然がすべての人に等しく与えた「獲物を捕るための競争心」と「己の安全を守るための不信感」と「己の力を誇示するための自負心」という人間の暴力的本性を抑え，社会契約論者ホッブズのいう「リヴァイアサン」の正義をもって監視しないと，人が人に対して狼の戦争状態に陥り，万人の万人に対する闘争状態を避け得ないからなのであろうか。そうではない。

たしかに自然は，すべての生きものに対して生き抜くための才能や能力や

4.8 批判に対する反論

個性や適性など自然財（natural goods）を等しく与えた。人間も例外ではない。自然は，外的な環境が厳しくなり，生き難くなるにつれて，闘争心をあおり，不信感を高め，自負心を募らせ，かの温和なマウスや人でさえ，爪をとぎ，牙をむき，荒々しい猛獣と化し，悪徳に充ちて奪い合い殺し合いの闘争状態になるが，逆に，外的環境が豊かなら，百獣の王ライオンでさえ，温和となり，かの狼でさえ，人の子に乳を与え，互いに労り合い，慈しみ合い，助け合うという平和がもたらす諸美徳を発揮する。

こうした自然の法則に基づき，人間の理性は，奪い合う悪徳の防止と助け合う美徳の発揮のためにはどうすべきかを質し，その解を合理的な「社会的協力」（social cooperation）に求めた。言い換えれば，合意形成に基づいて，相互不信に充ちた相互敵対の闘争状態から脱却し，互恵的協力によって平和状態を確立する途を求めた。

では，人間が悪徳を抑え，平和状態へと移るには，いかなる社会的協力の形態をとるのが有効か，裏返せば，人間が美徳を発揮し永続的な平和状態を維持するには，どのような社会的協力の形態をとるべきか。こうして社会を造るに当たり，まず第一に，合意形成が必要とされるのは，①いかなる協力形態をとるべきか，②いかなる協力形態が正しいかである。①は社会的協力の「理念」の一般概念を示し，また②は，理念における基本的な正邪判断基準を「正義原理」として定式化したものである。

すべての社会的協力への移行に際しては，まず「いかなる協力形態をとるべきか」を決める「理念の一般概念」と「いかなる協力形態が正しいか」を決める「基本的な正義原理」および，憲法を公理とし，刑法・民法・商法などを定理とする諸法規や人びとのコミュニケーションや人びとの協力に不可欠な共通の言語や時計や度量衡などの「共通ルール」を定めておかなければならない。

羅針盤のない船だとか，羅針盤の壊れた舟は，どう舵を取ればいいか判断のしようがないように，社会的協力の理念と，それが核として含む正義概念のない社会的協力などはありえない。なぜなら，正義概念がなければ，いかなる協力形態をとるべきか，いかなる協力形態が正しいかもわからず，どのような協力の仕組みを採用すべきか，国民にも政治家にも判断を下しようが

ないからである。

　そういうことで，これから社会的協力に従事しようとしても，まず，共通の理念において共通の正義概念が明確に示されていない場合には，正しい協力形態，協力の仕組みとは何であるかがわからず，自ずと再び，ジャングル状態に戻らざるをえない。

　しかし，それでもなお，正義相対主義を説く人がいる。宮沢俊義は『憲法講話』岩波書店，新書627，1967，pp.225-238収録の講演録「神々の共存」において，戦後の正義相対主義の考えを擁護し，次のように述べている。これは日本の「正義相対主義」を代表する主張である。参考までにその要点を紹介しておきたい。

　　すべての国の政治には，それぞれ根本的な狙いがある。それを正義と呼ぶことにして，いったい政治における正義とは何か。原始人にとっては，その属する部族の正義が人間社会のただひとつの正義だったようです。……神がしゃべったり書いたりするのを聞いたり見たりしたという人もありますが，……普通人の経験の外にあることです。……政治的支配者の意志が神の意志であり，……政治における正義だったわけです。いわば「王の声が神の声」だったのです。……正義の実現が政治のねらいである以上，明らかな不正に対しては，あらゆる手段によって－必要があれば，腕ずくでも－たたかうことこそ，正義にかなうはずです。明らかに不正とわかっているものを見のがしたり，容認したりすることは，そうした不正を助けることに他ならず，それがまさしく不正だったわけです。

　　複数の正義　人間は，しかし，「王の声が神の声」という原則に対して，だんだん疑いをもつようになります。一方で，かれは，しばしば，その政治的支配者が神の声として示すものとはちがったものを正義と考える自分を見出すようになります。他方で，自分の部族の正義とはちがった正義を示す神が存在することを知るようになります。人間にこういう疑いをもたせるのは，人間の本質に内在する合理精神です。

　　合理精神は，政治的支配者の示す正義が，かれ自身の考える正義にくらべて，より確実に神の言葉を伝えているという保障はどこにもないということを人間に教えます。……合理精神は，さらに，かれの考える正義は，かれの隣人の考える正義と同じではないこと，いやむしろ，正義の内容は，人によって，ちがい，神の言葉も，神によって，または，その代人によってちがうのが通例であることを教えます。……時と所によって，いろいろなちがった正義が存する

ことを人間に教えます。
　歴史は同じ人間の社会でも，むかしと今とでは，ちがう神が支配し，したがって，ちがう内容の正義が存することを教えてくれました。民主主義や自由主義は「国体」に反するから，それを否定するよう教育しろと全国の教員に指示した文部省が，それから10年とたたないうちに，教育は民主主義・自由主義にもとづかなくてはいけない，と支持したことも，むろんわたしたちは，よく知っています。
　地理は「所変われば品変わる」という諺が神についても，あてはまることを教えてくれました。……原爆第一号をのせたアメリカの飛行機がヒロシマにむかって基地を飛び立つとき，従軍牧師は，その飛行士がよくその使命をはたして，……首尾よく何十万という人間を殺して無事に帰ってくるよう神の加護を祈ったそうです。……まさに「ピレネのあちらの正義は，ピレネのこちらの不正」という次第です。……人間は大まかにいって，次の二つの道のどちらかをとることを余儀なくされると思います。
　うちてしやまん　第一の道は，自分の神をどこまでも主張する道です。自分の正義を絶対的に勝たせようとする道です。……この道に立てば，何が正義であり，何が不正であるかが確実にわかっているわけですから，……日本の天皇の「みつい」に「まつろわぬ」者どもは，確実に不正を犯しているはずですから，たとえ武力によってでも，これを「まつろわせる」ことが，正義にかなうことになります。ですから，この道をすすんだ当時の日本の為政者は，それにさからう者を，国のうちであると外であるとを問わず，警察力や軍事力によって，徹底的におさえつけようとしました。
　この道は，必然に，イントレランス（不寛容）の道になります。異端邪説に対しては，少しも容赦しません。中世ヨーロッパの宗教裁判のとった道は，これでした。神と悪魔とは，本質上，両立しません。そこで，神の忠実なしもべたちは，悪魔と判定された不信のともらを，神の名において，きわめて平静な良心をもって，火あぶりにしたのです。近くは，アウシュヴィッツの道も，これでしょう。ナチの指導者たちは，ユダヤ人を悪魔にちがいないと確信していましたから，平然と，いや，冷然と，かれらを最終的に「処理」しようとしたのでしょう。
　……このあいだの戦争のおわりに，「一億玉砕」を唱えた人がありました。日本人がみんな死ぬまで降参するな，というのです。……日本人が全部死んでしまうのですから，富士山や利根川は残るでしょうが，日本国民は，跡形もなくなってしまうのです。……正義のためのたたかいに敗れ，敵の不正が支配する

世に何としておめおめ生きていかれましょうか。カントは「正義の行われない社会は, 生きるに値しない」といいました。……「一億玉砕」こそ, カントの教える道だったのかもしれません。ただ, その場合, いさましくも「玉砕」する「一億」の中には, 玉砕論者とはちがった考えをもつ者がたくさんあり, それらの者も, いやおうなしに「玉砕」させられてしまうのだ, ということだけはぜひ忘れないようにする必要があるとおもいます。

　共存の道　第二の道は, これとはちがって, 自分の神や自分の正義のほかに, それとはちがったさまざなな神や正義の存在を承認する道です。それは, 決して, 自分の神を捨て, 自分の正義の旗をおろしてしまう道ではありません。自分の神や, 自分の正義はどこまでも守りつづけるのですが, だからといって, それとちがった神や正義をただちに異端邪説とも不正ともきめつけてしまわず, それらがかれの神や正義とならんで存在することを承認し, 容認します。すなわち, 多くの神々の共存, したがって, さまざまの正義の共存をみとめようというのです。……この道は, ですから, トレランス（寛容）の道です。自分の気に食わない神々がこの世に存在することを容認する道です。ほかの言葉でいえば, 気に食わない意見や主張の持主たちといっしょにこの世に住むことをがまんする道です。……この道は「平和共存」の道だといってもいいかと思います。

　憲法の道　……明治憲法は, たぶんに, 第一の道に傾いていたようです。……これに対して, 戦後の憲法のとる道が第二の道であることは, きわめて明瞭です。……戦後の憲法の行き方は, 日本国内において, あらゆる神々の共存をみとめようという行き方です。……戦後の憲法のとったこの道は, 平和の道といってもいいと思います。それは, 反対の神々の存在を排除せずに, それらと共存しようとするからです。……

　いつか来た道？　……こういう憲法の道に対して, この頃, いろいろな反対の意見や, 動きがあります。すなわち, 神々の共存を否定し, 特定の神に対して, 独占的地位をみとめようというのです。さきにのべました第二の道をすてて, また, 第一の道に戻ろうというのです。

　今から30余年のむかし, わたしは民主制を論じた文章のおわりに「信ずる者は, 幸いなるかな。しかし, 信ぜざる者または異端を信ずる者は不幸なるかな」と書いたことがあります。第一の道, すなわち神々の共存を否定する道は, この言葉のとおりです。……一方で, 異端者や不信者の血に飢えた勝ち誇る神。そして, 他方で, いつの日にか, しかえしをと心に誓いながらじっと迫害を堪える負けた神。これが神々の共存を否定する社会の姿です。憲法のすすむ道に

は，いろいろな枝道があります。うっかり迷いこみ，「この道はいつか来た道」と後悔するようなことにならないように気をつけたいものです。（憲法記念講演会，1962，5/3）

以上，宮沢俊義氏は「正義相対主義」の立場をとる。主な理由はこうである。

① すべての国の政治にはそれぞれ根本的な狙いがあり，これを正義という。これに反するものは，すべて不正とされた。

② 正義を決めるのは，政治的支配者であり，王の声が神の声とされた。

③ 人間の合理精神は，いろいろな複数の神がいて複数の正義があることを知った。歴史は，同じ人間の社会でも昔と今では違う神が支配し，違う正義が存することを教えてくれた。また地理は，所変われば品変わるという諺が神にも正義にも当てはまることを教えてくれた。

④ 人間は次の二つの道のどれを選ぶかという二者択一に迫られた。第一の道は，あくまでも，己の神を主張するウチテシヤマン・一億玉砕の道，不寛容の道である。第二の道は，複数の神や正義の共存を認める道，寛容の道である。

⑤ 明治憲法は，多分に第一の道に傾き，天皇の声は神の声，政府（ときには，軍部）の声は天皇の声（これが正義だ）という原則に基づいていた。戦後の日本国憲法は，人間主義に基づき，人類の乗合船で共存しようとする第二の道，神々が共存する道を選び，すべての人に最大限の幸福と人間らしい生存を保障することを政治の目標とした。

⑥ 反対する神々を排除せず，いかなる神とも共存しようとする第二の道が平和の道である。それは，心からの純然たる愛に基づく共存でも本当の平和でもない功利的な計算に基づく休戦だという批判もあろうが，過去においても真の平和は存在しなかったし，近い将来にも真の平和の実現は期待できない。遠い未来に実現されるものにせよ，それまでの間でも神々の共存の道を進むことは真の平和の到来を妨げるどころか，早めることになる。

⑦ こういう憲法の道に対して，この頃，いろいろな反対意見や動きがある。神々の共存を否定し，特定の神に独占的地位を認め，第二の道をすてて，

再び第一の道に戻ろうとする意見や動きである。そうすると，社会はまた，神と神との戦場になろう。勝利を誇る神といつか報復を心に誓ってじっと迫害に堪える負けた神，これが神々の共存を否定する社会の姿である。この道はいつか来た道と後悔するようなことがあってはならない。

私は宮沢氏の趣旨と結論には賛同するし，第一の道には反対である。これが人類絶滅への道であることは，核兵器，生物化学兵器，長距離ミサイルなど，大量殺戮兵器の開発と拡散の現状から容易に想像がつく。この道を歩むなら，いずれかならずや，この地球は，かつて大地を支配した恐竜が滅びたように，人間の絶えた惑星になるか，それとも，この地球が宇宙の塵と化すか，いずれかの運命をたどるに違いないからである。

しかし問題は，論理的にみて，第二の道が可能かという点である。他人の土地や財産や命を奪う行為を是とするＡと，それを非とするＢとの社会的協力がはたして成立しえようかということである。忍耐にも限度というものがあろう。

私は，生きるために戦う道でも，負け犬として我慢する道でもなく，合意形成によって，共通の理念と共通ルールを選び，ともに社会的協力に入っていく第三の道を歩みたい。これはジャングル状態から抜け出し，生きるために戦うから，生きるために協力する道である。各人各法のジャングル状態では，本性的に貧しく不潔で短命を余儀なくされ，殺し合いや奪い合いの戦争状態に陥ること必然である。野獣の勝ち負けの世界ではなく，人間らしい合意形成に基づき共通の理念と共通ルールを導入し，その共通の理念と共通ルールの下で社会的協力によって共存共栄をはかる第三の道こそ合理的と考えるからである。

社会／国が一つなら問題はないが，それが複数あり，しかも理念とルールを異にする各国各法の状態では，事情は各人各法の場合どころか，もっと激しい戦争状態になることは容易に想像されよう。

古代ギリシアの哲学者アリストテレスが，往時，いざこざの絶えなかった各国各法の状態にあった都市国家（ポリス）から，世界共通の理念とルールに基づく世界国家（コスモポリス）への移行を訴えたのは，平和共存の論理的な基礎としてそれしか考えられないからであった。その教えを現実に実践した

のは，アリストテレスが家庭教師として帝王学を教えてきたかの幼い頃のアレキサンドロス大王であった。

恩師アリストテレスから「コスモポリス論」を学んだアレキサンドロスは，王座に就いた後「パックス・ヘレナ」を目指してエジプト，ペルシャから東方アフガン，インドに至るまで版図を広げ，アレキサンドリアのムセイオンを手始めに，各地に図書館や大学などの文化施設を建立してギリシア文化の世界的な普及に努めたが，その目的はたとえ共通の理念，共通ルール，共通秩序をもつ「世界国家」を樹立するためとされたとはいえ，その手段は武力行使，つまり，戦争によってであった。

また，ヘレニズム期（アレキサンドロスの死（前323）からローマの東方征服まで（前30）をいう）ストア派の開祖ゼノン（前336/5-264/3）が，「自然」＝「ロゴス」（世界を限なく支配する一切の原理・自然法則・倫理法則）＋「人間理性」，神法→自然法→万人平等といった図式に基づき，ロゴスはすべての人に等しく付与されているから，人間としての権利も，すべての人に平等であるべきとし，社会的に何が正しいか，何が正義に適うかを定める基準も，国家単位のものではなく，万国共通のものとし，また人間は，それぞれ違った正邪の基準をもつ別の都市国家に分かれて生きるのではなく，「あたかも共同の牧場に草食む羊のように，共通の法の下に，単一の秩序を形成して単一の生活をすべきである」[13]としたのも，「神法」(lex devina) からくる共通の「自然法」(lex naturalis) の下においてのみ，人びとの平和共存は実現可能となるという条理からであった。

各国各法の都市国家から，単一・共通の神法→自然法に基づく「世界国家」への歴史的な趨勢は，ストア派のキケロ（前106-43）によって強化された。彼はいう。「われわれは正義のために生まれてきた。正邪・善悪の区別が自然にではなく，人びとの意見に基づくとするのはクレージーである」[14]。あくまでも「正義の端緒は自然の内にある」[15]。自然法を知らない者は正義を認識しえず，ゆえに，正義の意味を理解することができない。「自然法」こそは，正義

---

13) ゼノン（前336/5-264/3）「アルニム」『断片』vol.3, 78, 27を参照されたい。
14) Cicero (前106-43), *De Legibus*, I, 10, 16, 42を参照のこと。
15) Cicero, *De Invention*, II, 53, 160を参照されたい。

の究極の基準であり，各国の「人定法」(lex humana) が正しい／正義に適うのは，それが自然法に合致しているとき，そのときに限る，と。こうしてキケロの「法」(lex) は，正しい「理性」が命令や禁令となったものであり，法の背景には，どの国も免れ得ない普遍的な共通の正義の基礎があるということになる。

ローマの騎士だの……奴隷だの，いったい何たること。こうした差別は，野望と不正義から導かれた名称にすぎない，というセネカの主張[16]も，我らはみな兄弟だ。同じしかたで神を父にもつ，というエピクテトスの主張[17]も，神のもと，自然法のもとでの万人平等という点で，ストア派に共通している特徴である。

これらストア派の思想は，ローマの法学者：ガイウス，ウルピアヌス，マルキアヌスらに継承され，異民族や奴隷や婦人子供に対して平等な権利を認めた。また，ハドリアヌスは主人による奴隷の殺害を禁じ，アントニウス・ピウスは奴隷が神々の祭壇に逃げる権利を与え，マルクス・アウレリウスは剣闘士の見世物を禁じた。奴隷の人権については3世紀に入ると，奴隷にも遺言により財産1/2を自由に処分する権利が与えられ，4世紀になると，奴隷にも主人を告訴する権利が認められた。いずれもストア派の神法→自然法のもとでの万人平等と，各国各法の「都市国家」から共通の法の支配に服する「世界国家」へと移行するための政策であった。

アリストテレスを源流とする平和共存のための「都市国家から世界国家への移行」という目標／理念／羅針盤は，まず，アレキサンドロスの政治的な「パックス・ヘレナ」の政策によって，次いで，ストア派の単一の神法→世界共通の自然法→万人平等の政策によって採用され，試された。しかし前者は，神を異にする古代ローマ帝国の台頭によって頓挫し，また後者は，西欧各地のキリスト教徒がイスラム教徒から聖都エルサレムを奪い返すべく11世紀末 (1096) 〜13世紀後半，7回にわたって遠征，3回 (1189-92) 以降は，神の名の下に正当化され，祝福された「十字軍」の収奪行為や残忍な異端排除の政

---

16) Seneca, 後4-65, *De vita beata*, 2, 5, 20 を参照。
17) Epiktetos, 55?-135,『語録』vol.1, 13を参照のこと。

4.8 批判に対する反論

策に象徴されるように，第一の道を進み，神がかりの暗示によって閉鎖的・排他的な手段を辞さないその偏狭さゆえに暗黒の中世と化し，人間の理性ではなく，神の力を借りたがゆえに，キリスト教徒による「地上の楽園」への夢は，失敗に終わった。

それにしても第二の道は，論理的には，著者（宮沢）が説くように休戦の道であって，システムとしてはジャングル状態のまま留まっている。それゆえ，いつまた，より一層激しい闘いが始まるかわかったものではない。こういうわけで，この道は，結局，問題解決にはなっていない。いつ勃発するかもわからない戦争の可能性を残して平和共存を装った戦争状態のカモフラージュに他ならない。

では，他に道はあるのか。論理的にみて，私は，各国各法の状態では，いかに第二の道を推奨しようとも，とうてい戦争は回避できず，世界的なジャングル状態に陥ること必至であると考える。しかし，第一の道は，まさしく戦争への道である。

そこで，私は，合意形成に基づく第三の道を求める。アリストテレスやストア派ゼノンの都市国家から世界国家への移行を「合意形成」によって達成する道，言い換えると，各国各様の理念と個別ルールから脱却し，世界的な合意形成に基づき，社会的協力の理念と共通ルールを共有する「世界国家への道」である。

しかし問題は，その手段であり，そのプロセスである。

アリストテレスは，哲学・帝王学によってアレキサンドロスに世界国家の夢の実現を託したが，彼はその目的の政治的達成に「対話と合意」ではなく軍事行動に訴えて失敗した。また，ヘレニズム期ストア派は夢を宗教に託したが，それは第一の道をとる一神教キリスト教であった。イエスは前4年頃生まれ後30年頃刑死した。西暦529年，ユスティニアス一世はプラトンの学園「アカデメイア」を閉鎖した。異端審問，魔女狩り，宗教裁判など絶対的権威の下での理性と良心の麻痺ゆえの失敗であった。

いかに目的が正しくても，手段が誤っていれば，必ずや失敗する。理念とルールとを共有する世界国家の建設とか確実な平和共存の実現といったいかに崇高な目的であれ，その手段を誤ってはもともこもない。平和共存のため

の宗教的・思想的な画一化も，心理的な圧迫も政治的な強制も，必ずや失敗する。すべての政策は，威嚇と武力の支配ではなく，理性と良心に訴え，対話と合意に基づき，十分な審議を尽くした上での自発的な合意形成によるものでなければならない。

　各人各善，各人各美，各人各聖からくる対立・抗争の戦争状態は，上位の価値たる共通の理念（正義原理を骨格とする）と共通ルール（憲法を公理とする法体系）とを導入する自発的合意形成に基づく合理的な社会的協力によって，言い換えれば，両立不能な善美聖の奪い合いの戦いは，上位の正義概念による権利と義務の規制によって，また各国各法からくるグローバルなジャングル状態，つまり，土地・財産・生命などを奪い合ういっそう熾烈な戦争状態は，自発的な合意形成に基づき，各国が共通の理念と共通ルールとの下での社会的協力へと移行することによって解消される。

　これが平和共存へ導く最も確実な第三の道であることは，論理的に真なる普遍的な結論である。経済的利益や功利性の損得計算に訴える第二の道は，かつて太平洋戦争中の日本がそうだったように，きわめて不安定である。憎悪の念や報復心や復讐心にかられて理性や良心がバランスを欠き，平静さを失って決死の闘いに挑みはじめると，生存を前提とした損得計算は無効と化す。こうして，宮沢氏の第二の道は，根底から崩れてくる。

　したがって，私たちは究極的な目標を第三の道とし，そこへ至るまでのプロセスを第二の道に求め，人間の理性と良心とに訴える十分な審議を尽くすべきである。これに失敗すると，すでに絶滅した恐竜と同じように，人間また「自然の法廷」における死の罰の宣告を覚悟しなければならない。すでに時遅しとならぬよう，甘い期待をもって第二の道に安住してはならず，また，どんな理由があろうとも第一の道に逆戻りしてはならない。それは，人類の歴史の終わりを意味するからである。

　今後は，いかなる戦争であれ，たとえ聖戦とされるものであれ，戦争から得られる利益はまったくなく，勝ちも負けもない。それは，憎悪の連鎖と報復の連鎖とをうみだし，この地上をまるで地獄絵図にみる光景のように，双方ばかりか，人類のすべてを究極の破滅へと追い込むことになるであろう。

　私たち人類の生きる道は，第三の道しかない。果たして第三の道に到達す

ることが人間にできるか否か，これが最大の問題であるが，それは究極的には，人間の理性と良心の力量にかかっている。

　以上の理由により，平和共存のための「正義相対主義」は，論理的自己矛盾によって自ら平和共存を否定する結果となる。それゆえ，私は論理的な視点から，この学説を論理的に不可能なものとして否定し，第三の道を選ぶべきと考える。第二の道は，そこへ至るための現実的・暫定的・休戦的な妥協策とみなしたい。

　最後に宮沢氏は，日本国憲法の道に対する反対意見や動きに対して苦言を呈するが，私は第二の道ゆえにではなく，最終的な第三の道への一里塚ゆえに，この憲法を高く評価しており，過去の「第一の道」を懐古し郷愁に浸る後ろ向きの意見や動きに対しては，厳しく苦言を呈したい。知らぬ間に，間違った羅針盤に基づく舵取りによって「この道はいつか来た道」だということに気付き，慌てふためいて，すべての国民が後悔してみても，時期すでに遅しであろう。

　福沢諭吉は洞察していた。「頼む所はただ硝鉄のみとて，海陸の軍備に全力を注ぎ，………このままにして年々歳々ただ進むの一方ならんには，遂には人間世界の衣食住を挙げて喧嘩争闘の資に供し，世々子孫喧嘩のために生まれ，喧嘩のために働き，喧嘩のために死すこととなり，人の智愚，機会の精粗こそ異なれ，同類相殺し，相食むの事実は，あたかも往古の蛮族に等しき奇観を呈するに至るべし」[18]と。官僚専制の強化に伴い最終的な責任の所在はうやむや，権力の最終担保も「人の理性」（ultima ratio populi）から軍事力へ移ってきた。そうなると，もうブレーキがきかない。舵取りの責任を誰が負うのか知らないまま，行くところまで行き，最後には「一億玉砕に」とは無責任の極みであろう。

　当時すでに福沢は，西欧における「社会契約論」の刊行とその意義に鑑み，すでに西欧は「人民の人民による人民のための社会的協力」（人民主権の民主主義）へとパラダイム・シフトしはじめていることを知っていた。しかし日本は，長い鎖国によって海外情報を閉鎖してきたから，歴史の流れにうとく，世界

---

[18]　福沢諭吉『福翁百話』角川書店，pp.212f を参照されたい。

の動きに鈍感な「池の蛙大海を知らず」の国民性を育て，旧体制の羅針盤に頼って国の舵を取るその愚かさ，傲慢さゆえに，無責任にも世界と戦って廃墟・亡国の顛末を迎えたのである。

　船であれ飛行機であれ，企業であれ国であれ，最も大切なのは，舵取りに重責を負うべき責任者の責任の自覚，とくに，誰に対する責任かの自覚と羅針盤の自覚である。西欧には古来，「ノブレス・オブリージ」(noblesse oblige) という伝統がある。日本には，これがない。舵取りに負うべき責任の所在が明確でなく，地位と責任の関係がうやむやで，上に立つ者ほど無責任ではないか。こういう無責任体制が組織を崩壊させるべくして崩壊させた。かの軍国日本は，滅ぶべくして滅んだ。

　まだ，旧態依然の羅針盤に基づく親方日の丸の弊風陋習から脱却しきれていない無責任な誤った舵取りが再び国を危めようとしている。バブル崩壊後，またバブルの再来を待ってか，毎年まいとし国債を乱発して，気付けば，もう国の借金800兆円，金利毎秒100万円にのぼる。その責任者は誰か。国民は舵取りを誤った責任を追及する権利と義務を有するが，そのつけは，国民に回ってくる。何という無責任さ，何という裏切り，と嘆くときにはもう遅い。国のリーダーたちによる誤った舵取りのつけは，彼らに重大な国の舵取り役を託した国民に回ってくる。それゆえ，究極の責任は，取り返しのつかぬ誤った舵取り人を選出した国民にある。

　「ノブレス・オブリージ」の美徳をJ. ロールズは「公務・公職にある者は，己を信頼して協力を惜しまず，己に政治を委ねている市民に対し重い責任を負っている」とし，とりわけ権威のある地位や職務にある者は，他の人たち以上により一層の重責を負っている」[19]と主張している。高貴な役職者ほどいっそう忠実に，正しい／正当な／正義に適った体制に対して厳しく自己を拘束すべき重責を負っているのである。言い換えると，舵取りに重責を伴う地位にあればあるほど，私利私欲の私心を排した公人の視点から現行憲法（羅針盤）により厳しく己を縛り付け，けっして己の幸福のためではなく，すべての人の幸福のために公正な舵取りをなすべき重い責任があることを忘れては

---

[19]　拙著『公正としての正義の研究』成文堂，1989，p.257を参照のこと。

ならない。なお，この点については『日本国憲法』も第99条において，こう述べている。

第99条［憲法尊重擁護の義務］天皇又は摂政及び国務大臣，国会議員，裁判官その他の公務員は，この憲法を尊重し擁護する義務を負ふ。

すべての人は，合意形成に基づき，社会的協力の理念と共通ルールに従うべき義務を負う。しかるに，「憲法」(constitution) は，舵取りの羅針盤である国の「理念」(正義概念を含む)に基づく共通ルール内の法体系の公理である。ゆえに，すべての国民は，憲法に従う義務を負う。とりわけ，国民から舵取りの任務を付託され，国の羅針盤に厳密に従った舵取りに重責を負う天皇／摂政／国務大臣／国会議員／裁判官，その他の公務員は，他の一般国民以上に憲法を尊重し，憲法を擁護すべき重責を負っている。

現行の憲法を無視し，己の都合で勝手に別の理念（羅針盤）に従って国民から負託された国の舵取りをおこなう自由はない。それは国民の負託に反する行為，国民の期待を裏切る行為であり，許されない。すべての公務員は，己の私利追求・幸福追求が許される私人としての立場にはない。徹頭徹尾，すべての国民に対する奉仕者であって，サーヴァントである。たとえ，現行の憲法が己の思想に合わないからと改憲の準備を進めたり，その理由を現実に合っていない，押し付け憲法であるなど，それがあたかも国民のためであるかのように振舞って国民をミスリードし，どんな暴言も思想の自由だと，

憲法第19条［思想及び良心の自由］思想及び良心の自由は，これを侵してはならない。

に訴えて恣意的に己の憲法第99条違反を正当化しようとする試みは，公人たる公務員には断じて許されない逸脱の極みである。憲法は国の理念・国の正義概念を示す最高ルールであり，現実を理想へと導く羅針盤である。現実に合わないから改憲というほど軽いものか。そうではない。押し付けであれ何であれ，正しいものは正しい。

しかし，旧体制の下で抑圧され，政府に泣かされ，長期にわたって自由・民権・平和を希求してきた一般国民，とくに高い知性へと知的成熟をとげたリベラルな人びとにとっては，戦後の民主主義・国際協調主義・平和主義へのパラダイム・シフトは，希望に満ちた「新日本誕生の日」であった。旧体制は古い理念ゆえに崩壊した。現憲法は間違った憲法だというのなら，元学習院大学教授・枢密院議長だった清水澄のように，なぜ，あのとき命がけで抵抗しなかったか。

権力を握ると人は豹変し，あたかも天まで支配できるかのように錯覚し，思い上がるという癖がある。無能な役職者ほどそうである。しかし忘れてはならない。公務員はすべて国民から国の舵取りとそれに必要な権限とを負託された国民のサーヴァントに他ならない。どう間違っても，憲法第99条に抵触してはならない。

宮沢氏も前述のとおり，第二の道をとる日本国憲法に対してこの頃いろいろな反対意見や動きがあるとし，第二の道を放棄し，再び，第一の道に戻ろうとする意見や動きあるのを嘆き，「この道はいつか来た道」と後悔するようなことがあってはならないと憂慮しているように，また，敗戦後，連合国最高司令官 D. マッカーサーが焼け野原の日本に進駐して早々「塹壕で守備を固めた官僚主義」(entrenched bureaucracy) に警戒するよう注意を促したように，彼らの懸念は的中したか。思うに，改憲の動きは，明らかに，一種のクーデターである。すべての国民は，現実に目覚め，政府の舵取りが現行の憲法から逸脱した舵取りになっていないか，注意を怠ってはならない。というのは，国民の自由や権利は，

> 憲法第12条［自由・権利の保持の責任とその濫用の禁止］この憲法が国民に保障する自由及び権利は，国民の不断の努力によって，これを保持しなければならない。又，国民は，これを濫用してはならないのであって，つねに公共の福祉のためにこれを利用する責任を負ふ。

において規定されているとおり，けっして他から与えられるものではなく，

「国民の不断の努力によって保持すべき」ものだからである。人びとが周囲の騒音で眼を覚まし，まさかと思うが，ただ事ならぬ緊張したムードに気付いたとき，国民にはもう，己の幸福追求の自由も，その自由を享受する権利もない状態になっているかもしれない。後悔しても後の祭りである。油断大敵という。自由も権利も，政府の舵取りに対する国民の不断の監視と努力によってのみ維持されるのである。

　時代は変わったという楽観は禁物である。戦前の軍部クーデター後，政府は国民の自由と権利とを奪った。残念ながら，まだ，日本の民主主義は成熟していないし，戦後の清算もできていない。それなのに，なぜ，いま，グローバルな協力の時代に合致した模範的な現行憲法をいじるのか。日本が犯した過去の罪状と罰を忘れた国はない。理性的な国ほど武力による国際貢献を日本に望む国はない。

　連合国最高司令官マッカーサーは，アメリカ合衆国の上院議会で「日本人は12歳だ」と評した。民主化と非軍事化を急務としたゆえんだが，今なお国際社会が日本に対して抱くイメージは，勤勉だが個が未確立な組織依存型，一般に知的レベルは低く政権交代を好まず，批判精神に欠け民主主義も未熟，朝鮮戦争以来，リベラル派と官僚派に理念が割れて国会は乱闘騒ぎ，多数決は数の暴力に堕落し，隠蔽体質の退廃した衆愚政治を民主主義と勘違いした12歳の子供，これである。まだ，国際社会は日本人を大人とみていない。ふとしたことから何をしでかすやら，武器を与えるのはあまりにも危険な低俗で粗野で野蛮で国益（私益？）のためなら黒を白という昔ながらの官僚体質をもつ輩，などなど，疑惑と不信に充ちたイメージだ。抗弁や正当化はみっともない。過去の非人道的な過ちの全貌を深く反省すれば，今後，国際社会に対し日本の貢献はどうあるべきか，合意が形成される合理的な均衡解は，自ずと明らかになるだろう。それよりも前に，政府としてまず，為すべきことがある。憲法第13条は，政府の舵取りについて，こう諭している。

憲法第13条［個人の尊重・幸福追求権・公共の福祉］すべての国民は，個人として尊重される。生命，自由及び幸福追求に対する国民の権利については，公共の福祉に反しない限り，立法その他の国

政の上で，最大の尊重を必要とする。

　しかるに日本政府は，代替不能な自然財に根ざした個人的価値（選好・善概念）に属する服装やプロに委ねるべき教育にまで口を出し，現行憲法に忠実なリベラル派の反対を数の暴力でねじ伏せ自衛隊をイラクに派兵し，爪と牙を隠し再軍備にむけ改憲の準備を着々と整え，まだ記憶に新しい強奪・拉致・慰安婦・強制労働など己の残虐行為に頬かむりして相手の拉致だけを攻め，庶民が老後の生活を託す年金処理ミスの怒りを口ばかりの空疎な約束で懐柔し，公務員の浪費のつけを国民にまわし，庶民から血と汗の税金を騙し取って尻拭いをさせ，政府権限の強化のために中央集権へと舵を取り，ひいては，国民を上から支配しようとする魂胆が見え隠れする。

　それでいて恥ずかしくもないか，世界は冷笑し，そのわけは国民もお見通しだが，首相は閣僚の不祥事をかばい，不正直をすすめ，己と肌の合わない人や国を敵視し，多数の声を正しい声／公正な意見／正義に適う政策と誤解，少数の声・批判の声に耳を傾けず，権威あるべき国会を数の暴力の場と化し，審議未了にもかかわらず，多数決を乱用して強行採決とは，あきれてものが言えぬ。これは世論を分裂させる許されざる暴挙だ。それでも今の政府は，すべての国民を個人として等しく尊重し，生命・自由・幸福追求の権利を最大限に尊重していると恥かしげなく胸を張るつもりか。

　現在の日本には，互いに矛盾する二つの理念，二つの憲法，二つの羅針盤がある。これが多数決を「数の暴力」による「利益争奪戦」と化さしめている社会的分裂・対立の元凶である。こうした状況の下では，多数決は無効である。なぜなら，

多数決が有効であるのは，①共通の理念とルールに基づき，②公人としての立場から，③真実な不可欠の情報を前提に，④意見が出尽くすまで十分に審議を尽くすとき，そのときに限る。

からである。立法審議は利益争奪戦ではない。上記の条件①②③④を充たす

4.8 批判に対する反論

審議の過程でさまざまな意見が収束し，次第に正しい／公正な／正義に適う判断へ向かうための探求の方法である。審議未了での強行採決は，数の暴力による利益争奪戦に他ならぬ。

誤解・混淆は禁物である！　けっして「多数の善＝社会の正」ではない。なぜ，多数の善が正なのか。なぜ，多数派の幸福が正しいのか。善も幸福も共に私的・個人的な価値であるが，これに対して正／正当／正義は，公的・社会的な価値である。二つの価値はレベルが異なる。Xを任意の行為／意思……とするとき，Xは善い，Xは善くないなど，両立不能な「私的な善」を合意済の「社会的協力の理念と共通ルール」に基づき公的に規制するのが上位の「公的な正」ではなかったか。

社会的協力の理念（正義概念を含む）がバラバラな状態で，何が正しいかを論ずべき公人の立場からではなく，己や己の支持者にとって何が有利か(何が善いか)という視点から利益獲得をめざす一私人の立場から立法審議に加わり，法案の前提や根拠の吟味も審議未了のまま(審議を続けるとボロがでる？)，目的論的に，強行採決に移るとは言語道断。立法審議の過程において多数派の横暴が少数派の自尊心を傷つけ，忍耐の許容限度を越えるに至ると，少数派は，市民不服従・良心的拒否，最後には暴力に救いを求めるようになり，こうして多数派と少数派の間の利益争奪戦が「数の暴力」から「拳銃の暴力」へとシフトしていくことは，歴史が示してくれる教訓である。

歴史は変化し，世界は変わった。社会的協力のありかたも変わった。従来のナショナルな協力の時代から，グローバルな協力の時代へ！である。世界はグローバルな協力に必要な共通の理念と共通ルールを模索しつつある。こういう時期にあって，一国の中に矛盾する二つの理念が存在し，互いに対立し，いがみ合っているとは，何と悲しいこと。共通の理念なき状態は，共通の羅針盤なき状態である。どのように安全に，国の舵取りをしていくというのか。このままでは，日本は「いつか来た道」へ逆戻りとなる。再び，国民に犠牲を強い亡国の悲哀を嘗めさせるのであろうか。私たちは自問自答すべきであると思う。

60年前，明治憲法下の「誤った理念」ゆえに日本は亡びた。あの戦争に負けたからではない。日本にとって今最も大切なことは，なぜ，日本は亡びた

のか，いかに間違った理念ゆえにか，なぜ，隣人の自尊心と誇りを奪い取り，侵略戦争を聖戦と偽って美化したのか，なぜ，日本は民主主義へのパラダイム転換の歴史的な推移に無知だったか，なぜ，不当な侵略戦争を終わらせるに，国民が自らの手をもってではなく，連合軍の手をもってせざるを得なかったか，なぜ，日本人は旧帝国憲法の理念をすて，その仕組みゆえに自由民権が圧殺され，政府の暴走を抑止できなかったか。私たちはその理由を理解し，新たに平和主義・民主主義・国際協調主義の理念に則った再生日本の「新憲法」を(連合国の指導の下とはいえ)国民の合意に基づいて制定し，平和への決意を世界に誓ったかを深く反省すべきである。

人類普遍の正義に鑑みて審判を下す戦争責任の追及は，戦地に散った侵略戦争の犠牲者に対する生き残った国民の当然の義務である。たとえ間違った理念からくる旧体制の仕組みゆえに「国の暴走」に歯止めをかける術がなかったにせよ，すでに，世代が違っているにせよ，日本国民があの狂信的なファシズムの台頭を許し，軍閥独裁の暴走を容認してきた責任は免れえず，その不賢明と無気力には，深く反省すべき義務がある。

以上に鑑みて私たちは，現行憲法の真実の成立・制定過程とその科学的・哲学的な根拠をそうした歴史的な背景の下に正しく理解し，永遠の相の下で，もう一度，原点に戻って再生した日本の「崇高な理念」と対話と合意と平和とを尊び，不戦を誓う「現行憲法」の先導的使命に誇りをもち，グローバルな協力の時代に重要性を増す日本国憲法の「崇高な理念」を「共通の理念」とし，朝鮮戦争以来の不幸な「理念の分裂」と国会における「数の暴力」と「利益争奪戦」に終止符を打つべきである。

日本国民の真価は，この偉業が達成されうるか否かにかかっている。現行憲法と矛盾する「古い理念」を国の舵取りの羅針盤として国会を魑魅魍魎の伏魔殿と化し，国民の批判を抑えるために弾圧を加え，さらに敵を外につくって国民を戦場におくるという「この道はいつか来た道ではないか」と気付いたときにはもう遅い。国民の不賢明と無気力とが国を亡ぼす。「リベラル・アーツ」の学習をつうじて批判精神を研ぎ澄まし，本物の民主主義を成熟させることである。管理教育は覆轍の愚を冒す。安倍内閣の「美しい国」は，誰から見て美しい国か？（美的感覚は，私的・個人的価値に属しそれぞれ異なる

のだが。) 亡国へと導いた戦犯か？　憲法99条に背き憲法改定のクーデターを狙うファシストか？　それともヒットラー率いたナチス・ドイツの亡霊か？（ヒットラーは，ピカソやマチスなどの抽象画を退廃芸術と蔑んで嫌った。）許せないいつか来た道の匂いが漂う。

　世界は知っている。戦後の日本は，その理念において，まだ個々バラバラの状態にあって，大きく分けても，旧帝国憲法の理念と現行憲法の理念とが確執し対立し合っている，と。右翼街宣車がボリューム一杯で甲高く戦争を賛美する「軍歌」を流し回っている。なぜ，当局は，平和憲法を踏みにじる戦争煽動の暴力行為を放置するのか。公認の事実か。もし，そうなら，事は深刻である。どちらの理念が日本の真の理念だろうか。世界は決めかねている。これでは，信頼しようがない。

　日本が世界から信頼されるためには，①二つの理念の対立という現状を改め，国会決議に基づき，憲法の前文に示された「理念」へと公的に一元化し，②傲慢な世論操作の体質と陰険な隠蔽・正当化の体質を潔く改めて率直に過去のあやまちを認め，③その責任の真の所在と理由・経緯を白日の下に曝け出し，④謙虚に過去を反省し，⑤現行の「平和憲法の精神」に則って新たに世界の恒久平和をめざし，⑥過去の清算の一環として，グローバルな社会的協力に不可欠な「共通の理念（正義概念を含む）」と「共通ルール（憲法条約を含む）」の探求と究極的な「世界連合」の実現に向け学術的・政治的努力を重ね，⑦まず，アジアの一員として，少なくとも「ヨーロッパ連合」（EU）の構築に果たしたドイツと同じ使命を果たすべく，「アジア連合」への道に真摯なリーダーシップを取ることができるほど知的に成熟することである。

　こうして初めて世界は，日本が「平和の誓い」を守り，「威嚇と暴力」ではなく「対話と合意」によって合理的解決をめざす「平和国家」・「民主国家」に成長した国際社会の一員と認知され，世界から大人扱いされるであろう。これこそ，日本に課された責任と義務としての正しい「国際貢献」のあり方である。過去の反省と清算がうやむやな日本に対して軍事的な貢献を求める国はない。日本が目指すべきは，軍事貢献が必要ない世界の実現である。アメリカ合衆国民だって決してパール・ハーバーは忘れない。日本は何よりも国際社会における己の本務を自覚しなければならない。自国の歴史を知らな

い人は，同じ歴史を繰り返して生きるという罪を重ねよう．

4.9 合意形成の諸要件

　要は，当事者の双方が自ずと納得し，自ら満足を覚えるような公正な合意形成であるべきである．いかに形式的には合意形成を図ったにせよ，事前に何らかの圧力が加わっていたとか，心理的な強制や利益誘導があったとか，裏取引や駆け引き，さらには，脅迫や威嚇まであったなど，そのプロセスが不公正だったとすれば，合意形成の意味がない．あくまでも合意形成は公正であったことが合理的（完全合意）・客観的（再現可能）に立証されるものでなければならない．

　では，現実の政策問題その他，公正な合意形成を必要とする重要な問題や案件において，どうすれば，公正であることが合理的・客観的に立証されうるような合意形成に辿り着くことができるか．また，公正な合意形成を図る上で必要な要件は何か．以上の考察を前提として，合意形成の諸要件について検討を試みたい．

　　要件1：合意形成を図るには，それによって当事者すべてに以前より多くの幸福追求の自由が公正に保障されるという客観的な保証がなければならない．

　極度のノイローゼとか精神錯乱など，特殊な場合を除いて，だれ一人として自分の不幸や他人の不幸を望むものはいない．だれしも等しく幸福追求の最大の自由を望むものである．それによって幸福追求の自由が自分に対して公正に保障される保証がない場合には，その域外にある人は反対に回って合意を拒むという状況があらわれる．それゆえ，ある事案について合意を求めるには，それによって幸福追求の自由が公正に保障されることを当事者すべてに対して保証することである．

　　要件2：合意形成を図るには，それによって従来以上の利益が公正に保障

4.9 合意形成の諸要件

されるという客観的な保証がなければならない。

　自暴自棄に陥っているなど特殊な場合を除いて，だれしもより多くの利益を欲するものである。それゆえ，合意形成を図るには，それによって己にも以前より多くの利益が公正に保障されるという保証が必要であろう。だれかを犠牲にせざるを得ないような場合には，そのだれかは（不知のベールの下では）己かもしれず，よって合意は望めない。

　4人の兄弟が1個のケーキを分けて食べるとする。さて，どのように分割するか。公正な分配法は，ケーキを切った人は最後に残ったケーキを食べるやり方である。これにはだれ一人として反対するものはいないであろう。これを「手続き上の正義」という。

要件3：合意形成を図るには，交渉のプロセスにおいて，当事者すべての自尊心が等しく尊重され，けっして侵害されてはならないこと。

　もし，だれか自尊心を侵害されているものがいれば，事案それ自体に反対する理由はなくても反対派に回るであろう。人間は，理性的動物であるとともに，感性的動物でもある。

　人の自尊心の侵害は，上記要件1や2に由来する場合にも生ずるし，あるいは好き嫌いとか，彼を／彼女を奪ったとか，何か個人的な要因が絡んでいる場合もあろうが，いずれにせよ，こうした感情的な諸要因がときには合意形成を阻害する深刻な要因となる可能性がある。常に，等しく自尊心の侵害がないよう配慮し，けっして当事者に屈辱感を抱かせるようなことがあってはならない。

　自尊心の侵害は，交渉の案件それ自体ではなく，当事者の品性や人を馬鹿にした態度だとか，過去にひどい目にあった経験があるとか，権威をかさに傲慢で生意気な態度をとるとか，高圧的な見下ろす姿勢をとるとか，嫌悪感を催す鼻持ちならぬ相手だとかいろいろあろうが，いずれにせよ程度の差はあろうが，合意形成をはばむ阻害要因であり，少なくとも，攪乱要因となるに違いない。

要件4：合意形成を図るには，当事者が判断を下すに必要なすべての真なる情報を前提として共有すべきである。議長がいる場合には，生意気な態度や傲慢な態度は禁物である。

　すべての当事者は，自ら熟考し合理的な判断を下すに必要かつ十分な情報を共有すべきである。議長がいる場合は，議長は厳正中立を維持し，一堂に会した当事者の視点に立って案件について当事者が理解する上で必要かつ十分と思われる説明方法で誠意をもって主旨説明をなすべきであり，関係者からの質問に対しては懇切丁寧に応えるべきである。

　関係者は，始終，すべてのメンバーのためという認識が必要であり，一段高いところから関係者たちを馬鹿にした生意気な態度で臨んではならない。たとえ事案が何であれ，合意形成を図るには，何よりもまず，議長が当事者たちに対して反感や疑惑を与えることは，禁物である。当事者たちの個人的価値の概念も個人的諸条件も理解力も，それぞれ違っているし，それを深く理解すべきである。

要件5：合意形成を図るには，議長がいる場合，議長の私心は禁物である。

　もし，議長に私心があると，言葉の端々にそれが顔を出し，当事者たちは疑心暗鬼に陥ることになる。これが感覚的な拒否反応と感情的な反発をうみだし，合意形成を根底から阻害する要因となるおそれがある。それゆえ，合意形成を図るには，議長は厳正中立を維持し，何としても，私心は廃されるべきである。

　ここで強調したいのは，手段を選ばず，ただ，合意さえ成り立てばよいという考えは間違っているということ，そして，たとえ案件が何であれ，人びとの合意形成を図るためには，それなりの客観的で合理的な根拠，つまり，再現可能でかつ誰もが納得しうる科学的な根拠を前提とすべきである，ということである。

第5章　合意形成の方法
―― 原初状態における均衡解の探求 ――

> 5.1　社会的協力の仕組み：理念と共通ルール
> 5.2　「理念」にひそむ正義概念の卓越性と不可侵性
> 5.3　価値による価値の支配
> 5.4　思考実験の場：原初状態（original position）

　これまで「合意形成」の諸問題について検討を加えたが，本章では，現実社会において合意形成は可能か，もし可能なら，その方法論は何か，どのようにして完全合意の均衡解へと辿り着くか，などなど，目的に応じた「合意形成」の科学的な方法論とそれに基づく具体的な適用方法について論じたいと思う。

　自然状態を仮定し「合意形成」によって社会状態へ移行するという一種の思考実験的な考えかたは，英：ホッブズ（Thomas Hobbes, 1588-1679），英：ロック（John Locke, 1632-1704），仏：ルソー（Jean-Jacques Rousseau, 1712-1778），独：カント（Immanuel Kant, 1724-1804）など17世紀以来の伝統的な「社会契約論」に由来している。

　それ以前にも，ヘレニズム期に「快楽主義」（hedonism/Epicureanism）[1]を唱え，ロゴス主義を説くストア派から，「豚の哲学」と評されたエピクロス（Epikurosu, B. C. 342/1-171/0），中世末期に「スコラ哲学」の華を咲かせたスペインのスアレス（Francisco Suarez, 1548-1617）にも社会契約論の萌芽は見られるが，その流れを汲み，「合法性」の根拠を合意形成に求めたのは，ホッブズ著『リヴァイアサン』（T. Hobbes, *Leviathan*, 1651）以来の「自然状

---

1) 当時，快楽主義と社会契約を説くエピクロスの思想的対極は，世界にあまねく浸透する「ロゴス」の下での世界国家（kosmopolitina）を説いた「ストア学派」（開祖 Zēnōn，前336/5-264/3）であった。上の写真は，エピクロスの流れを汲むホッブズの『リヴァイアサン』表紙に描かれた架空の怪物リヴァイアサンである。

態」(人が人に対して狼〈homo homini lupus est〉の万人の万人に対する闘争状態〈bellum omnium contra omnes〉)を仮定した新たな「社会契約論」においてであった。

架空の怪物 Leviathan, 1651

　こうした社会契約論の発想を体系的・方法論的に精緻化し，学問研究における伝統的な演繹法(deduction)[2]，帰納法(induction)[3]，仮説演繹法(hypothetico-deductive method)[4]，アブダクション(abduction)[5]の他に「合意形成」をもって民主社会における合理性の根拠とし，「内省的均衡」(reflective equiliburium)へ収束する「均衡解」を発見するための契約論的方法(contractive method)[6]を開発して，従来の「科学方法論」の他に，新たに「発見法的な契約論」を付け加えたのは米：J. ロールズ(John Rawls, 1921-2002)[7]であった。

---

[2]　一定の公理から論理法則に従って公理が論理的に含意している諸定理を機械的に導き出す方法である。
[3]　具体的・特殊的な諸事象から，一般的・恒常的な法則へ辿り着く方法である。
[4]　仮説から論理的演繹によって結論を導き出して検証／反証を確かめ，仮説に必要な修正を繰り返す方法である。
[5]　パース(C. S. Perce, 1839-1914)の「アブダクション」(abduction)という概念をいう。米盛裕二著『アブダクション―仮説と発見の論理―』勁草書房2007。
[6]　ホッブズ，ロック以来の伝統的社会契約論をロールズが「発見法的契約論」として再構成したもの。
[7]　ロールズは，自ら開発したこの「契約論的方法」を用いて内省的均衡解に到達し，かの有名な「正義二原理」を導き出したのである。J. Rawls, *A Theory of Justice*, Harvard UP, 1971. 拙著『公正としての正義の研究』成文堂，1989, 拙著『ロールズ哲

John Rawls. 撮影1981, 12/7　　　　Emerson Hall, 2002, 9/11, 撮影 FUJIKAWA

　ロールスは独自の工夫をこらした「原初状態」において，①賢慮に富む慎重な判断と②契約上の諸条件と③仮説的な正義原理（仮の均衡解）との間を行きつ戻りつしながら必要な修正を施し，試行錯誤的に「内省的均衡状態」（reflective equilibrium）への収束プロセスをたどりつつ，遂に「満場一致の合意」（完全合意：strict agreement）を意味する「均衡解」を発見し，これを「公正としての正義原理」（justice as fairness）と命名した。

　そうしたロールズの「思考実験」（thought experiment）の方法（発見法的契約論）を論理的に整理・一般化し，これを私は今後のグローバルな協力（global cooperation）の仕組みの根幹をなす合理的な「理念」と「共通ルール」の探求に供したいと思う。

原初状態における正義原理の探求

現実状態	⇒	偶然的要因の捨象	⇒	原初状態	⇒	正義原理Jの暫定的定式化
⇧		———発見法的契約論における思考実験のサイクル———				⇩
正義原理Jから導かれた社会状態の論理的検証	⇐					正義原理Jからの論理的演繹

①賢慮に富む判断
②契約上の諸条件　→内省的均衡状態への収束　＝　均衡解
③仮説的正義原理

学の全体像』成文堂，1995を参照されたい。

5.1 社会的協力の仕組み:理念と共通ルール

すでに述べたように,「力(腕力,武力)の支配」から「法の支配」へ,「力の正義」から「協力の正義」へ移る場合,要は,社会的協力の仕組みをどうするかである。それを定めるのが「理念」と「共通ルール」である。それは歴史的に,王制,貴族制,封建制,民主性へと大きく変化し,社会的協力の形態も,命令-受諾,支配-服従の関係から,成員の個人一人ひとりが主権者として望ましい仕組みを選択する自発的な合意へと移行してきたが,いずれにせよ,社会的協力の仕組みの根幹は,理念と共通ルールである。

ロールズは,ロックやルソーの流れをくみ,近代市民社会の理念を自由・平等・博愛の調和に求めたが,たしかに理念(何が正しいか/何が正義に適うかを定める基準としての正義原理を含む)と共通ルール(憲法,各法,言語,度量衡)は,社会的協力にとって必須不可欠の要件である。理念と共通ルールのない社会的協力の状態は,まるで羅針盤のない船のようなものであり,どこへ行くのか,目的もわからない。方角がわからないのだから,どう舵取りをすべきかもわからない。

しかし,だからといって,理念と共通ルールとが整ってさえいれば,それでよしというわけではない。問題は,それがいかにして導入されたか,合理的な根拠に基づく全成員の自発的な合意によってか,それとも,往古蛮族のように神の意思にしたがった王の命令によってか,軍の命令によってかである。社会的協力の理念と共通ルールは,成員すべての合意形成によるものでなければならない。

個人の知的レベル・アップが社会の民主的発展を促し,社会の民主的発展が個人の知的レベル・アップを促すというように,個人の知的レベル・アップと社会の民主的発展とが好循環の状況を呈してくると,社会は急速に発展し,主権者としての自覚も社会的協力の仕組みの根幹をなす協力の「理念」と「共通ルール」に対する成員たちの合意形成の要求も高まってくる。しかもただの「合意形成」ではない。正しい/正義に適った理念と共通ルールに対する合意形成か,言い換えると,合理的な根拠に基づく納得のいく合意形

成か否かを問うようになる。

なぜなら，知的なレベル・アップに伴って，成員たちは「理念も共通ルールも何であれ単に合意形成ゆえに正しいのではなく，逆に，正しいがゆえに合意形成が図られる」という条理をわきまえてくるからである。要は，合意形成の根拠であり，それが合理的なら正しい／正義に適っているが，もし否なら，合意形成それ自体には，追認と祝福の意味しかないということ，そして，形式的な合意形成とか，強制された合意形成とか，利益誘導の合意形成には，何の意味もないことを理解するに至るのである。

社会的協力の仕組みに対する合意形成は，それが合理的根拠に基づく合意形成であるとき，そのときに限り，有効なのであり，また，そのときに限り，社会的協力の仕組みは正しい／正義に適っており，さらに，その仕組みの根幹をなしている理念も共通ルールも正しいか，または正義に適っている。

5.2 「理念」にひそむ正義概念の卓越性と不可侵性

論理学や数学や幾何学のように形式化された学問体系は，推論規則によって公理から定理を導き出すように，社会的協力の理念も協力の仕組み全体を特徴づけ，そこにひそむ正義概念が公的価値判断のすべてに最終的な責任を負い，選ばれた社会的協力の仕組みが正しいか否か／正義に適っているか否かについて最終的な決定をくだす「公理」の役割を果たしてくれる。

　　公理⇒…（推論規則）…⇒定理　　　理念（正義原理）⇒共通ルール

ロールズの考えでは，「正義問題」は，飢餓状態と楽園状態との中間に位置する「適度な欠乏状態」において生ずる由だが，思うに「何が正しいか」という問題は，そのような適度な欠乏状態に限らず，自然環境がどうであれ，協力形態がどうであれ，協力の仕組みがどうであれ，免れえない問題である。

なぜなら，社会的協力に移れば，成員一人ひとりの努力に対しどう報いるべきか（どう報いるのが正しいか），いかに分配すべきか（いかに分配するのが正しいか），権利と義務をどう定めるべきか（どう定めるのが正しいか），福祉と負担をどう制度化すべきか（どう制度化するのが正しいか），社会的協力に加われば，以前のジャングル状態よりも大きい利益が保障されるか，幸福追求上の

メリットは大きいか，などなど，何人も避けようがなく，免れようにも免れえない究極の正義問題に直面するからである。

　こうした問題は，各人の人生展望と深く関係し，各人の幸福追求や利益追求を制度的・構造的に支配する外的条件を整えることから，何人にとっても無関心ではいられない最初に解決しておくべき正義問題である。以上により，社会的協力があるところには，必ずや「正義問題」が存在するということがわかるであろう。

　そこで，社会的協力に付きまとう正義問題を合理的に解決し，利害の対立や権利係争を未然に防止するための「仕組み」をあらかじめ導入しておかなければならない。これが社会的協力の理念と共通ルールにひそむ合理的な根拠を有する正義概念である。言い換えると，各人に対する「公正な利益」の保障によって，各人に対して「自律的な行動」を期待することができる正義概念なのである。

　こうして，選ばれた正義概念が社会的協力の基本的な仕組みを決定し，社会状態全般を支配する。その意味において「社会状態」は，選ばれた「正義概念」を変数とする関数に他ならない。具体的には，公的に正しいか否かの判断も，個人の道徳的価値も，社会的な美徳／悪徳の判断も，公的・社会的な価値判断はすべて，選ばれた正義概念を変数とする関数であるということができ，その意味において正義概念は，公序良俗を合理的に維持するための「基本憲章」(fundamental charter) とされる。

　社会的協力には一般に機能調整(coordination)，安定性(stability)，効率性(efficiency)等を求めがちだが，その先決問題は合理的な正義概念である。ちなみにロールズは，社会的協力に求められる一般要件を次のように列挙している[8]。

　1．すべての成員の善，利益，幸福を助長すべく設計されている。
　2．公認の正義概念によって有効に規制されている。
　3．すべての成員が共通の正義原理を容認している。
　4．自他共に同じ正義原理を容認していることは周知の事実である。

---

8) J. Rawls, *A Theory of Justice*, Harvard U. P. 1971, p. 5 を参照。

5.2 「理念」にひそむ正義概念の卓越性と不可侵性

 5．至高の正義原理が基本構造・主要制度を充足している。
 6．こうした事実がすべての成員に周知の事実となっている。
以上の他にも，その合理性ゆえに下記の3要件がある。
 7．社会が自らの内に恒常性保持のための「機能調整」を備えている。
 8．社会が自らの内に「安定性」を備えている。
 9．社会が自らの内に「効率性」を備えている。

以上の要件を充たす社会的協力なら，合理的とされるが，そのためには，先決問題として合理的な正義概念が要求される。もし，社会的協力の全般を規定する正義概念が不合理であるなら，いかに要件1～9に対する人為的操作を試みようと，いかに外的規制を強めようとも，あたかも恒常性保持機構（homeostasis）が働かないため身体が健康状態が維持できなくなるかのように，社会的協力それ自体の健康状態を保つための有機的な機能調整が働かず，安定性が保てなくなる。そこで安定化のために対症療法的に警察力や警備体制を強化すると，権力機構は肥大化し，効率性は失われる。その他の社会問題もこれと同様であって，理念にひそむ正義概念と無関係な社会問題など存在しない[9]。正義概念の「卓越性」（superiority）の論拠は，この点にあると考えられよう。

次に正義概念の「不可侵性」についてだが，一般に「真理」（truth）が知的体系の最高の価値であるように，「正義」は社会制度とか社会システムの最高の価値である。知的体系がいかに優美であろうと，また，いかに有効であろうと，それが真でなければ，放棄または修正されるべきであるのと同じように，正しくない／正義にもとる理念，法律，制度等は，いかに統治にとって好都合であれ，いかに効率よく施行されていようとも，ただちに改正されるか，潔く廃止されるべきである[10]。

もともと「正義」（justice）というのは，成員一人ひとりの権利と義務とを規定し，個人の権利を「市場の暴力」から守り，「政治的交渉」（political bargaining）や「社会的損益計算」（calculus of social interests）の侵害から個人を保

---

[9] *Ibid.*, p. 6.
[10] *Ibid.*, p3.

護し，市場による権利の侵犯を防止するという役割を負っている。それゆえ，正義は不可侵なのであり，たとえ「社会福祉」のためであれ，「秩序維持」のためであれ，「経済の高度成長」のためであれ，何であれ決して正義の侵害は許されないのである[11]。正義概念の「不可侵性」(inviolability) の論拠はこの点にあるといえよう。

5.3 価値による価値の支配

まず，「社会」(society) と「正義」(justice) は，こう定義される。

社会の定義：「社会」(society) とは，すべての成員の利益促進を目的とし，協力体制においてすでに制定されている行動の規範を自己の意思に基づく自律の規範と認め，多くの場合，その規範を遵守して行動するような人びとからなっている「自己充足的な共同体」(self sufficient association) である。

正義の定義：「正義」(justice) とは，利害競合 (competing interest) 状況における人びとが各自の権利の規定を認め合って行動する実践徳目 (virtue of practice) である。

すでに述べたように，私的・個人的な価値判断は，己にとって，善いか否か，美しいか否か，聖らかか否か，己の好みに合うか否か，己の利益になるか否か，己の幸福に寄与するか否かといった己の視点からの価値判断であるが，これに対して，力の正義から協力の正義へ，力の支配から法の支配へ，ジャングル状態から社会的協力の状態へ移行する場合には，事情が変わってくる。私的・個人的価値の上に公的・社会的価値（正しいか否か，正義に適うか否か）が導入され，法の支配を免れないからである。

上位の社会的価値が導入されると，私たちはその理念と共通ルールに則っ

---

[11] *Ibid*., pp. 3-4.

てそれが許す範囲内でしか，己の善美聖追求，利益追求，幸福追求は容認されない。つまり，選ばれた正義概念が許容する己の権利に属する合法性の範囲内でのみ許される。それを越える場合には，他の権利を奪うことになり，許されない。もし，誰かが自分の権利を享受しているとき，たとえ，政府であれ，首相であれ，誰であれ，他者はすべて彼に干渉したり，邪魔をしたり，妨害したりしてはならないという義務を負うことになる。その意味で，権利には義務が伴うのである。

以上のように，社会的協力に移れば，私的・個人的価値の上位に，公的・社会的価値が存在する。そして，上位の価値が下位の価値を支配するから，個人的価値の追求は，社会的価値の支配の下でのみ合法的とされ，社会的に正しくない／正義に反するような幸福追求とか，許容範囲外の利益追求は，違法行為として処罰される。ジャングル人ならいざしらず，社会人になれば，やりたくてもやってはいけないことがあるということになる。

公的価値による私的価値の支配はそれだけでない。合理的な社会的協力のためには，合理的な正義原理の選択が不可欠であった。では，その合理性は何を基準に判断を下すか。それはいかなる価値判断なのか。これは自然的価値の判断である。正義概念それ自身は，自らが正しい／正義に適うという判断を下しえない。この判断を下すには，上位レベルの自然的価値の支配が必要である。真か偽か，真実か否か，真理か否かの判断である。ちなみに，選ばれた正義概念は，上の合理的な社会的協力の要件（1〜9）を本当に／真に充たしているか。これは社会的価値の判断ではない。明らかに真か偽かを問う自然的価値の判断である。しかも，この価値の判断に国境はない。ピレネの此方も彼方も同じである。

こうして，自然的価値を頂点とする価値による価値の支配，つまり，社会的価値による個人的価値の支配と，自然的価値による社会的価値の支配というレベルを異にする三種の価値の「価値構造」が明らかとなった。

こういう価値による価値の支配を認めれば，正しいか否か，正義に適っているか否かを問う社会的価値の対象は，広く国家体制，法体系，社会制度，各種政策，意思決定，政治活動，行動，品行，態度など社会的協力のすべての仕組みとそれが含意するすべての社会状態が含まれる。しかしロールズは，

正義問題の主題を限定し，その中でも最も基本的な政治機構や合法的な所有形態や経済組織など，基本財の分配を規定する社会の「基本構造」および思想，良心，信仰の自由など基本的自由の保護，競争市場の適正な規制，生産手段の公有／私有，一夫一婦制，権利／義務，便益／負担の配分規定などの「主要制度」に限った。つまり，包括的な意味での「正義問題」ではなく，社会正義の標準的な事例である社会の基本構造と主要制度に限定した[12]。矢印↓を「支配」とするとき，3種の価値の支配関係は下記のとおりである。

$$\begin{array}{c}\text{自然的価値（真（truth），真理，真実）}\\ \downarrow\quad\downarrow\quad\downarrow\\ \text{社会的価値（正（right），公正，正義に適う）}\\ \downarrow\quad\downarrow\quad\downarrow\\ \text{個人的価値（善（good）美聖，利益，幸福）}\end{array}$$

　この逆支配はジャングル状態への逆戻りを意味する。利益や幸福を含め，一般に，他の善を奪うことが己の善であるといったような論理的に両立不可能な個人的価値の本性上の対立が奪い合いや殺し合いを引き起こし，戦争の原因であることから，この原因を除去するために，個々バラバラな個人的価値（善（good）美聖，利益，幸福）の上に共通に守るべき上位の社会的価値（正（right），公正，正義に適う）を導入し，合意に基づく社会的協力の理念と共通ルールの支配の下に，両立可能な範囲内において，各人の利益追求や幸福追求や善追及を認めようという企てではなかったか。

　社会的価値は，導入の初期目的からして，個人的価値の上位に置かれるべきで，そうでなければ社会的価値を導入した意味はないばかりか，より酷いことに，ある指導者の私的・個人的価値を公的・社会的価値と定め，恣意的な支配／服従関係を制度化し，ジャングル状態へと逆戻りさせる。こうした「価値レベルを置き違える誤謬」は悲惨である。これでは王か，多数派か，ある指導者の私的な「善」が公的な「正」と科学的な「真」を支配することになる。己にとって善い（好都合な）制度ゆえに正しいとし，己にとって善い（好

---

[12]　J. Rawls, *A Theory of Justice*, Harvard U. P. 1971, p. 7, p. 58, J. Rawls, The Basic Structure as Subject, *American Philosophical Quartery*, 4, 2, 1977, p. 159 を参照のこと。

都合な)報告ゆえに報告「給油は20万ガロン」は真とするように。これでは，どう力で押さえつけようと，相互信頼に基づく安定した社会的協力は期待できず，崩壊は必至である。

原点に戻れば明らかだが，私たちは，力の支配から法の支配へ，また，力の正義から協力の正義へ移るために，人間は社会をつくり，両立不可能な個々バラバラな個人的価値の上に，共通の社会的価値を置いて権利義務を定め，その上に普遍的な自然的価値（真，真理，真実）を置いて，社会的協力を支える信頼関係を築き上げようとしたのである。「価値レベルを置き違える誤謬」の歴史的な教訓は，絶対王政，貴族制，封建制，単純多数決主義，功利主義などにあるが，これでは人びとが社会的協力へ移った当初の目的は達成されようがない。もう一度述べるが，真が正を，正が善を支配すべきであって，その逆を「価値レベルを置き違える誤謬」という。

私的な利益や幸福など，一般に，己の善美聖という個人的価値の追求を保障するための上位の価値，つまり，真理や正義を否定する人もいる。しかし，独自の「経験論」の立場から，客観的な真理や正義の存在に懐疑的であったヒューム（David Hume, 1711-1776）さえも，その「正義」を慎重かつ厳粛な徳目[13]として重視している。というのは「真理」(truth)の否定が認識秩序の崩壊を意味しているように，「正義」(justice)の否定は，社会秩序の崩壊を意味しているからである。

「リンゴ」や「ミカン」は，私たちが感覚的に眺め，触れ，匂い，味わい，その存在を経験的に実証しうるような具体的・物的対象であるが，これに対して「真理」や「正義」は，タルスキーによれば，言明「雪は白い」が真であるのは，雪が白いとき，そのときに限るとか，ロールズによれば，社会的協力の仕組みが正しいのは，第一原理と第二原理を充たしているとき，そのときに限るとかのように，対象言語に対するメタ言語として存在したり，あるいは，社会的協力に必要な約束ごととして存在したりするような観念的に組み立てられた抽象的対象である。こうした類の抽象的対象は，学問上／社

---

[13] D. Hume, *An Enquiry Concerning the Principles of Morals*, Sec. III, Pt. I を参照。

会的協力上の必要性に応じてつくられ，一定の認識枠組みにおいて，あるいは，一定の社会的協力の仕組みにおいて存在することになる。

かつて真理とされたエーテルやフロギストンの存在も，今では否定され，戦前・戦中には正義とされた軍国主義が戦後になって否定されたことを理由に，「真理」や「正義」は存在しないというのは，具体的／抽象的なさまざまな対象の多様性と存在のあり方の多様性と学問の進化というものを否定するものである。はたして，かつて言明「鯨は魚である」が真理であるとされたが，現在は，言明「鯨は哺乳動物である」が真理とされる。ゆえに「真理」など存在するはずがない，と言えようか。

実際問題として考えても，もし「真理の基準」が存在しなければ，入試や科学的探究は無意味となるであろうし，また，もし「正義の規範」が存在しなければ，そもそも犯罪は存在しないということになり，泥棒や強盗を捕まえることはできず，法律も裁判所も不要とされよう。これでは，ジャングル状態への逆戻りである。奪い合いのジャングル状態から抜け出すためには，もう一度，社会的協力の原点に立ち返らなければならない。

5.4 思考実験の場：原初状態（original position）

個々の暴力が支配する「ジャングル状態」から，共通の正義が支配する「社会的協力の状態」へと移行する際に，まず，解決しておかなくてはならない最も重要な問題は，その仕組みをどうすべきか，具体的には，まず「理念」をどう定め，その核となる「正義」の概念をどう定式化するか，その方法は何かである。

もし，選ばれた正義概念が完全合意の意味で「合理的」[14]なら，社会的協力の理念も共通ルールも合理的なものとされ，人びとは自尊心を充たし，心に夢と希望と美徳とがみなぎり，社会は安定性と効率性の好循環によって繁栄し，持続的に発展する。この場合にはジャングル状態から社会状態への移行

---

14) 合理性（rationality, reasonableness）の定義：正義原理Jが合理的であるのは，Jに対して完全合意が図られるとき，そのときに限る。その意味において，「合理性」とは「完全合意性」をいう。

5.4 思考実験の場：原初状態（original position） *191*

の効果は甚大である。この点はすでに述べた正義の卓越性と不可侵性からも明らかであろう。

　しかし逆に，選ばれた正義概念が不完全合意の意味で「不合理」[15]なら，それを核とする理念も共通ルールも不合理なるがゆえに，結果は悲惨である。というのは，犯罪をあおる悪法の支配，制度的な差別，自尊心の侵害……が人びとの心に不信感や失望や憎悪や殺意などの悪徳をはぐくみ，こうして，社会は不安定と非効率の悪循環によって衰退し，崩壊への一途を辿るからである。なお，「合理的」や「不合理」は，一回きりではなく「再現可能」という意味で「客観的」[16]でなければならない。

　こうして問題は，どうすれば「完全合意の意味において合理的な正義原理」を探求することができるかである。しかし，すでに述べたように，人びとの個人的価値は多様であって善，美，聖，利益，幸福などの価値概念は，それぞれ違っている。太郎には善いXでも美しいXでも，花子には否かもしれない。それゆえ，個人的価値の視点からすれば，完全合意の意味で，合理的な正義概念など望み得ない。たかだか，不完全合意の意味で，不合理なものに過ぎない。なぜなら，自分にとって何が善いか，何が有利か，何が己の幸福に寄与するかについて具体的情報を知っているからである。そこで，方法論上の一工夫が必要となるが，要は，個人的情報をどう規制するかである。

5.4-1　不知のヴェール：合意形成を妨げる諸要因の排除

　社会的協力の理念と共通ルールの根幹をなす合理的な「正義原理」の選択において合意形成を図るには，合意形成への収束を妨げる拡散要因の排除が欠かせない。とくに，完全合意を目指すには，個々人の具体的情報を完全に排除しておかなければならない。自分に最も好都合な社会的協力の仕組みは何か，最も好都合な理念と共通ルールとは何か，自分に最も好都合な「正義原理」（principle of justice）は何かなど，次のような判断の前提となる具体

---

15)　不合理の定義：2値論理学では，正義原理Jが不合理であるのは，Jに対して完全合意が図られないときをいう。
16)　客観性（objectivity）の定義：正義原理Jが客観的であるのは，Jが再現可能であるとき，そのときに限る。

諸情報を完全に奪い去っておかなければならない。

(1)個人的価値の不知：己れにとって，何が善いか，何が美しいか，何が聖らかか，何が有利か，何が幸福かなど「私的・個人的価値」の具体的情報が排除されている。

(2)自然財の不知：自分の「自然財」(natural goods)（性別，年齢，才能，体格，知性，体力，知力，心的傾向など自尊心の基礎）に関する具体的情報が排除されている。

(3)人生計画の不知：自分の「人生計画」(life plan)，または「人生設計」についての具体的情報が排除されている。

(4)選好体系の不知：自分の「選考体系」(preference system)（何が何よりも好きか，何を好むかなど）に関する具体的情報が排除されている。

(5)自然運の不知：自分の「自然運」(natural fortune)（自分の才能，個性，適性，体力，知力，障害，性別など）に関する具体的情報が排除されている。

(6)社会運の不知：自分の「社会運」(social fortune)（己の境遇，階級，家柄，地位，富，資産，学歴，職業，国籍……）の具体的情報が排除されている。

(7)世代運の不知：自分の「世代運」(generational fortune)（己の世代，政治状況，経済状況，文化文明の歴史的な発達水準など）に関する具体的情報が排除されている。

(8)先入観の不知：社会的協力において何が正しいか，何が正当であるか，何が正義に適うかに関する「道徳的な先入観」が排除されている。

(9)現状の不知：社会の現状はどうか，「基本構造」（基本財の分配を定める政治機構，所有の形態，経済組織……）や「主要制度」（基本的自由の法的保護，競争市場の規制，生産手段，一夫一婦，権利義務，便益負担……）はどうかを知らない。

以上が「不知のヴェール」(veil of ignorance)[17]の効果である。

ロールズは，探求の当事者を「不知のヴェール」(1)〜(9)で覆って，自分にとって何が好都合か，どれが有利かわからない状態に置くという方法を採用し，肌の色や身長や体重や性別など自分の努力や責任の及ばない自然の偶然性によって意見が

---

17) J. Rawls, *A Theory of Justice*, Harvard U. P. 1971, p. 137.

対立したり有利不利を被ったりすることなく，また，もって生まれた自然財，人生計画，選好体系，個人的価値（善美聖，満足，幸福）など偶然的な個人的諸条件により意見の対立や有利／不利が生じないようにするため，さらに，自分にとって偶然的な門地，門閥，家系，階級，身分，境遇，地位など誕生の運／不運によって，人生が違ったり，人生展望に有利／不利が生じたりすることがないように工夫した。

そればかりではない。人間はそれぞれ違った家庭に生まれ，違った家風を身につけながら育ち，学校や社会から経験をつうじて学び，無意識のうちに，いつしかそれが道徳的な先入観を形作っているが，こういう要因も，意見の収束を阻む拡散要因となるから，排除しておかなければならないし，また，自分が住んでいる社会の現状に関する具体的情報も排除しておかないと，心に染み付いた根拠なき既得権を手放そうとはせず，これが完全合意の阻害要因となるから，排除しておかなければならない。

5.4-2 排除すべきでない一般的情報

不知のヴェールで覆ってはならない情報もある。これには，社会的協力の仕組み全体を支配することになる理念と共通ルールの不可欠性，そして理念の根幹をなす「正義原理」の卓越性・不可侵性の情報をはじめ，政治的・経済的・社会的な一般法則，社会組織の基本要件，人間の心理法則など，正義原理の選択に必要な一般的情報は排除されない[18]。これを排除すると，なぜ，何のために，正義原理を選ぶのか理解不能に陥るからである。ゆえに，探求の当事者には，次のような一般的情報が与えられている。

(1) 多様で両立困難な個人的価値（善美聖，満足，幸福）を共通の自然的価値（真，真理，真実）と社会的価値（正，公正，正義）の支配の下に置き，善美聖や利益や幸福の追求を規定された権利・義務の範囲内に止めるべきことを知っている。

(2) 社会の基本構造・主要制度は，「真理感覚」(sense of truth) と「正義感覚」(sense of justice) の発達を促し，各人の幸福の助長をめざす自足的・

---

[18] Ibid.

自立的な協力機構となるべきことを知っている。
(3) 自尊心の充足が美徳(愛,いたわり,信頼,哀れみ……)を生みだし,逆に,自尊心の侵害がさまざまな悪徳(憎,悪意,嫉妬,羨望……)を生み出すわけを知っている。
(4) 正義原理をどう選択するかで,現在と未来に生存する成員すべての人生展望を決めることについて,重大な責任と義務を自覚している。
(5) 個人的価値(善美聖,利益,幸福)の追求および自尊心の充足には,両立可能な最大の基本社会財(自由,機会,所得,富など)を保障すべきわけを知っている。
(6) 両立可能な最大の基本的自由(思想,良心,信教,表現,出版の自由……)は,真理・正義感覚や才能・理性・良心の発育を促すわけを知っている。
(7) 選ばれた正義原理が合理的であるなら,それに基づく社会的協力・分業は,自ずと自律的・安定的・効率的なものになることを知っている。
(8) すべての人は才能,個性,適性,能力など自然財の発掘,自尊心の充足,責任を伴う地位や職務や権限の導入が必要であることを知っている。
(9) すべての人間は,個人として,また,自然財,人生計画,選好体系,善美聖概念も,その価値において,すべて平等なものとして尊ばれるべきことを知っている。
(10) 社会的協力の理念と共通ルールを支配する正義原理の選択という重責を伴う使命から,一か八かの賭けを避け,最悪の場合にも最も安全確実であるような危険回避の原理選択を心がけるべきことを知っている。

以上である。なお,最後の(10)をロールズは「マキシミン・ルール」(maximin-rule)というが,これは「maximum minimorum」[19]の略称である。

5.4-3 マキシミン・ルール:危険な賭けの回避

奴隷所有者は奴隷制の導入に賛成するであろうが,自ら奴隷の身分にあるものは,奴隷制の存続に反対するに違いない。しかし,不知のヴェールで覆

---

19) 拙著『ロールズ哲学の全体像』―公正な社会の新しい理念―成文堂,1995,p.49,拙著『公正としての正義の研究』成文堂,1989,pp.75-76を参照されたい。

5.4 思考実験の場：原初状態（original position）

ってしまうと，誰が奴隷か，誰が奴隷の所有者かわからない。自分が主人か奴隷か，結果はヴェールを取り払うまで不明である。目の前の鏡に映った己の哀れな姿に驚き，悲観し，慌てて奴隷制に反対したとしてももう遅い。賭けがはずれ，奴隷になったとは泣くに泣けない。

一回きりの人生である。不知のヴェールは取り返しのつかないこのような悲劇を避けるために導入されたものである。不知のヴェールで覆ってしまえば，自分が主人なのか奴隷なのかわからない。自分が主人である確率も，自分が奴隷である確率もわからない状態にあるとすれば，誰が奴隷制の導入に賛成するというのであろう。己や家族や兄弟や子孫のほか，成員のすべての運命と人生展望を賭けてしまうような責任重大な正義原理の選択において，しかも，事前確率計算の不可能な状況において，はたして，誰が一か八かの危険な賭けに乗り出すというのであろう。

こうした危険な賭けを避け，最悪の場合にも，最も安全確実な利得を保障してくれるのが前記(10)の「マキシミン・ルール」（maximin-rule）である。

人間は，目的達成のため，誰しも少ない利得よりは多い利得を求める。そのために違法な賭博や博打に走る人がいれば，強盗や殺人さえ辞さない人もいる。そうでなくても，株や外貨のマネー・ゲームにはしる人は沢山いる。どの企業も市場調査に基づき売れるものを作り，最大の利得を求めようとする。しかし，これは「利得」の「事前確率計算」の前提として必要な具体的情報がある限りにおいてである。利得は，決定と状況を変数とする関数ゆえに，利得をG，決定をD，状況をCとすれば，

$$G=f(D, C)$$

となる。そこで，発生確率の不明な3つの状況を仮定し，最悪の場合C_1，普通の場合C_2，最善の場合C_3とするとき，次の「損得表」（gain-and-loss-table）[20]が与えられていれば，

---

[20] J. Rawls, *A Theory of Justice*, Harvard U. P. 1971, p. 133 の脚注を参照されたい。

	C_1	C_2	C_3	(単位：億円)
D_1	−7	8	12	
D_2	−8	7	14	
D_3	5	6	8	

「マキシミン・ルール」は，迷わず，最悪の場合でも利得5億円を保障する決定 D_3 を選ぶようにと求める。最善の場合の最大の利得14億円に誘惑され，決定 D_2 に賭けるような愚を冒しはならぬ，と。最悪の場合，8億円の損失を被るからである。己の人生展望を決める正義原理に，一か八かの賭けは馴染まない[21]。人生は一回きり，リセットはできない。万物は流転する。判断の前提それ自体が動くから事前確率計算は成立しない。ゆえに，正義原理の選択に際しては，賭けの余地は予め排除しておくべきである。

5.4-4 不知のヴェールとマキシミン・ルールによる「均衡解」の探求

探求の当事者たちは「不知のヴェール」と「マキシミン・ルール」の支配する「原初状態」(original position) において，①初期条件と②慎重な判断と③仮説的な正義原理（仮の解）と④その仮説的な解が論理的に含意する (imply) 社会的協力の状態（社会状態）との間を行ったり来たりしながら内省を繰り返し，当事者たちのさまざまな要求や意見が収束のプロセスを辿るよう①～④に対して必要な修正を加えながら，下記の定義の基づき，最終的な目的である「内省的均衡状態」(reflective equilibrium) に向けて模索を続けることになる。

完全合意の定義：「完全合意」(strict agreement) に達した正義原理とは，「内省的均衡状態」に収束した正義原理をいう。

均衡解の定義：任意の解が「均衡解」(equilibrium solution) であるのは，客観的に内省的均衡状態へ収束した解であるとき，そのときに限る。

---

[21] 合法的な遊び程度の賭けではなく，正義原理を賭けることは，己の命や人生展望や幸福を賭けるに等しい。

解の合理性の定義：任意の解が「合理的」であるのは，完全合意に達した解であるとき，そのときに限る。

解の客観性の定義：任意の解が「客観的」であるのは，同一の条件の下に，再現可能な解であるとき，そのときに限る。

そうした試行錯誤の「思考実験」(thought experiment)[22]に当たっては，原初状態は最終的に「内省的な均衡状態」に収束（均衡解に到達）するまで，最後の最後まで開かれた状態に置かれ，均衡解への到達を待って「正義原理」の暫定的な定式化を試みる。

なぜ，それが「暫定的 (provisional) か」といえば，正義原理は絶えず予期し得ない反証の危機に直面しているからであり，しかも，深刻な反証に際しては，ただちに修正に応ずるべき柔軟性が要求されるからである。また，なぜ探求の当事者たちによる審理プロセスが「内省的 (refrective) か」といえば，自ら判断が依拠する仮説的原理とそれが依拠する前提など，上記①～④を熟知しているからである。さらに，なぜ，その収束点が「均衡状態(equilibrium) か」といえば，厳しい条件を課された原初状態において私心の入る余地のない当事者たちの慎重な判断は，試行錯誤しながら一歩いっぽ，最終的には，いずれも同一の均衡解へと収束プロセスを辿っていくからである。

以上，ロールズによる社会的協力の理念と共通ルールの根幹をなす正義原理の均衡解を探求する方法は，伝統的な社会契約論の「合意形成の意義」に着目し，それを社会科学の新しい発見法的な方法論として精緻化したものだが，この方法はただ正義原理の均衡解を探求するばかりではなく，一般に，社会科学における「合理的な選択」の方法論としても活用することができる点で評価されよう。

しかし「不知のヴェール」の下にある当事者たちがいかにして「マキシミ

---

[22] D. C. Mueller, R. D. Tollison, T. W. Willett, The Utilitarian Contorqact: A Generation of Rawls' Theory of Justice, *Theory and decision*, 4, 1974, p. 345 は，次の R. Nozick と共にロールズの試みを思考実験とみなしている。
  R. Nozick, *Anarchy, State, and Utopia*, Basic Books, New York, p. 204.
  R. Nozick, Distributive Justice, *Philosophy and Public Affairs*, 3, 1973, p. 101.

ン・ルール」を適用することができるか。原初状態の不知のヴェールの下で，なぜ，どのようにして「最悪の事態」を予測することができるのであろうか。合理的な選択をおこなうには情報の規制ではなく，逆に，判断の前提として，可能な限り最大の具体的な情報が必要となるのではないかという疑問もあろうが，これは間違っている。

なぜなら，原初状態において排除されるべきは，自分にとって善い社会的協力の仕組みか，自分に有利な理念と共通ルールか，自分に好都合な正義原理かなど，利己的な判断の前提として必要な個人的・特殊的な「具体的情報」（己が男性か女性か，己の才能，個性，適性，家柄，資産，富，学歴，職業はどうか，己の地位，年齢，国籍は何か……）であって，「一般的情報」はすべて与えられているからである。そういうわけで，一般に，誰しも忌み嫌うような奴隷の身分や極貧状態や心身障害など，考えられる無数の可能な状況から「最悪の事態」を選び出すのは，何ら困難ではない。

ただ，不知のヴェールの下における具体的情報の適切な排除によって，自分の自然運も社会運も世代運もさっぱりわからないばかりか，計算に必要な具体的情報が奪われているから，状況の「事前確率計算」[23]も利得の「期待値計算」[24]も不可能である。しかも，どのような解（正義原理）を選択するか，その結果については，ただ，己自身や家族や子々孫々ばかりか，現在・未来のすべての成員に対しても重責を負っている。

したがって，当事者の心理的な緊張もあり，いい加減な選択は自分の首を絞める結果になる。それゆえ，頼れるものは「マキシミン・ルール」[25]のみと

---

[23] こうした「不確実な状況」の下での合理的な選択の考察については，W. J. Baumol, Econol, *Economic Theory and Operations Analysis, 2nd. ed.*, Englewood Cliffs, N. J., Prentice-Hall, Inc., 1965, ch. 24 を参照されたい。ロールズの「原初状態」における「不知のヴェール」の仮定は，彼の不確実な状況の下での「合理的な選択」という点で類似しているが，「ゲーム理論」としてではない。

[24] 「期待値計算」における「期待値」は，次のように定義される。まず「損得表」における数値を g_{ij} とし，i を決定，j を状況1，2，3，p_j を状況の見込み，$\Sigma p_j = 1$ とするとき，決定 i の期待値は，$\Sigma p_j g_{ij}$ である。

[25] 「マキシミン・ルール」が不確実な状況の下での「合理的な選択」にどう適用されるかについては，J. Rawls, *A Theory of Justice*, Harvard U. P. 1971, pp. 154-155，および，W. Fellner, *Probability and Profit*, Homewood, Illinois, R. D. Irwin, Inc., 1965, pp. 140-142 を参照されたい。

5.4 思考実験の場：原初状態（original position）

いう状況にある。こうしてロールズは，まず，次のような伝統的な「正義原理」(principle of justice)：

(1)「完全性原理」(principle of perfection)
(2)「古典功利主義」(principle of classical utility)
(3)「平均功利主義」(principle of average utility)

について，それらが不知のヴェールとマキシミン・ルールに反していないか否かを調べようとしてそれぞれの伝統的な正義原理をチェックし，その結果，いずれも「不知のヴェール」と「マキシミン・ルール」に反する危険な賭けであって，決して「均衡解」にはなりえないことを突き止めた。

しかし，互いに力を合わせて足りないところを補い合い，互いに善美聖や利益，満足や幸福を助長し合うための社会的協力である。そのための自発的な協力であり，また，そのための分業（各人の才能，技能，個性，適性……を活用する分業）であることから，求められるべき社会的協力の仕組みは，

第1に，発想の原点（初期平等の状態）において，社会的協力に従事するすべての成員は，その価値において，人間として，平等なものとして存在すること，

第2に，いかなる成員も，最悪の場合であれ，社会的協力に入る以前よりも安全確実な状態が保障されること，

第3に，各人の功罪（努力や責任）に属さない天資とか天運は，すべての成員の善美聖の追求や利益追求や満足追求や幸福追求のために活用されるものとすること，

第4に，社会的協力・分業によって得られた諸成果（社会財）は，すべての成員が自発的に容認し，すべての成員の自尊心を充たし，結果的に持続的な安定性と効率性の好循環へと導くよう合理的に分配されなければならないこと，

ということになり，次のような「一般均衡解」に到達する。これがロールズのいう「公正としての正義」の一般概念である。

一般均衡解：自尊心を社会的に基礎づけるところの自由，機会，所得，富などすべての社会財は，その価値の一部であれ全体であれ，

その不平等な分配という状態がすべての人に利益を与えるという状態にあるのでなければ，すべての人に対して平等に分配されるべきである。

 言い換えると，……その不平等な分配（格差のある分配）の状態が容認されるのは，それによって，すべての人が（初期平等の原点 E）よりも有利な状態にあるとき，そのときに限る。

 それゆえ，……もし，否なら（すべての人が有利な状態にあるのでない場合には，初期平等の原点 E に戻って），すべての人に平等に分配されるべきである。

 これは下記の「寄与曲線」（contribution curve）を用いて説明すると分かり易い。

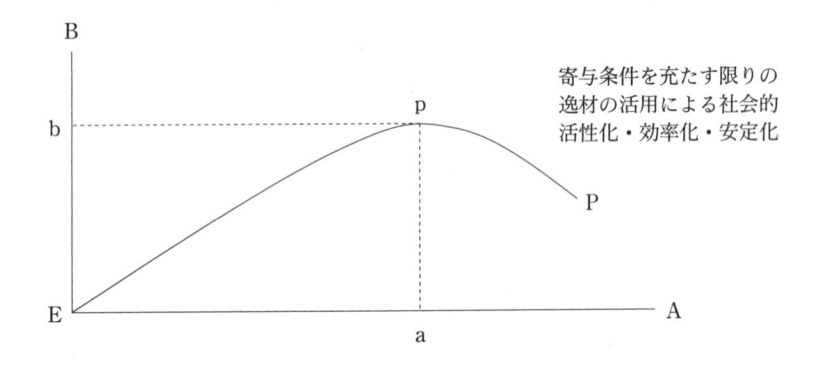

（図：縦軸 B，横軸 A，原点 E から点 p（座標 a, b）で最大となり，その後 P へと下降する曲線。右側に「寄与条件を充たす限りの逸材の活用による社会的活性化・効率化・安定化」と注記）

 「社会財」（social goods）を外在的な自己完結系とし，A を最も幸運な人，B を最も不運な人，E を初期平等の状態（社会財の分配が A, B 共に平等），A－B の間に「連結」（chain-connection）（A の財増大が B の財増大を伴うとき，中間各層の財増大を伴う），「蜜織」（closs-knit）（A の財増大が各層の財増大を伴うとき，各層のすべての成員の財増大を伴う）の状態にあるとすると，原点 E～a 区間は，A の財増大が B の財増大を伴うが，点 a を越えると，A の財増大は，逆に，B の社会財の減少を伴う。ゆえに，点 a が「寄与最大点」であって，それ以上の格差は，寄与条件を充たしていないから禁じられる。

5.4-5 社会的協力の仕組みの根幹たる「正義原理」の定式化

ロールズは上記の「一般均衡解」を仮説として，①立憲段階，②立法段階，③司法行政段階という3段階の仮説演繹的な思考実験に移行し，暫定的な定式化から，より厳密な完成された定式化に向けて，必要な限り，試行錯誤を繰り返したのである。

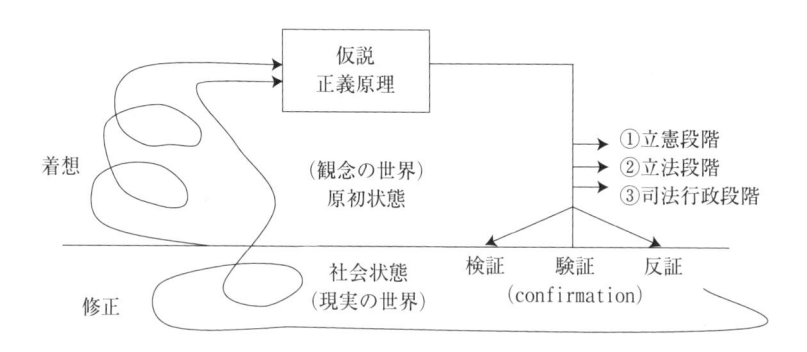

```
                    ┌─────────┐
                    │  仮説    │
              ┌────→│ 正義原理 │
              │     └─────────┘
              │                      →①立憲段階
              │                      →②立法段階
  着想        （観念の世界）          →③司法行政段階
              原初状態
              ─────────────────────────────────────
                       社会状態    検証  験証  反証
  修正                 （現実の世界）    (confirmation)
```

前述の「一般均衡解」は，とりあえず，下記の二つの「正義原理」として定式化された[26]。

第1原理（平等な自由の原理 principle of equal liberty）：
  いかなる人も他の人たちと類似の自由機構と両立することができるような平等な基本的自由のもっとも包括的な機構を手に入れることのできる平等な権利をもつべきである。

第2原理（a 格差原理 difference principle, b 平等な機会の原理 principle of equal opportunity）：
  社会的および経済的な不平等があるにせよ，そうした不平等は，
  (a)何人にとっても有益であると合理的に予期されるとともに，

---

[26] J. Rawls, *A Theory of Justice*, Harvard U. P. 1971, p. 60. なお，同書では，原理定式化の修正版が 13, 39, 46 の各節において与えられている。

(b)すべての人に等しく開かれた地位や職務に帰属しているように，整えられていなければならない。

　正義の「第1原理」は，根拠なき自由の制限を禁じ，何人にも等しく両立可能な限りの最大の基本的な自由(思想の自由，良心の自由，言論の自由，出版の自由，集会の自由，結社の自由，投票権や公職権等の政治的自由，心理的圧迫や威嚇や威圧からの自由，肉体的な暴力や殺傷からの身体の自由)の機構を保障するよう求める。なお，第1原理は，別名を「平等な自由の原理」とか「自由均等原理」という。

　これに対し「第2原理」は，(a)格差原理と(b)平等な機会の原理(別名，機会均等原理)からなる。(a)は，すべての成員にとって有益である(格差条件を充たす)限り，平等な自由の原理と両立可能な限りの社会的・経済的な不平等(格差)を認めるが，これは逸材活用の効果を狙った属機能的な不平等に過ぎず，人格や価値など属人的な不平等を意味しない。

　すべての人は，人間として平等である。背丈や体重，顔付きや才能，個性や適性，男性や女性といったような「自分の責任に属さない偶然的な違い」などどうでもよい。フランスの「人権宣言」にも，人はみな生まれながら自由にして，かつ権利において平等なものとして生存すべきであって，いかなる社会的な格差(不平等)も，共同の利益の上にのみ設けることができる[27]とあるが，格差原理はこの言明を論理的に含意している。

　また，(b)の「平等な機会の原理」(機会均等原理)は，権限と責任を伴う属機能的な地位や職務につく実質的な機会をすべての人に等しく開くよう求める。機会の障壁や閉鎖は機会の独占と階層化をもたらし，社会的協力を崩壊させるからである。

　社会的協力の仕組みの根幹は，その理念と共通ルールの核心をなす「正義原理」の選択にあるが，とりあえず，ロールズは以上のような暫定的定式化

---

[27]　フランス革命の所産『人と市民の権利宣言』(1789)第1条には「人は，自由かつ権利において平等なものとして出生し，かつ生存する。社会的な格差は共同の利益の上にのみ設けることができる」とある。この点にロールズの理念との基本的な類似性が認められる。

を試み、これを「公正としての正義」と命名し、次のように特徴づけた[28]。ロールズの「公正としての正義」は、

①効率原理（principle of efficiency）（パレート最適原理）の理念を充たし、
②補償原理（principle of redress）の理念を充たし、
③互恵原理（principle of reciprocity）の理念を充たし、
④博愛原理（principle of fraternity）の理念を充たし、
⑤カントの実践理性（die praktischen Vernunft）の理念を充たしている。

以上によりロールズの「公正としての正義」を理念の核とする社会的協力は、「実力主義社会」（meritocratic society）とは違っている。というのは、実力主義社会は「機会均等」の形式化を放置し、権益や地位の争いを野放し状態に置くことによって、上下階層間に顕著な格差が生じ、不安定要因が増大するからである。

実力主義社会においては、不運層は劣悪な社会環境の下で自分の自然財（才能、適性、可能性……）を発掘／発揮不全にして、社会財も発言権も低下の一途を辿って自尊心の侵害という危機に瀕するのに対して、選ばれた幸運層は、優れた社会環境の下で自分の自然財と社会財を活用して財力と権限と影響力とを行使し、社会的貢献の見返りに繁栄の一途を辿ることになる。

こうして、不運層と幸運層との間に著しい社会財の偏在化が進行し、これが固定化していくと、前者の後者に対する「嫉妬」といった悪徳と、後者の前者に対する「吝嗇」という悪徳が蔓延し、上下階層の間に相互不信、階層分裂、階層間の闘争という社会病理現象を呈することになる。このため社会的協力は、安定化の対策に膨大な費用を要し、必然的に非効率と不安定の悪循環に陥っていく。社会的協力の仕組みが不合理なことからくる不安要因は、力で排除しようとすると、流血革命や自爆テロを生み出すのみ。

ロールズは、正義原理の暫定的な定式化の後、「民主主義的平等」の理念を

---

[28] 詳細については、拙著『ロールズ哲学の全体像』成文堂、1996、pp.58-61を参照されたい。

採用して第2原理に修正を加え，ついで「平等な自由の根拠」を検討して第1原理を修正するかたわら「自由のための自由の規制」を求める優先規則Ⅰを導入し，また「世代運と公正貯蓄」の考察に基づいて第2原理を修正する一方，「効率や福祉に対する正義の優先」を求める優先規則Ⅱを導入した。そして，下記のような最終的定式化に辿りついた。

第1原理（平等な自由の原理）
いかなる人も他の人たちと類似の自由のシステムと両立することができるような平等な基本的自由のもっとも包括的なトータル・システムを手に入れることのできる平等な権利をもつべきである。

第2原理　(a)格差原理，(b)平等な機会の原理
社会的および経済的な不平等があるにせよ，そうした不平等は，
(a)公正貯蓄原理と矛盾することなく，もっとも不利な状態におかれている人びとの利益を最大なものにし，
(b)公正な機会均等の条件の下に，すべての人に開かれた地位や職務に帰属しているといったように，整えられていなければならない。

優先規則Ⅰ（自由の優先）
正義原理は序列的にランクづけされ，自由は他のためでなく，ただ自由のためにのみ規制される。ただし，条件が二つある。
(a)その自由の規制は，結果において，すべての人が分かち合う自由のトータル・システムを強化することになること，
(b)平等な自由以下の少ない自由に甘んずることがより少ない自由の市民たちに容認されていなければならないこと，である。

優先規則Ⅱ（効率や福祉に対する正義の優先）
正義の第2原理は，序列的に，効率原理および総利益最大化の

原理に優先され，公正な機会は格差原理に優先される。ただし，条件が二つある。

(a) 機会の不平等がかえって機会に恵まれない人びとの機会を増やすことになり，
(b) 過剰貯蓄率はすべてを考慮して，結局，辛苦に耐えている人びとの負担を軽減することになる，

というものでなければならない。

　以上がロールズの「公正としての正義」(justice as fairness) の概念を二つの正義原理と二つの優先規則として定式化したものである。これを「公理」として，社会的協力の理念体系が形成され，その「定理」として，共通ルールの体系が構築される。

第6章　公正な政策の要件
―― 正しい政策の根拠を求めて ――

6.1　正義問題としての政策問題
6.2　政策の諸法則
6.3　誠実の原理（principle of sincerity）
6.4　責任の原理（principle of obligation）とノブレス・オブリージ
6.5　公正の原理（principle of fairness）
6.6　多数決の原理（principle of majority decision）
6.7　合意の原理（principle of agreement）
6.8　公正な政策の原理

　仏：パスカル（Blaise Pascal: 1623-1662）が，「人間は考える葦である」とし，理性に対して感性／心情（coeur）を，また，論理的で分析的な「幾何学の精神」に対して直感的・総合的な「繊細の精神」を強調したように，理性と感性（良心）は，とりわけ，現実の政策問題に対して均衡の取れた判断を下し，最適解／均衡解を求めるためには，あたかも車の両輪のごとく，ともに不可欠な基本要件である。

　すべての「事象」には，原因（理由）があるように，いかなる「争い」にも原因（理由）がある。しかし，理性と感性（良心）とが協力しなければ，「社会的協力の仕組みが不公正なら，社会は不安定と非効率との悪循環に陥る」という因果関係を理解することも，また「ますます深刻さを呈する格差問題にどう対処すべきか」というような政策問題に対しても，均衡解を求めることもできないであろう。

　本性的な安定性と効率性，自発性と自律性を備えた活気のある持続可能な社会的協力を望むなら，理性と良心とのバランスのとれた「公正な政策」というものが先決問題として要求されることは，これまでの論考から明らかであろう。では，「公正な政策の要件」は何か。本章では，正しい政策の根拠を求めて検討を加えたい。

6.1 正義問題としての政策問題

　教育政策，科学技術政策，大学政策，外交政策，経済政策，金融政策，農業政策，社会政策，などなど，すべての政策問題は，社会的協力の理念(正義原理を核とする)と共通ルール(憲法を公理とする立法体系，度量衡，コトバなど)とを変数とする関数であって，どのような「正義概念」を選択するかで政策問題の解は異なる。

　ちなみに，社会的協力の仕組みの根幹をなす理念と共通ルールの核として選ばれた正義概念が古代ギリシア時代や古代ローマ時代の「完全主義」なら，政策問題の「解」も，当然のことながら，それが含意する完全主義的な解とならざるを得ない。また，選ばれた正義概念が産業革命後の「功利主義」(古典功利主義または平均功利主義)なら，求められるべき政策問題の「解」も，功利性の最大化をもって正義とする功利主義の正義概念が含意する功利主義的な解となる。さらに，選ばれた正義概念が「公正としての正義」なら，政策問題の「解」も，当然のことながら，それが含意する公正主義的な解となるであろう。

　このように，社会的協力の理念や共通ルールと関係づけない限り，解が得られないような問題を「正義問題」という。しかるに，すべての政策問題は，社会的協力の理念や共通ルールと関係づけない限り，その解は得られない。それゆえ，すべての政策問題は正義問題である。その要諦は，こう纏めることができるであろう。

6.1-1　前提とすべき正義概念が決まらなければ，いかなる政策問題の解も得られない。

6.1-2　選ばれた正義概念が異なれば，政策問題の解も異なる。

6.1-3　成員の正義概念が個々バラバラなら，政策問題の解も個々バラバラとならざるを得ない。

6.1-4　このとき，あえて共通の解を求めようとして多数決を用いると，多数決は「数の暴力」に陥ることになる。

6.1-5 数の暴力は，憎悪を煽り，相互信頼を失わせ，社会的協力を崩壊させることになる。

6.1-6 共通の理念を欠く「法の支配」は，盗賊集団の空虚な「暴力の支配」に等しい。

6.1-7 すべての社会的協力において，正義概念を同じくする共通の理念と共通ルールがなければ，政策問題の合理的な解決は望めない。

6.1-8 選ばれた正義概念が「マキシミン・ルール」に反している（危険な賭けにでる）なら，本性的に安定的，効率的，自発的，自律的な活気に富む持続可能な社会的協力を望むことはできない。

6.1-9 本性的に安定的，効率的，自発的，自律的な活気に富む持続可能な社会的協力を求める場合の先決問題は，合意形成に基づく均衡解の意味で，合理的な正義概念を選び出すことである。

6.1-10 上記の要件を充たさないと，国内的には，これが権利係争の原因となって不安定と非効率の悪循環に陥り，貧困と衰退の一途を辿るし，また，国際的には，歴史の教訓として肝に銘ずるべきだが，これが究極の「戦争の原因」である。

政策問題は，究極的には「正義問題」に帰着し，ただの「対症療法的」な政治技術の問題ではないことが判明する。「こりゃガンだ。すぐ手術だ」とか「犯罪が増える。刑罰強化だ」といったような藪医者やヘボ政治家の短絡思考では，問題は解決しない。医の本道が原因療法であるように，政策の本道も原因療法的であるべきで，政策問題の解決策は，原因療法の視点から，正義問題として捉え直すべきである。

これに対して，対症療法的な視点から，政策問題をあくまでも政策問題の範囲内で解決しようとし，その解決策を「技術の問題」として即効的な荒治療に訴えるやり方は，せいぜい，力による瞬時の押さえ込みにすぎず，抜本的な解決策にはなっておらず，一時的な効果しか期待できない。ときには，一刻を争って救急車で運び込まれた交通事故の患者に対して，対症療法的な救命措置を講ずる場合があるように，政策問題にも，一刻を争う対症療法的な緊急措置が必要な場合もあろうが，緊急措置は緊急事態に限る。縦割り行

政的な発想から脱し，正義問題との関係づけによる総合的・体系的な原因の究明こそ肝心である。

6.2　政策の諸法則

Pを政策(policy)判断，AとBをPの前提(premise)，Aを当為前提(……であるべきだ)，Bを事実前提(……である)とすると，政策判断の前提と結論との間には

$$(A \cdot B) \supset P \quad (A そして B なら P)$$

という関係が成り立つが，これを「政策の法則」(law of policy)という。

以下，政策の法則を巡って検討を加えよう。

6.2-1　政策判断Pが正しい（公正／正義に適う）ためには，当為前提Aは正しく，そして事実前提Bは真（真実／真理）でなければならない。

実質的には，当為の前提Aが正しいのは，Aが合意形成によって選ばれた社会的協力の理念と共通ルールの核をなす「正義原理」（合理的な根拠）を充たしているとき，そのときに限る[1]。

---

1)　独自の正義原理を核とする社会的協力の理念と共通ルールも正義原理も，現在のところ各国各様であり，残念ながら「ピレネの此方の正義は，ピレネの彼方の正義とは違う」という様相を呈している。
　　しかし，環境問題や国際テロ活動などの国際犯罪を取り上げても明らかのように，グローバルな社会的協力の理念と共通ルールがなければ，平和共存は不可能な時代になりつつある。すでに真偽の基準は，タルスキーの与えた規準がグローバルなものとなって世界共通に活用される時代がきたように正邪の基準も，いずれ世界共通なものになるに違いなく，また，そうならなければならない。
　　なぜなら，従来のグローバルな「力の支配」にかわる将来の人類の平和共存に必要なグローバルな「法の支配」のためには，何よりもまず，グローバルな協力のための共通の正義原理とそれを核とする共通の理念と共通ルールとが必須不可欠だからである。EUはその一里塚の試みだし，古代ギリシア時代のアリストテレスやアレキサンドロスのポリスからコスモポリスへのパラダイムシフトの試みも，理由は同じである。共通の法の支配の下では，戦争によらなくて，裁判で権利係争は片付くからである。人類の歴史は，力の支配から法の支配への歴史である。

6.2 政策の諸法則　211

　また，実質的に，事実前提 B が真であるのは，B が合理的・客観的な証拠を充たしているとき，そのときに限る。ちなみに言明「いま日本では，経済格差も地域格差も増大の傾向にある」が真であるのは，科学的な証拠体系に基づき，いま日本では，経済格差も地域格差も増大の傾向にあるとき，そのときに限る。

6.2-2　当為前提 A が $a_1, \cdots, a_m$ からなるとき，A が正しいのは，$a_1, \cdots, a_m$ のすべてが正しいとき，そのときに限る。($A \equiv a_1 \cdot \cdots \cdot a_m$)

　当為前提 $a_1, \cdots, a_m$ のうち，一個でも，正しくない（公正でない／正義に適っていない）前提が含まれていれば，当為前提 A は正しくない（公正でない／正義に適っていない）。

　なお，p, q を当為言明（……であるべし），1 を正，0 を邪，￢を否定（……でない），・を連言（……そして……），∨を選言（……または……），⊃を含意（……ならば……），≡を等値（……であるとき，そのときに限り……）とすると，当為言明の論理計算，つまり，前提から結論に至るまでの論理的推論の手続きは，次の「正邪表」による。

￢p	p・q	p∨q	p⊃q	p≡q
0 1	1 1 1	1 1 1	1 1 1	1 1 1
1 0	1 0 0	1 1 0	1 0 0	1 0 0
	0 0 1	0 1 1	0 1 1	0 0 1
	0 0 0	0 0 0	0 1 1	0 1 0

6.2-3　事実前提 B が $b_1, \cdots, b_n$ からなるとき，B が真であるのは，$b_1, \cdots, b_n$ のすべてが真であるとき，そのときに限る。($B \equiv b_1 \cdot \cdots \cdot b_n$)

　事実前提 B は，タルスキーの与えた「真偽の基準」[2]の意味において，真／

---

[2] A. Tarski, Der Wahrheitsbegriff in den formalisierten Sprachen, *Studia Philosophica*, I, 1935-1936,. 261-405, および A. Tarski, The Semantic Conception of Truth and the Foundation of Semantics, *Journal of Philosophy and Phenomenological Research*, 4, 1944 における真理の基準は「真理対応説」と称される。これはアリストテレスの「素朴対応説／描写説」に似ているが，大きな違いがある。アリストテレスの定義では，X の存在は言明「X は存在する」を真ならしめる原因とし，言明「X は存

真実／真理でなければならない。事実前提 b_1, …, b_n のうち, ただの一個でも, 真でない (偽なる) 情報が含まれていれば, 事実前提 B は真でない (偽である)。

なぜなら, $B \equiv b_1 \cdot … \cdot b_n$ だからである。下記の「真偽表」が示すように, $b_1 \cdot … \cdot b_n$ が真であるのは, b_1, …, b_n のすべてが真であるとき, そのときに限る。それゆえ, 事実前提 b_1, …, b_n のうち, ただの一個でも, 真でない (偽なる) 情報が含まれているなら, 事実前提 B は真でない (偽である)。

なお, p, q を事実言明 (……である), 1 を真, 0 を偽, ¬ を否定 (……でない), ・を連言 (……そして……), ∨ を選言 (……または……), ⊃ を含意 (……ならば……), ≡ を等値 (……であるとき, そのときに限り……) とすると, 事実言明の論理計算, すなわち, 前提から結論に至る一連の論理的推論は, 先の「正邪表」とパラレルな次の「真偽表」による。

¬p	p・q	p∨q	p⊃q	p≡q
0 1	1 1 1	1 1 1	1 1 1	1 1 1
1 0	1 0 0	1 1 0	1 0 0	1 0 0
	0 0 1	0 1 1	0 1 1	0 0 1
	0 0 0	0 0 0	0 1 0	0 1 0

6.2-4　政策判断 P には, 2値論理の「1-0計算」が活用される。

個人的価値の判断は, 己にとっては, より善い……最も善い, より有利……最も有利, より満足……最も満足, より幸福……最も幸福という比較級や最上級の判断を認め, 善／悪の2値の間に任意の中間値 (3値, 4値, ……) を設けることができる。

在する」はその事実の受動的描写とみなす。Aristoteles, *Meataphysica*, 1011b は「存在するものを存在するとし, また存在しないものを存在しないとするのは, 真である」と述べ, 判断が我々から独立して客観的に存在する「実在」をあるがままに捉えるとき, 判断は真であり, 否のとき, 判断は偽であるとした。

また, Aristoteles, *Categoria*, 14-6, 15-20 では, 「ある人が存在するなら, 彼の存在を主張する言明は真であるが, 逆に, ある人の存在を主張する言明が真であるなら, 彼は存在する。彼の存在は, ある意味でその言明の真理に対する原因であるが, 言明の真理は, 決してその存在に対する原因ではない。彼が存在するか否かによって, 言明は真または偽とされる」とも述べている。

これに対して，自然的価値の判断は，上記の「真偽表」から明らかのように，真／偽の2値の他に，中間値（より真……最も真）は存在しない。ゆえに，非真≡偽（￢1≡0），非偽≡真（￢0≡1）が成り立ち，2値論理の「1-0計算」にしたがうのである。

これと同様に，社会的価値の判断の場合にも，正／邪の2値の他に，中間値（より正しい……最も正しい）は存在しない。それゆえ，非正≡邪（￢1≡0），非邪≡正（￢0≡1）が成立し，真／偽の場合と同じように，2値論理の「1-0計算」が活用されるのである。

6.2-5 すべての政策判断 P は，「政策の法則」に基づき，二種類の前提 A と B から導き出される結論である。

政策判断 P はすべて，当為前提 A と事実前提 B の連言①（A・B）から，それらを前提として，2値論理の「1-0計算」にしたがって導き出される判断である。

つまり，　　　　　　　　①A・B
そして，　　　　　　　　②(A・B)⊃P
ゆえに，　　　　　　　　③P

なお，②(A・B)⊃P を「政策の法則」(law of policy) という。

このように，すべての政策判断 P は，一般的に，2値論理の「1-0計算」を活用し，それにしたがって導かれる判断である。政策判断 P の単純化された一例を挙げると，

当為前提 A-a_1：社会的および経済的な不平等は，(a)公正貯蓄原理と矛盾することなく，最も不利な状態におかれている人びとの利益を最大のものにし，(b)公正な機会均等の条件の下に，すべての人に開かれた地位や職務に帰属しているという具合に整えられていなければならない。

事実前提 B-b_1：近年，経済格差も，地域格差も，事実上，拡大の傾向にあるが，そうした格差は，公正貯蓄原理と矛盾することなく最も不利な状態に置かれている人びとの利益を最大のも

のにする状態にはない。
政策判断P：ゆえに，もっとも不利な状態におかれている人びとの利益を最大のものにすべく経済格差および地域格差を是正しなければならない。

以上である。もう一つイラク戦争の例をとると，アメリカは，

当為前提 A-a_n 「先制攻撃こそ最善の防御策たるべし」，……，
事実前提 B-b_2 「イラクのフセイン大統領は，隣国クウエートに進攻し湾岸戦争を招いた元凶である」，
事実前提 B-b_3 「イラク政府は否定を続けるが，イラク国内にはきっとどこかに核兵器が隠されているに違いない」（推定→事実とする誤謬），
事実前提 B-$b_{4\cdots m}$ 「イラクはアルカイダの巣窟と化している」，……，
政策判断P「この儘だと，中東が危うい，アメリカが危ない。イラクに対して先制攻撃をかけるべきだ」。

こうして，アメリカ主導で，イラク戦争が勃発した[3]。残念ながら，国連における十分な審議と決議を待たずして，また，仏：ドヴィルパンなどが学問的な根拠に基づいて展開した国連での薀蓄に富む強硬な反対意見を押し切って……である。

しかし開戦後，アメリカの政策判断Pの間違いが発覚した。

ブッシュ大統領は議会においてその誤りを認め，国民に謝罪した。重大な決定を誤って取り返しのきかない多くの犠牲者を出してしまった彼の責任は甚大である。そればかりではない。彼を大統領に選んだアメリカ国民の責任も問われよう。

では，何が間違っていたのか。それは，判断の前提である。

---

[3] なお，詳細はもっと複雑で，省略された前提……をひとつひとつ埋めなければならないが，判断のプロセスを単純化して事の本質を明確にすると，大筋では，以上のような政策判断Pに基づいて，イラク戦争は勃発した。

イラク戦争の開戦後，ただちに，イラク国内において，国連やアメリカが独自の調査を開始した。しかし，核兵器はどこを捜しても見つからない。イラクはアルカイダの巣窟であるという証拠も見つからない。

こうして結局，CIA情報→事実前提 B-b_3「イラク政府は否定を続けるが，イラク国内には，きっとどこかに核兵器が隠されているに違いない」は偽であること，また，CIA情報→事実前提 B-$b_{4\cdots m}$「イラクはアルカイダの巣窟である」も偽であることが判明した。

アメリカが国連の反対を押し切って先制攻撃に突入したあの「イラク戦争」は，誤った当為前提 a_m と偽なる事実前提 b_1, …, b_n とに基づいて導かれた間違った政策判断Pからくる間違った戦争であることが判明した。こうして，イラク戦争は「大義なき戦い」と化すに至ったのである。

間違いに気づけば直ちにやめるべきだ。原点に戻るべきである。終戦後の今なおイラク市民にもアメリカ兵士や協力国の兵士にも多くの犠牲者が続出し，引くに引けない泥沼の様相を呈している，今こそ引く勇気が求められる。ヴェトナム戦争のときと同じく，最後は国民の良識に帰する。長引けば長引くほど，指導者と国民の責任はますます重大となる。

6.2-6　政策判断は科学的探究である。都合のよい情報だけを前提としてはならない。

以上，政策判断におけるその前提の重要性について例証を試みたが，政策判断は一つの科学的探究である。すべての政策判断Pは，公認の社会的協力の理念（正義原理を核とする）と共通ルールにインプライされた正しい当為前提Aおよび科学的証拠に基づく真なる事実前提Bの連言A・Bから，「政策の法則」(A・B)⊃Pにしたがって推論を展開し，最終的に導かれる結論である。しかるに，結論の理非は前提の信憑性にかかっている。ゆえに，結論が正しいのは，すべての前提が証拠に基づいて容認されるときに限る。

したがって，上例のように，事実前提が偽，または／そして，当為前提が正しいのかどうか疑わしい場合には，政策判断は間違いを犯す危険性がある。命は一つしかなく，リセットもできない。こと人命に関わる政策は，慎重の上にも慎重でなければならない。

政策の間違いを認めただけでも，アメリカはまだましだという意見もある。そういえば日本政府は，依然，イラク政策の前提が誤っていた事実を国民に説明していないし，謝罪もしていない。これは，民主主義を標榜する日本国として恥ずべき隠蔽工作である。国民を騙し続けたかの「大本営発表」を髣髴とさせる。本当の民主社会の政府なら，国民に対して真実を包み隠さず明かすべき義務があろう。一体，誰のための政府か。

政府がもつ情報量は，国民がもつ情報量の比ではない。政策の前提となるすべての情報を明示しないで，政府の政策判断が正しいというのは，国民をなめている証拠である。それとも，どこか有力な国が求め，誰か有力者が求めるからか。立法者である政治家たちさえ「政策の法則」$(A \cdot B) \supset P$ を理解しえず，政策判断とその前提 A と B を吟味することなく，理由も知らないで，付和雷同的に政策判断を下すとすれば，また来た道か何か，いずれにせよ，恐ろしい顛末が待っている，と思えてならない。

ある政党が自分や支持者たちにとって都合のいい情報だけを国民に提示し，それを前提として，故意に，その前提が含意する政策判断を下そうとするのは，歪んだ政策判断である。ゆえに……であるべきという政策判断は，選ばれた前提を変数とする関数であるから，いかなる情報を選び前提とするかで政策判断は，まったく違ったものになる。前提の選び方でいかなる政策判断も可能となるのである。

したがって，政策判断が正しいか否かの決定には，その前提となる情報がすべて信頼のおける情報か，誤った情報ではないか，偽りの情報ではないかを見抜かなければならないが，それを政治家に求めるのではなく，教育／学習によって政治家を選ぶ側の国民自身がその「見抜く力」を身につけるべきであろう。何よりも必要なことは，国民の知的レベル・アップである。取り返しのつかない政治家の誤った政策判断は，当然，断罪すべきであり責任を追及すべきであろうが，政治家の愚策を批判する前に，愚かな政治家を当選させた国民の自己批判が先決問題であろう。

マッカーサーはアメリカ上院議会で「日本人は12歳」と証言したが，政治家の知的レベルを見れば，国民のそれがわかる。逆も然りで，批判精神がまだ足りない。政治家や官僚の嘘や詭弁を見抜き，「政策の法則」$(A \cdot B) \supset P$ に

基づき，前提 A と B の信憑性を洞察し，前提と結論との論理的関係を自ら糺し，政策判断 P が正しいか否かを知る能力を身につけることこそ，民主社会の成熟にとっては欠かせない要件である。

6.2-7 政策判断の推論が正しくないのは，当為前提 A が正しく，事実前提 B が真であるにもかかわらず，結論 P が正しくないときに限る。

「政策の法則」(A・B)⊃P の真偽値／正邪値の分析によって明らかである。

	(A・B)⊃P
①	1 1 1 1 1
②	1 1 1 0 0 (推論の誤り)
③	1 0 0 1 1
④	1 0 0 1 0
⑤	0 0 1 1 1
⑥	0 0 1 1 0
⑦	0 0 0 1 1
⑧	0 0 0 1 0

政策の法則 (A・B)⊃P の値 1-0 の組み合わせは $2^3 = 8$ 通り存在するが，そのうちの上記②の組み合わせがそれを意味している。

より単純には，言明 p⊃q において，p を前件，q を後件とするとき，次の真理値分析／正邪値分析から明らかのように，

	p⊃q
①	1 1 1
②	1 0 0
③	0 1 1
④	0 1 0

言明 p⊃q の値が 1 となるのは，①の p が 1 で，q が 1 のとき，③の p が 0 で，q が 1 のとき，④の p が 0 で，q が 0 のときであるが，これとは逆に，言明 p⊃q の値が 0 となるのは，②の前件 p が 1 で，後件 q が 0 のときに限ることがはっきりする。

ここで重要なことは，前件 p が 0 なら，後件 q が 1 であれ 0 であれ，言明

p⊃q の値は，③④のように1となる，ということである。このことは「政策判断」にも該当し，まず，政策の前提が間違っていれば，どのような結論でも，間違った政策でさえ正当化されるということを意味している。だからこそ，政策判断の前提は，すべてぬかりなく，余すことなく，厳しくチェックしなければならない。

6.2-8 学術的な政策の立案→国会における政策の選択→政府による政策の実施→社会的な政策の評価という一連のサイクルにおいて最も重要な点は，政策判断の前提批判である。

以上のとおり，「政策の法則」(A・B)⊃P において，政策判断 P が正しいためには，前提 A・B が正しくなくてはならない。しかし，前提 A・B は連言であるが，連言が正しいためには，A と B がともに正しいか，A が正しく，B が真であること。しかるに，A は当為前提であり，B は事実前提である。ゆえに，政策判断 P が正しいのは，当為判断 A が正しく，かつ事実判断 B が真であるときに限る。

それゆえ，学術的な政策の立案→国会における政策の選択→政府による政策の実施→社会的な政策の評価という一連のサイクルにおいて，綿密な前提批判が最重要の課題とされるのである。前提のどこかに値0の情報が含まれていると，政策判断は間違っていることになるからである。

ではなぜ，当為言明と事実言明が一緒に「1-0計算」にかかるのか。ともに「二値論理」だからである。事実言明の場合は，真か非真≡偽は成り立つが，比較級の「より真である」や最上級の「最も真である」は成立しないのである。同じように当為言明の場合も，正か非正≡邪は成り立つが，比較級の「より正しい」や最上級の「最も正しい」は成立しない。

そこで，真と正をともに1とし，偽と邪をともに0とすれば，政策判断の結論が正しいか否かは，二値論理の「1-0計算」によって簡単に確かめることができる。つまり，

　　　　　　　真≡¬偽　と　正≡¬邪　は，$1≡¬0$
また，　　　　偽≡¬真　と　邪≡¬正　は，$0≡¬1$

として計算に付される。社会的価値としての正／邪は，自然的価値としての真／偽と同じように，二値論理の1-0計算によって結論に辿りつく。

この点は前述の「真偽表」の¬pから明らかで，真の否定が偽で，偽の否定が真であるように，前述の「正邪表」の¬pから明白であり，正の否定は邪で，邪の否定は正である。また，次のような二値論理の「基本法則」もなりたつ。すべての政策判断Pについて，

(1) Pは正しいか，それとも，Pは正しくない。
(2) Pが正しいなら，あくまでも，Pは正しい。
(3) Pが正しくて，かつPが正しくないということはない。
(4) Pが正しくないなら，あくまでも，Pは正しくない。
(5) Pが正しくなくて，かつPが正しいということはない。などなど。

こうして政策判断Pは，当為前提A（≡$a_1\cdots a_1$）および事実前提B（≡$b_1\cdots b_n$）の科学的根拠に基づくチェック・分析と1-0計算によって，正しいか正しくないかを論理的・経験的に決定することができる。このように，すべての政策判断Pは，選ばれた前提とのかかわりぬきにそれ自体では評価できず，必ずや正しい，または，真なる前提に論理的に含意(imply)[4]されていなければならない。

6.3 誠実の原理（principle of sincerity）

英語の「誠実」は，honesty, good faith, truthfulness, integrity ともいうが，上記のとおり，政策の立案→国会における政策の選択→政府による政策の実施→社会的な政策の評価という一連のサイクルにおいて，真実を第1の前提とし，正義を第2の前提とすることがいかに重要であるかは明々白々であろう。

一連のサイクルのどこであれ，政策に責任を負うものが，白を黒と言ったり，黒を白と言ったりするようでは，まともな政策などできっこない。あく

---

[4] 二つの言明pとQについて，言明pが真であるなら，言明qも真であるとき，pはqを含意するという。言い換えると，pがqを含意するのは，p⊃qが真であるとき，そのときに限る。

までも白は白であり，黒は黒であるとする誠実さを失うと，疑心暗鬼がたかまって社会的信頼の基礎が根底から崩壊し，早晩，社会は魑魅魍魎の伏魔殿と化すに違いない。

それゆえ，国策について言えば，理由は何であれ，主権者たる人民の人民による人民のための政策であり，政府関係者は国民のサーバントである限り，白を黒として国民を騙したり，国民に嘘をついたりしてはならない。政策に従事するものは，己の利益や都合の良し悪しに関係なく「永遠の相の下に」真実を明らかにし，「誠実の原理」に基づき，国民には白は白，黒は黒とはっきり延べて，すべての情報を開示するとともに，日頃より，自律心の向上と判断力の練磨に努めるべきである。

政治家が政治家の独自の論理と利益で動いたり，公務員が公務員の独自の論理と利益で動いてはならない。社会的協力が安定的・効率的でかつ明るく活気に富むのは，彼らが「誠実の原理」を行動規範とするとき，そのときに限る。もし，彼らが「誠実の原理」を放棄して白を黒，黒を白とし，国民が「政策の法則」（A・B）⊃P の前提 A・B に疑問を抱くようになれば，政策の信憑性は地に堕ち，いかに強権的措置を講じようとも社会的協力は不安定と非効率の悪循環に陥るであろう。

6.4 責任の原理 (principle of obligation) とノブレス・オブリージ

「責任の原理」も，政策立案→国会における政策の選択→政府による政策の実施→社会的な政策の評価という一連のサイクルにおいて，当事者に責任の重大さを自覚させ，私利私欲からくる恣意的な振る舞いを排する上で重要な役割をはたす[5]。

責任の原理：社会的協力に従事する成員たちに「責任」(obligation) が発生するのは，次の条件(1)～(3)を充たすとき，そのときに限る。

---

[5] この「責任」の概念は，ロールズの与えた「責任」(obligation) と共通する概念である。藤川吉美『正義の研究2，ロールズ哲学の全体像』－公正な社会の新しい理念－成文堂，pp.136f

6.4 責任の原理（principle of obligation）とノブレス・オブリージ

(1) 社会の構造と制度が前章で論じた合意形成に基づく「正義原理」（principle of justice）を充たしている。
(2) 自発的な社会的協力（social cooperation）から応分の利益を得ている。
(3) 社会的協力・分業において提供される機会（opportunity）を己の利益の増大に活用している。

このように，人びとに責任が発生するのは，制度が公正であり，公正な制度から利益を得ており，与えられる機会を私益に用いているとき，そのときに限るのであって，不当な制度に拘束力はなく，威嚇され強制された同意にも効力はない。

それゆえ，不当な制度に同意するよう脅され強制され，仕方なく合意形成に加わったとしても，不当な制度はそれ自体で無効であり，また，利益を拒む人びとへの役割の強要も責任の追及も無効である。自発的な同意なき強要にも，威嚇や暴力に基づく強制的な同意にも責任は発生しない。この点は，いかなる権利も責任も，征服や戦争や暴力や違法行為からは発生しない，というロックの考えと共通する[6]。

こうした「責任概念」は，「義務」（duty）のような倫理的要請と異なり，①責任の自覚は自発性・自律性を促し，②責任の意味は，社会的協力における理念や共通ルールや制度によって定義され，③責任を負うべき者は，制度の維持に協力する人びとであり，ゆえに公務公職にあるものは，己を信頼して協力を惜しまず，かつ，己に政治や政策や行政を委ねるすべての人びと／すべての国民に対して重大な責任を負うべきである。とくに，権威ある地位や職務にあるものほど重責をともなう。

---

[6] J. Locke, *Two Treatises of Government*, 1690, a critical edition with an introduction and apparatus by Peter Laslett, Cambridge at the University Press, 1963, ch. 16. この著作において，ロックはこう述べている。「強盗が侵入して喉元に短刀を突きつけ，有無をいわさず，資産譲渡の契約書に捺印させたとせよ。このとき，その強盗は何らかの権利を得たことになるであろうか。武力を用いて服従を強いたり，不正な征服者が剣を用いて入手する権利とは，しょせんこのような権利に他ならぬ。もし，誰かが戦争に訴えて征服，略奪など，暴虐無尽の限りを尽くし，かりに征服者が被征服者に対して隷属や隷従を強制したにせよ，彼らが手に入れる権利などまったくないのである（Sec. 176）。

伝統的な諺 "noblesse oblige" は,「高貴な身分には重責がともなう」と解されてきたが,今では「ノブレス・オブリージ」(noblesse oblige) は,こうして「地位の高い役職者ほどいっそう忠実に,正しい体制／公正な制度に自らを拘束しなくてはならぬ重い責任がある」というように,現代的な解釈を施すことができる[7]。

自発的な合意形成を基盤とする民主的な社会的協力は,選ばれた理念と共通ルールへの信頼を基礎としてのみ成り立つ。だからこそ,公務・公職にあるものは,自分を信頼して協力に従事し,その理念や共通ルールを羅針盤として政治や政策や行政の舵取りを委ねてくれるすべての個人に対して重大な責任を負わなければならない。とくに,国の舵取りに最終的責任を負うべき立場にある総理大臣ほか,閣僚,政府高官など,権威のある地位や職務にあるものほど,舵取りの責任は重い。

しかるに,日本の現状はどうか。個性,自律心,主体性,批判精神を抑え,個人よりも組織を重視するという明治以来の文部行政と教育政策の間違いが今なお尾を引き,個人は未成熟のまま。正義感や責任感や哲学的な探究心に乏しく,民主主義とは名ばかり。世界に誓った戦争の反省と日本国憲法前文の理念や共通ルールの箍がゆるみ,上から下まで首相以下各閣僚および政府高官までもが私利私益の奴隷とは,無責任の極みである。これこそ世界に恥ずべき「無責任天国」日本の悲しい現状ではないか。

恥ずべきことは他にも沢山あるが,日本人として何よりも恥ずべきことは,戦争に負けたことではない。不当なる舵取の逸脱を国民が抑えられず,かの無慈悲な侵略戦争を終わらせるに自らの手をもってではなく,連合軍の手をもってせざるを得なかったことである。社会の羅針盤たるべき大学,世の中の知的リーダーたるべき大学人に,もし,国の不正を阻止するだけの智恵と見識と勇気とがあったなら,軍閥に操られて王道主義や八紘一宇で美化された侵略戦争に加担することも,隣人の誇りを汚し,自尊心を穢すという取り返しのつかぬ大罪を犯すことも,国体護持の手段として国民を赤紙一枚で戦

---

[7] これはロールズの「正義理論」における新しい解釈である。藤川吉美『正義の研究2,ロールズ哲学の全体像』－公正な社会の新しい理念－成文堂,p.137を参照されたい。

6.4 責任の原理 (principle of obligation) とノブレス・オブリージ

場に送り込み, 父や子や夫の命と幸福とを奪い取って不幸のドン底に蹴落とすことも, 戦後の復興に連合軍の手を煩わせることもなかったであろう。

　負けたから, 強制されたから, 仕方なく連合軍の命令に従うというのではなく, 自らの正義感と責任感と内的欲求により, あくまでも, 自らの自覚と責任において, 無謀な戦争を反省し, 世界に向かって謝罪し, その償いとして, もう二度と過ちを繰り返さないという決意を表明し, その証として高遠な理念に基づく「平和憲法」を制定したのではなかったか。正義に鑑みて審判を下す戦争責任の追及は, 戦地に散った「正当な理由」(justa causa) なき戦争の犠牲者に対する生き残った国民のはたすべき当然の責任であり, 義務である。

　これがもし絵に描いた餅に終わるなら, やはり日本は, 連合国軍が原爆をもって対処しない限り, 今なお, 太平洋戦争に終止符は打てず, 真理も正義も軍閥の暗闇に没し, 平和主義も民主主義も国際主義も日の目を見なかったはずとされよう。私たちの理性と良心は麻痺していたのか, マハトマ・ガンジーは『剣の教義』[8] (1920) において, 次のように日本を批判している。その要諦はこうである。

　非暴力は暴力にまさり, 宥恕は処罰よりも荘厳にして武人をかざる。暴力は獣類の掟であって, 非暴力こそが人類の法である。人間の尊厳性は, 至高法である理性による。……行動的非暴力は, 自覚に基づく受難をいい, 不逞の輩に屈服せず, 渾身の力をこめて圧制者の意志に抗することを意味する。この人間存在の法に基づいて行動するなら, 不当な帝国の全権力を拒否し, ただ一者といえども名誉と宗教と魂を救い, 帝国の没落と自国復興の基礎を築くことも可能である。剣の教義をとれば, 一時的な勝利をおさめるかもしれないが, すでに, わが心に誇りはない。西欧の猿真似は禁物である。……。

　英国人よ！　非暴力の武器をもってナチと戦うべし。日本の無慈悲な中国侵略と対枢軸国同盟は, 世界の列強と肩を伍さんとする野望が昂じた不当な逸脱である。非暴力こそは, 軍国主義の精神や非望に対する唯一の解毒剤である。人類は非暴力によってのみ, 暴力から脱却することができる。憎悪は

---

[8] Mahatoma Gandhi, *Young India*, August, 11, 1920 を参照されたい。

愛によってのみ克服される。憎悪に対するに，憎悪をもって処するは，ただ憎悪の増幅をもたらすのみ。

　日本国民一人ひとり，過去の狂信的ファシズムを許し，軍閥独裁を認めてきた不賢明と無気力と不名誉を恥じ，日本人の名誉にかけて，二度と覆轍の愚を犯さないと決意し，その不合理な社会的協力の仕組みゆえに国の暴走に歯止めをかけ得なかった旧帝国憲法を葬り去り，日本を真実の平和国家とする永久に全く軍備をもたぬ国家として再出発するための平和憲法を制定し，世界に向けて平和への決意を発信した。日本は丸裸になって出直したはずであった。私もこれに賛同した一リベラリストである。

　戦後，GHQ 最高司令官のダグラス・マッカーサーが日本に進駐したとき，エントレンチッド・ビュウロクラシー（entrenched bureaucracy）に注意せよ（塹壕に身を潜めている官僚に注意せよ）と述べているように，占領下の歴史的な審判，新憲法や教育基本法等の起草など一連の民主的パラダイム転換に対し，強者が命じたポツダム宣言履行のため一時凌ぎの糊塗やむなしと面従腹背を決め込む連中がいた。盗賊集団まがいの旧体制において甘い蜜を存分に吸ってきたかの戦犯たちである。

　マッカーサーの予言は的中した。彼らは朝鮮戦争を慈雨に竹の子のようにニョキニョキと頭を出し，東西冷戦を名誉挽回の禊とし，再び，表面に躍り出たのである。平和国家の理念をねじ曲げたのは，他ならぬ彼らである。これでは「信教の自由」も無視され，有無を言わさず靖国神社に眠らされた父も子も夫も浮かばれまい。

　不幸にも日本の場合，何よりもいけないことは，本来，一義的であるべき社会的協力の理念（正義原理を核とする）と共通ルール（平和憲法を公理とする）の解釈において指導者の間に亀裂が生じていることである。哲学が二つあり，羅針盤が二つある。だから，舵取りには違いがある。どちらが世界に誓った戦後日本の正しい理念かをめぐって今なお争いが絶えない。それゆえ，責任問題もうやむやになる。

　日本の哲学者はいったい何をしている？との批判に対しては，一哲学者として，言っておくべきことがある。かつて日本には，責任を重視する「恥の文化」があった。ところがこの文化は，失われてしまった。これは「ノブレ

6.4 責任の原理（principle of obligation）とノブレス・オブリージ

ス・オブリージ」(noblesse oblige) の喪失と深い関係がある。社会の上層部が責任感を失って腐敗すれば，当然ながら，腐敗は下層部まで浸透する。どう刑罰を強化しても意味はない。刑罰強化の前に，まず上が自己の役割と重責を自覚し，社会的協力の理念と共通ルールとを尊重すべきである。もし，ノブレス・オブリージを忘れて，上が私利・私欲に溺れた無責任な振舞いをしながら，下の無責任な振る舞いに厳罰をもって処す。民に尻を向ける悪しき政治家と官僚の傲慢さが信頼関係を失わせ，社会的協力を根底から崩壊させるのである。

小泉元首相の隣国に過去の悪夢を想起させる靖国参拝の強行と国連常任理事国入りへの愚かな働きかけ，アメリカ主導のテロ撲滅作戦への参加，安部前首相の憲法改定の準備と管理強化の教育基本法改定，福田首相の宙に浮いた年金記録5,000万件の公約違反，血液製剤（フイブリノゲン）でC型肝炎を発症した患者への政府の責任・補償問題，防衛省（事務次官他）・政治家と山田洋行他の贈収賄事件，ガソリン・灯油ほか燃料高騰・経済格差・地域格差など福祉問題に対するアメリカ戦艦等への給油再開の固執と新テロ特措法問題の優先措置など，いずれも日本が世界に深く謝罪し，固く誓った平和憲法の精神を踏みにじる由々しき行為ではないか。給油中止は国際的な信用問題というが，民の悲鳴と政治家や官僚の腐敗など緊急を要する荒れ放題の国内状態を放置して対テロ戦争に加担とは，開いた口も塞がらないお粗末さ。足元を見失った間に，テロ集団は，外からではなく，再び，内から湧いてくる虞がある。世界は過去の大罪を忘れていない。日本への期待は何よりも「平和憲法の精神」の遵守とノブレス・オブリージである。

「日本人は12歳である」というマッカーサーの言葉は，今なお生きている。神がかりの国家的暴走によって世界に多大な犠牲を払わせたあの戦争を反省する限り，理性と良識があるなら，国際社会への軍事的協力は固くご遠慮を申し上げるべきである。第一，日本国憲法はそれを厳しく禁じている。その理由を忘れてはいけない。国際貢献をしたい。現行憲法の下では，軍事貢献はできない。ゆえに，憲法改正だ，海外派兵への途を拓くのだ……という論法は公約違反で，世界にとって迷惑千万。ナチス・ドイツと手を組み，八紘一宇のパックス・ヤポニカを装ってアジア諸国を侵略した亡霊の再来なのか，

国際貢献を口実とした戦前回帰の偽装ではと訝(いぶか)る国々があろうとも，それを否定し，戦後一度も戦争はしていないと激怒する資格は，日本にはない。まず，喰えない日本人をなくした後の平和貢献こそ世界から委ねられた正しい国際貢献の在り方であろう。

9/11テロに怒り狂い，核兵器貯蔵など前提の崩れた国連決議ぬきの人道に反する大義なき戦争に，かつて戦犯を人道に反する罪で裁いたアメリカ政府をはじめ連合国が日本を巻き込もうはずがない。理性と良識あるアメリカ市民なら決してそうは思わない。ノブレス・オブリージの条理を弁(わきま)えた民主党の次期アメリカ大統領もそうは思わないに違いない。

6.5 公正の原理 (principle of fairness)

これまでの論考から明らかのように，社会的協力の「理念」(正義原理を核とする)と「共通ルール」(憲法を公理とする)の選択をまって初めて，その理念を現実の社会的協力において具体化するために必要な社会の「基本構造」と「主要制度」とが確定し，それに基づいて社会の「背景的公正」(background fairness)が構築されることになる。

また，すでに第5章において述べたように，正義原理の選択に際し，己にとって有利か不利か好都合か不都合かの判断に必要な具体的情報を排する「不知のヴェール」の仮定と一か八かの危険な賭けを排して，最悪の場合にも最も安全確実な正義原理の選択へと誘うかの「マキシミン・ルール」を導入するなど「合意形成への収束」を邪魔する妨害要因の排除に巧みな工夫をこらした「原初状態」(original position)内部の公正な手続きに従って選ばれた「正義原理」(principle of justice)であって，理由体系に基づく「均衡解」として選ばれた原理である[9]，ということから，選ばれた「正義原理」が文句なく「公正」であることは，自明の理であるといえよう。

---

[9] 前章の5.4-5に示したロールズの第1原理（平等な自由の原理），第2原理（平等な機会の原理），優先規則Ⅰ（自由の優先），優先規則Ⅱ（効率や福祉に対する正義の優先）がその一例である。これをロールズは「公正としての正義」と称していることから明らかのとおり，この正義原理は「公正な正義原理」であるといえよう。

6.6 多数決の原理 (principle of majority decision)

こうして「公正の原理」は、一連の政策過程において、次のことを求める。

(1) 「政策の法則」$(A \cdot B) \supset P$ の当為前提 A に含まれる正義原理それ自身が理由体系に基づく「公正な正義原理」であるべきこと。

(2) 「政策の法則」$(A \cdot B) \supset P$ のすべての当為前提 $a_1 \cdots a_m$ は、理由体系に基づく「公正な当為前提」であるべきこと。

(3) 「政策の法則」$(A \cdot B) \supset P$ の事実前提 B を構成するすべての $b_1 \cdots b_n$ は、証拠体系に基づく「真なる前提」であるべきこと。

(4) 「政策の法則」$(A \cdot B) \supset P$ の結論 P についても、理由体系および証拠体系に基づく「公正な結論」であるべきこと。

(5) 選ばれた政策が公正な政策であるのは、以上の要件(1)〜(4)を充たすとき、そのときに限る。

選ばれた政策が以上の要件(1)〜(4)のいずれかを充たしていないとき、これを不公正な政策であるとか、選ばれた政策は公正でないという。たとえば、正義原理それ自身が公正でないとか、当為前提のどこかに公正でない前提が含まれているとか、事実前提のいずこかに真でない(偽である)前提であるとか、客観的な証拠に基づいていない疑わしい前提が含まれているとか、推論規則の適用による前提から結論への論理的推論に単純ミスの間違い／意図的な誤魔化し／作為的なデータ改竄や情報の差し替えがあり、それゆえ「政策の法則」の結論が公正とはいえないとか、どう審議を尽くそうと合意形成に至らないような不公正な結論であるという場合がこれである。

歴史上の君主制、貴族制などの場合は、合意形成は無視されてきたが、民主制の社会的協力の場合には、成員一人ひとりの合意形成なくしては政策の立案→選択→実施→評価は成立しない。しかし、多数決の意味での合意形成ではないことを次に述べておく。

6.6 多数決の原理 (principle of majority decision)

「合意形成」には、多数者の合意(不完全合意)と均衡解としての全体の合意(完全合意)とが認められるが、すでに述べたように、政策問題は正義問題であり、社会的価値の問題である。それゆえ、すべての政策問題は、社会的に

正しいか否かの問題であって、けっして自分にとって有利か否か、好都合か否かという私的レベルの問題、つまり、個人的価値の問題ではない。自分にとって善いことは、必ずしも他者にとって善いことではないし、もし、善概念が一人ひとり質的に異なるとすれば、加算可能という仮定さえも成立せず、かなり疑わしいことになろう。

　質的に異なる各人の善概念を加えれば、公的な正概念になるというのは、善の最大化を正とみなす錯覚であり、これは「価値レベルを混同する誤謬」である。また、多数の善は少数の善に勝るというのも、同様な錯覚であり、同様な誤謬に陥っている。善をいかに加えても、正にはならない。善は善であり、正は正である。あくまでも、個人的価値は個人的価値であり、社会的価値は社会的価値である。

　これは善概念ばかりではなく、美概念、聖概念、満足概念、幸福概念にも同様にいえることである。つまり、十人十色のそうした私的・個人的価値をどのように加えても、価値レベルが異なっているから、公的・社会的な価値である正概念、正義概念、公正概念にはなり得ないのである。公的に正しい政策か否か、正しい制度か否か、正しい法律か否かは問えても、赤い原子、青い素粒子(抽象化のレベルを混同する誤謬)に似て、善い政策か否か、善い制度か否か、善い法律か否かは問えない。公私混淆が混乱をまねく。

多数決の原理：多数派の「善」が「正」なのではない。また、多数派の私的な利益や満足や幸福が公的に正しいのでもない。政策審議や立法審議は、私益／満足／幸福の争奪戦の場ではない。私的な判断を公正な判断へ向かわせ、多様な判断を均衡解へと収束させていくための客観的な探求法である。ゆえに、当事者は共通の理念(正義原理を含む)の下に、すべての前提の真／偽、正／邪を確認し、多数決に付す前に、納得のいく十分な審議を尽くしておくべきである。

　もし、審議に加わる当事者が共通の理念(正義原理を含む)の下に関係するすべての前提を吟味し、納得のいく十分な審議を尽くした上での多数決

ならば，多数派と少数派との間の利益や満足や幸福の奪い合いという最悪の事態は避けられよう．適正な規制の下で，慎重な審議を十分に尽くした多数決なら，否の場合よりも，公正さは期待できよう．

「数の暴力」の定義：多数派の「善」（利益，満足，幸福）を誤って「正」とし，多数決を善（利益，満足，幸福）の争奪戦と勘違いして多数派の要求を正当化する禊の手段に悪用して，政策や法案それ自体とその前提について慎重な審議を十分に尽くすことなく，反対意見を封じ込めるべく多数決を強行するとき，これを数の暴力という．

多数派の多数派による多数派のための政治は，すでに，民主主義ではない．それは，もうすでに，民主主義の衣をまとう民主主義を逸脱した「多数派専制」であると言えよう．

多数派専制は，多数決が人びとを「公正な判断」へと向かわせ，均衡解へ収束させていくための客観的な探求法という本来の使命から逸脱し，エゴイスティックな「多数派の多数派による多数派のための政治」の追認と祝福のための手段として悪用されるにいたるとき，「数の暴力」と「民主主義の死」とともに到来する．

6.7 合意の原理（principle of agreement）

すでに述べたように，「合意」と「真／真実／真理」との関係についていえば，学術的根拠に基づく十分に納得のいく説明など，他の諸条件が一定ならば，多数者の合意ゆえに真実なのではない．逆に，真なるがゆえに合意が成立するのである．このときに「数」は問題にならない．多数決で真か偽かを決めることなどナンセンスこの上ない．真か偽かの決定は，証言であれ何であれ，すべて証拠体系に基づいておこなわれる．これを証拠主義という．証拠主義に立脚すれば，たとえ，多数者が反対または難色を示そうとも，真は真であり，真を偽とすることはできない．

たしかに、アインシュタインの『特殊相対性理論』（1905年発表）は、最初から容認されていたわけではない。多くの学会で否定されたり疑問が呈されたりしたが、証拠が明らかとなるにつれて、多数者がこの理論を認めるに至った。だからといって、彼の理論は最初は偽であったが、次第に真になったとはいえない。一般に、理論であれ何であれ、真か偽かという決定は、証拠によって決定されるのであって、けっして、世論や合意の数によって決まるのではないからである。

これと同じように、「合意」と「正／公正／正義に適う」との関係についても、もし、他の諸条件が一定なら、多数者の合意ゆえに正しいのではなく、逆に、正しいがゆえに合意は成り立つのである。このとき「数」は問題ではない。多数の支持があるかどうかで公的に正しいか否かを決めるとは、ナンセンスである。

正しいか否かの決定も、一般的に「理由体系」に基づいておこなわれる。これを「理由主義」という。この理由主義に立脚すれば、多数者がどう反対し、いかなる難色を示そうとも、選ばれた公認の理由体系に基づき、それを根拠として、正しいことは正しいこととされ、正しいことを正しくないと決めるわけにはいかない。

たしかに、古代ギリシアや古代ローマでは、いや、アメリカでは近年まで、奴隷制度が容認されていた。都市国家アテナイの人口400,000人のうち250,000人が奴隷であったというから、過半数の62.5％の国民が奴隷として酷使されていた。しかし、だからといってソクラテスの時代には、奴隷制度は正しかったが、人権意識の高揚に伴って次第に正しくないとされるに至ったと言えようか。けっして言えない。なぜなら、奴隷制度が正しいか否かは、その理由によって決定されるのであって、世論や合意の数によって決まるのではないからである。

こうして「合意形成」には、日常的な多数決による「不完全合意」と理由体系に基づく「完全合意」とが存在することになるが、現実には、これらの混同が「合意形成」をめぐって多大な混乱をまねく。ゆえに、これらを明確に使い分けなければならない。

6.7 合意の原理（principle of agreement）

完全合意の原理 I（principle of strict agreement）：

事実言明「X は Y である」が真／真実／真理であるのは，証拠体系に基づき，X は Y であるとき，そのときに限る。

事実言明「X は Y である」に完全合意が成立するのは，証拠体系に基づいて，X は Y であるとき，そのときに限る。

当為言明「X は Y であるべき」が正／公正／正義に適うのは，理由体系に基づき，X は Y であるべきとき，そのときに限る。

当為言明「X は Y であるべき」に完全合意が成立するのは，理由体系に基づいて，X は Y であるべきとき，そのときに限る。

このように，当為言明「奴隷制度は廃止されるべきである」が正しいのは，すでに述べた政策の法則（A・B）⊃P の当為前提 $a_1, \dots, a_m$ を含むような理由体系に基づき，奴隷制度が廃止されるべきとき，そのときに限る。言い換えると，当為言明「奴隷制度は廃止されるべきである」に完全合意が成立するのは，前述の当為前提 $a_1, \dots, a_m$ を含む理由体系に基づき，奴隷制度が廃止されるべきとき，そのときに限る。

こうして，真／真実／真理，および，正／公正／正義という概念が極限概念であるように，完全合意という概念も「合意形成」の極限概念である。しかし，これは現実的な概念ではない。自分にとって有利か否かに関する具体的情報が与えられている「現実状態」においては，完全合意は望みえない。「完全合意という概念」は，合意形成の視点から捉えた理論的・観念的な極限概念に他ならない。

こうした「極限概念」は，幾何学でいう広がりがなく位置だけを示す点や幅のない直線を「延長抽象化の極限概念」とみなすに似て，私たちの肉眼では，現実にノートに描かれた不完全な点や直線（広がりと幅のある）しか見えないが，現実状態から抽象化（abstraction）の過程を経て，余計な偶然的要因を捨象しながら，その極限状態で遂に理論上・観念上の完全な点や直線という極限概念が心の目に見えてくるのである。

私たちは，ノートに描かれた広がりと幅のある現実の不完全な点や直線から，意識的であれ無意識的であれ，「延長抽象化の方法」や「性質抽象化の方

法」10)によって広がりなく位置だけを示す完全な点や幅のない完全な直線に辿りつき，そのような完全な極限概念を心の目で捉えている。言い換えると，私たちは巧みな抽象化によって，ノートに描かれた現実の「不完全」な点や直線から，洗練された「完全」な点や直線をその極限概念として読み取っているのである。

「完全合意」の概念も同様である。現実状態における人びとの善概念や満足概念や幸福概念などの価値基準は，それぞれ違っている。なぜなら，真か否かの自然的価値の判断基準は，いまや世界共通となり，また，公認の正しいか否かの社会的価値の判断基準も，国内では共通となっているが，これに対して，私的な善いか否か，美しいか否か，聖いか否か，満足か否か，幸福か否かなど個人的な価値の判断基準は，個人Aの基準，Bの基準，Cの基準……と個人の数だけ基準が存在するからである。

それゆえ，政策審議または立法審議では，自分にとって有利な政策は何か，己にとって好都合な法案は何かを知る上で必要な具体的情報が示されている限り，完全な合意は成立するはずがない。せいぜい，多数決に訴えた多数の合意に止まるであろう。

しかし，個人の好みが多いか少ないかで採決し，多数の好みを少数の好みに勝るとすることに，はたして何の意味があるのだろう。個人Aにとって，Bにとって，Cにとって，……大切なことやものを個人的価値というが，これが人によって異なるのは，彼らの好み（選好体系）がそれぞれ異なり，目的／目標（人生計画）もそれぞれ異なり，ひいては自然財（自尊心充足の基礎をなす才能，個性，性別……の発掘）がそれぞれ異なっているからに他ならず，生来の自然財を替えることは不可能である。等しく尊重すべきゆえんである。

---

10) 拙著『一般抽象化理論』大竹出版，1988を参照。本著では，現実状態の「事象」や「性質」から，抽象化のプロセスを辿りつつ，理論的な目的に応じた観念上の極限状態，つまり，極限概念に到達する方法を説明している。

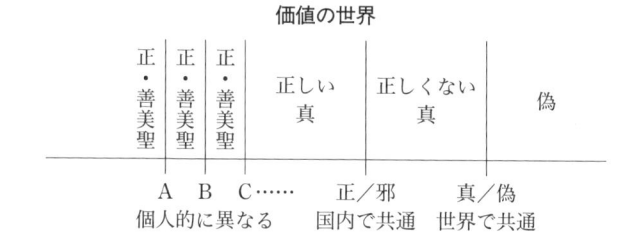

6.7 合意の原理（principle of agreement）

価値の世界

正・善美聖	正・善美聖	正・善美聖	正しい 真	正しくない 真	偽
A	B	C……		正／邪	真／偽
個人的に異なる			国内で共通		世界で共通

したがって「完全合意」は，自然的価値：真／偽の判断が共通の価値基準と証拠体系に基づいて成立するように，公的・社会的価値：正／邪の判断も，選ばれた共通の価値基準と理由体系に基づき，すでに述べた「不知のヴェールとマキシミン・ルール」の導入された原初状態に視点を移すことによって成立可能である。

こうして，事実言明「XはYである」が真であるのは，完全合意が成立するとき，そのときに限るように，社会的価値：正／邪についても，完全合意と正の同一性が成立する。

完全合意≡正しい：当為言明「XはYであるべき」が社会的に正しいのは，理由体系に基づき，完全合意が成立するとき，そのときに限る。

しかし，完全合意が成立しない場合まで含む一般的な「合意形成」の場合には，上記のような「完全合意」と「正しい」との同一性は成立しないのである。二つの概念の関係は，記述のとおり，合意形成ゆえに正しいのではない。正しいがゆえに合意形成されるのである。

合意形成の原理II：当為言明「XがYであるべき」は，理由体系に基づき，正しいから，合意形成される。合意形成されるから，正しいわけではない。

なお「多数決」の誤用や濫用は，その大部分が「合意形成の原理II」の無

知または誤解からくるのであって，最悪の事態である「数の暴力」も，それに付随する。

　こうして，合意形成それ自体が大切なのではなく，要は，その根拠だということが判明しよう。合意形成は正しさに付随する。厳密には，理由体系に基づく正しさに付随するのであって，逆に，正しさが合意形成に付随するのではない。それでは，合意形成は「正しさ」の追認と祝福ではないかという意見もあるだろうが，それゆえ，民主社会では，政策審議や立法審議において，直接／間接，まず，理由体系に基づく政策や法案の十分な説明が先決問題として与えられ，それを前提として十分に納得のいく審議が繰り返され，その結論に対して民意を問う「合意形成」は，まさに不可避の要件なのである。

6.8　公正な政策の原理

　政策審議や立法審議において，審議中の政策が公正か否かの判断は，何を基準に／何を根拠にしておこなわれるべきか。最後に，この問題について検討を加えよう。

　すでに述べたように，私たちがジャングル状態から社会的協力の状態へと移行するとき，最初に民意を問い，社会的協力に加わろうとするすべての当事者が解決しておかなければならない要諦は，まず，その仕組みをどうすべきか，いかなる理念（正義原理を核とする）と共通ルール（憲法を公理とする立法体系，度量衡，言葉その他，約束ごと）とを選ぶべきかについて十分な審議を重ねた末に，理由体系に基づき，自ずと正しいがゆえに完全合意が成立したというような最初の「完全合意」を協力の仕組みの基本である「理念」と「共通ルール」に対して取り付けておくことである。

　誰かを「理念」や「共通ルール」の外に置くような「多数決」ではいけない。当事者のすべてが理由体系に基づき，正しい理念と共通ルールとして自発的に「合意」に加わって完全合意が成立するものであれば，人心に自ずと理念と共通ルールが宿り，自律の基礎が築かれよう。誰かに不都合な理念や共通ルール，誰かに不幸の犠牲を強いるような理念や共通ルールは，本性的

に不安定,非効率であり持続可能な協力は望めない。その不合理を軍事費や刑罰強化で補完するという仕組みは,あたかもブレーキを掛けたままアクセルを踏むような愚策である。こういう社会的協力の仕組みは,理由体系に基づき,正しいとは言えない仕組みゆえに,完全合意は成立するはずがない。かりに人為的な強制とか外的な圧力とかによって見かけ上の完全合意が成立したにせよ,これは「無効」であって,社会的な責任は発生しない[11]。これは「ただ乗り」でもない。

しかし社会的協力の理念や共通ルールは,すべての当事者が理由体系に基づき,正しいと判断されるものでなければならない。そのためには,当事者にとってどういう仕組みが有利かの判断に必要な具体的情報を奪い取って,不知のヴェールとマキシミン・ルールが自分の私利私欲や一か八かの賭けを完全に排する「原初状態」の視点から,公正な判断を下すことである。

具体的には,すべての当事者がジャングル状態での「力の支配」から等しく開放される仕組み,各自の個性や適性,才能や特技など自然財を思う存分に活かし合う協力・分業において等しく自尊心が充足される仕組み,何人も,最大の幸福追求の自由と平等,独立と博愛が保障される背景的公正の仕組みを社会の基本構造や主要制度に組み入れ,フランス革命後の「人権宣言」第1条やロールズの正義二原理の格差原理が認める「すべての人に利益を与えるような経済的・社会的な格差に限る。否なら平等に!」という仕組みを取り入れるべきである。

けっして誰かが社会的協力・分業の犠牲になったり,不利な待遇を受けたり,理由なき差別を受けたりすることがなく,己に責任のない自然運や社会運や世代運などの諸偶然性がすべて合理的に緩和され,個人の努力に公正に報いる仕組となっていなければならない。そうでなければ,多数者の合意は得られても,完全合意は望めないであろう。

しかるに,完全合意が望めないような理念や共通ルールは,社会的協力の仕組みの根幹たる理念や共通ルールとして失格である。直ちに破棄されるべ

---

[11] 拙著『ロールズ哲学の全体像』成文堂,1995,p.136を参照されたい。ロールズの考えでは,人びとに「責任」が発生するのは,①制度が正義二原理を充たし,②社会的協力から利益を得ており,③提供される機会を私益の増大に用いるとき,そのときに限る。

きである。そして，早急に完全合意が成立するような理念と共通ルールに切り替えるべきである。しかしっ，だからといって，多数の合意で誤魔化してはいけない。多数決は社会的な協力・分業の仕組みの根幹をなす高遠な理念や共通ルールの決定には馴染まない。

そこで，社会的協力の仕組みを考える場合に大切なことは，まず，理念や共通ルールの核となる「正義原理」(principle of justice) の均衡解（完全合意の成立した正義原理）をいかにして選び出すかである。私たちの視点を「現実状態」に求める限り，有利か否かの判断に基づき，善美聖・私利私益・満足幸福の「争奪戦」の様相を呈し，かりに多数決によって「多数の合意」は望み得ても，到底，「完全合意」は望み得ない。

この問題を解決するには，物理学では，ニュートンが「重力の法則」を発見し，倫理学では，ロールズが「正義二原理」を発見した時のような現実状態から理想状態／原初状態への体系的な「抽象化の方法」が必要なのである[12]。つまり，「現実状態」から完全合意の成立を妨げる「攪乱要因」をいかにして体系的に除くか，これが問題である。このためにロールズは「不知のヴェール」と「マキシミン・ルール」を導入し，「完全合意」を妨げる私的な偶然性に他ならない「攪乱要因」を完全に排除した「原初状態」へと視点を移して完全合意が成立した「正義二原理」という次の「均衡解」を発見したのである。

第1原理（平等な自由の原理）　いかなる人も他の人たちと類似の自通のシステムと両立することのできるような平等な基本的自由のもっとも包括的なトータル・システムを手に入れることのできる平等な権利をもつべきである。

---

[12] ニュートンは，空間の現実状態から気圧，湿度，温度，質量，材質，空気抵抗など重力とって偶然的な諸要因を体系的に捨象しながら「落下の法則／重力の法則」が浮かび出る理想状態に辿りついた。アリストテレスは，現実状態の観察を通じて，重いものは軽いものよりも早く地上に落下する，という学説を唱えたが，ニュートンは，各種の攪乱要因を体系的に捨象し，遂にある物理額的な理想状態において，重いものも軽いものも同時に落ちるという「重力の法則」を定式化した。一方，ロールズの場合も，現実状態の攪乱要因を体系的に捨象し，原初状態において完全合意が成立するような正義原理の均衡解に辿りつく科学的な「抽象化の方法」を開発したという点で似ている。

第 2 原理　(a)格差原理，(b)平等な機会の原理　社会的・経済的な不平等があるにせよ，そうした不平等は，(a)公正貯蓄原理と矛盾することなく，もっとも不利な状態におかれている人びとの利益を最大なものにし，(b)公正な機会均等の条件のもとに，すべての人に開かれた地位や職務に帰属しているといったように，整えられていなければならない。

優先規則 I （自由の優先）　正義原理は序列的にランクづけされ，自由は，他のためではなく，ただ自由のためにのみ規制される。ただし，条件が二つある。(a)その自由の規制は，結果において，すべての人が分かち合う自由のトータル・システムを強化することになること，そして，(b)平等な自由以下の少ない自由に甘んずることが自由のより少ない市民たちに容認されていなければならないこと，である。

優先規則 II （効率や福祉に対する正義の優先）　正義の第 2 原理は，序列的に，効率原理および総利益最大化の原理に優先され，公正な機会は，格差原理に優先される。ただし，条件が二つある。(a)機会の不平等がかえって機会に恵まれない人びとの機会を増やすことになり，(b)過剰な貯蓄率は，すべてを考慮して，結局，辛苦に耐えている人びとの負担を軽減することになる，というものである。

　こうした「完全合意の要件」と「公正さの要件」を充たす「正義二原理」なら，これを核とする社会的協力の理念や共通ルールは，完全合意と公正さの 2 要件を充足しているということになり，「完全合意≡正しい」という原理に基づき，そういう理念や共通ルールは正しいということになる。すると，政策審議や立法審議において公正な政策，正しい政策というのは，そうした理念や共通ルールを充たすような政策，ひいては，「その核たる正義原理」を充たすような政策であるということになるであろう。こうして，「公正な政策」とか「正しい政策」とかについて，次のような基準が導入される。

公正な政策の原理：政策審議で選ばれた政策が公正であるのは，その政策が完全合意の要件を充たす正義原理と，それを核とする社会的協力の理念と共通ルールを充たすような政策であるとき，そのときに限る。

　もし，政策審議で選ばれた政策が完全合意の成立した正義原理を充たしておらず，それゆえ，完全合意の成立した社会的協力の理念と共通ルールを充たしていないような政策であるなら，それは公正ではなく，正しくもない。

　しかし，法体系は時代のニーズに応じて変化せざるを得ないが，だからといって理念は容易に替えてはならない。あくまでも理念が許す範囲の改正に限られる。理念の核をなす正義原理も然りであり，それが不安定では社会的協力の安定性は望めない。理念が認める範囲内での共通ルールの改正は，もはやどうにもならない限界に達したとき，正義原理が許容する限りの理念の修正は可能だが，この場合にも，原初状態における完全合意を条件とするから，恣意的な改正は認められない。

　その意味で，正義原理と社会的協力の理念は，「永遠の相の下で」の高遠にして神聖かつ厳粛なる「至高の法」であって「現実の相に下で」の干渉を許さない。時の政府の邪悪な狙いや私利私欲の思惑には動じることなく，また，手の届かない超越的な存在なのである。言い換えると，正義原理と社会的協力の理念は，社会にとって羅針盤であり，ときには，時代の変化に伴って，新たに必要な立法措置を講じるとか，それに基づき社会の舵取りを正しく調整すべきことはあっても，方向を示す「羅針盤」を替えることは，あってはならないからである。

　従来の正義原理や社会的協力の理念を取り替えるというのは，まさに「重力の法則」を恣意的に取り替えるというに等しく，それが真である限り，けっして，あってはならない真理の冒瀆である。これと同様に正義原理も社会的協力の理念も，それが「原初状態」において完全合意の要件を充たすという意味において「公正」または「正しい」ものである限り，これを取り替えてはならない。第一，その理由はなく，恣意的な動機によるものであり，ゆえに，許されない。

西洋における「ノブレス・オブリージ」(政府や学校や企業など組織の舵取り人は，それを委ねる他の人たち以上に重い責任を負っている由)という諺は，正義原理や社会的協力の理念に対する一般の人びと以上の尊重／敬意／重視／遵守／自覚を求めていると解されてしかるべきであろう。

第7章 競争から協力へ
―― 不信・憎悪・恐怖からの解放 ――

> 7.1　国家の限界
> 7.2　国家から連邦への論理的な必然性
> 7.3　グローバル時代の羅針盤
> 7.4　グローバルなジャングル状態からグローバルな協力状態へ

　ヘラクレイトス（Hērakleitos, 535-475, B. C. 頃）は「万物の流転」（panta rhei），ダーウィン（C. Darwin, 1809-1882）は「種の進化」，スペンサー（H. Spencer, 1820-1903）は「社会の進化」[1]をホーキング（S. Hawking, 1942-）は「宇宙の進化」[2]を説いたように，この地球は，太陽系の一惑星として約46億年前に誕生，その後，空気や水や単細胞生物→脊椎動物→哺乳動物の進化を経て約700～1000万年前に原生人類が生まれ，約200万年前に2種類のヒトに分岐し，約20万年前に肉食で言語能力の優れたホモ・サピエンスが氷河期（7万年～1万年前）を生き抜き，恐竜を滅ぼし，人類が恐竜になった。

　宇宙から人間の知性まで全体が進化してきたはずだが，これも進化なのか，人類は，力の支配を頼りに遂に「パンドラの箱」を抉じ開け，傲慢にも，あらゆる動物を支配下に置くばかりか，人の心や地球まで支配できるかのような錯覚に陥って，行く先は自滅あるのみと承知しながら，奈落への旅を続けている。こうして，人類の未来が危うくなった。

　猛獣以上の鋭い牙と爪を手にした人類は，百獣の王の座を奪い取って地上に君臨するに至り，今度は，喰うか喰われるか，ヒト同士の共食いの争奪戦に突入した。人間の悪業は留まる所を知らず，あの百獣の王でさえあきれ果てる有様である。自滅のジレンマに陥ること自体が「進化の法則」に従うこ

---

1) H. Spencer, 1820-1903, *System of synthetic philosophy*, 10vol, 1862-1896.
2) S. Hawking, 1942-. ケンブリッジ大学教授。王立協会会員（1974～）。相対性理論と量子力学を結合した宇宙創成のビッグバーン説を展開した。

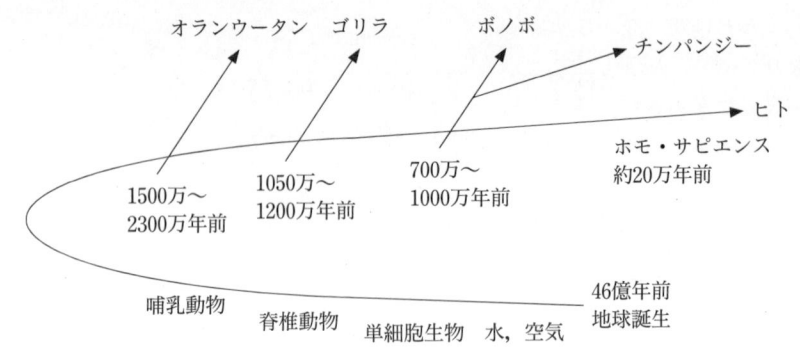

```
オランウータン   ゴリラ      ボノボ
                              → チンパンジー
                                        → ヒト
                                  ホモ・サピエンス
                                   約20万年前
  1500万〜    1050万〜   700万〜
  2300万年前  1200万年前  1000万年前

  哺乳動物    脊椎動物   単細胞生物  水，空気   46億年前
                                              地球誕生
```

ヒト・ゴリラ「別れ」1200万年前　朝日新聞，2007，8/2を参照

となのか．それとも，人間の理性と良心の力によって回避または延期されることなのか．もし，後者が真なら，人類が自らを救う途は，どこにあるというのだろう．福沢諭吉はこう嘆く．

「四海兄弟一視同仁は唯口に言うのみにして，実際は正しく之に反し，生存競争の世に国を立てて，頼む所は唯硝鉄のみとて，海陸の軍備に全力を注ぎ，各国相対して唯遅れんことを恐るるは，正に今日の事実にして実に止むを得ざる次第なれども，其軍備の進捗は何れの辺りに達して止む可きや，このままにして年々歳々唯進むの一方ならんには，遂には人間世界の衣食住を挙げて喧嘩争闘の資に供し，世々子孫喧嘩の為に生まれ，喧嘩の為に働き，喧嘩の為に死すこととと為り，人の智愚器械の精粗こそ異なれ，同類相殺し相食むの事実は，恰も往古の蛮族に等しき奇観を呈するに至る可し」[3]と．

まさに同感である．なぜ，人間はかくも愚かなのか．ジャングル状態から社会的協力の状態へ移行し，力の支配から法の支配へ移るために，人間は国を創ったはずだが，うまく機能せず，依然，ジャングル状態が続いている．福沢は続けて言う．

「人生に公心あり私心あり．例えば古言に，己の欲せざる所，人に施す勿れと云ふは，不正不義の行はるるを好まざるの意にして，万人は万人誰れも之を好む者はある可ざる．即ち公心なれども，唯自身の利害に遮られて良から

---

[3]　福沢諭吉『福翁百話』角川書店，pp.212-213を参照されたい．

ぬことは知りながら時として正義を破ることあり。即ち私心の働くところなり。……。人間社会は恰も公私両心の戦場にして，いやしくも万衆の私心を高尚に進めて其公心と符合するの境地に至らざる限りは，公心の力を以て私心を制するの法なかる可らず。尚詳に云へば，社会全般の人心に一点の私欲なく，釈迦孔子耶蘇の叢淵と為りて所謂黄金世界を見るまでは，人為の法律を以て人間の言行を抑制せざる可ざる。即ち政府なるものの必要なる所以にして，其政府は単に良民の為めに禍い防ぐのみに非ず，像悪者も亦共に必要を感ずる所のものなり」と。

このように福沢は，不正や不義を抑制し，正義を維持するには，政府を導入し，公心をもって私心を抑え，法律をもって私欲・言行を規制するしかない，と主張した。この見解に異論はないが，歴史上の財の争奪戦や侵略戦争など，他の政府を支配しようとする政府の不正・不義は，個人の不正・不義の比ではない。では，政府の不正・不義を抑えるのは誰か，仕組みは何か。解決すべき問題は，これである。

ストア学派の開祖ゼノン（Zēnōn, 335-263, B. C.）はいう。「人間は別個の正義の基準に照らし別個の国家(polis)に分かれて生きるに非ず，恰も共通の牧場に草食む羊の如く，人類共通の自然法たる普遍的理性（koinos nomos）の下に単一の秩序をなして生きるべし」[4]と。

アテネ市内の古代アゴラ北端から発掘された「ストア・ポイキレー」の遺跡。
撮影2007, 9/12, FUJIKAWA

---

[4] H. von Arnim, *Stoicom veterum fragmenta*, vol. 1, 35, 42.

244　第7章　競争から協力へ

ストア学派の開祖ゼノン（Zenon, 335-263, B.C.）の講義室 Stoa Poikile（400. B.C.頃）The Athenian AGORA. 2003

学徒ペルガモン国王 Attalos II（150-138 B.C.）が寄贈した Stoa of Attalos. 背景はアクロポリスとパルテノン神殿。

　ストア学派の精神は，今も正しい。それぞれ別の国を創って別の正義の理念と法の下に生きるという閉ざされた仕組みでは，愚かな争奪戦も力の支配もなくならず，この地上は猛獣たちのジャングル状態または盗賊の世界から脱却できない。地上を理性と良心の支配する平和な楽園状態とするためには，力が支配するジャングル状態への執着と不信と被害妄想を棄て去り，「生きるために戦う」から「生きるために協力する」という発想へのパラダイム転換が求められよう。
　ゼノンが説くように，人間は，あたかも共通の牧場で草を食む羊のように，人類共通の自然法である「普遍的な理性」（koinos nomos）に基づいて選ばれた社会的協力の共通の理念と共通ルールの支配の下に，単一の秩序を形成し協力して生きるべきである。しかし，アレキサンドロスやカエサルのように征服と支配によってではなく，EUがやり遂げた自発的な合意によってである。征服と支配による押し付けは無効である。戦争によって失うものはあまりにも大きく，得るものは何一つない。しかも奪ったものは返すべきである。しかし奪った命は返せない。失われた父と夫と子を家族に返せようか。その悲観と虚脱と憎悪と不幸たるや言語に絶する。まだ，9歳だった私が国を憎み，哲学を志した。戦争の悲惨さ残酷さは，体験した者でなければわからない。福沢のいう「喧嘩のために生まれ，喧嘩のために働き，喧嘩のために死す」という同類相殺し相食む往古蛮族に等しき奇観は，いつ終わるのか。そ

れとも，自滅へと続く避けられない人間の業か。

しかし，圧倒的な力を誇るアメリカさえ，戦争による目的の達成は不可能であることを悟りはじめた。スピノザもいう。「人の心を征服するには，決して力ではなく，愛と寛容によってのみ可能である。……人の愛を勝ち取るには，正義心が必要である。……国民の幸福は最高の法である。……国家は国民の幸福のためにある」[5]と。また，J. S. ミルも「幸福は究極目的として望ましく，全体の幸福は，誰にも望ましく，幸福のみが唯一望ましいもの」[6]と説く。国民を幸福にするための国家が，逆に，国民の幸福を奪い取るとは異常事態で，今日の最も深刻な問題である。これをどう解決すべきか。以下，検討を加えたい。

7.1　国家の限界

今や科学技術，とりわけ，IT 分野の飛躍的な発展に伴って，地球は小さく，世界は狭くなってきた。原始時代は，部族の生活圏が世界だった。古代ギリシアのアレキサンドロス (356-323B.C.) にとっては，西はマケドニア，南はエジプトのナイル河上流，北はバクトリア・タシケント，東はインド北西部のパンジャブ地方までがヘレニズムの世界であって，その外部は蛮族の住む荒野であった。

また，古代ローマのカエサル (100-44B.C.) にとっては，西はスペイン・ブリタニア，南はアフリカ北部の地中海沿岸，北はアルプスを越えライン河北部，東はペルシャ北部までがパックス・ロマーナの世界であって，その他は蛮族の荒野であった。その後に，スペインとポルトガルが新世界を発見し，植民地を開拓した。続いてオランダとイギリスが新世界を発見し，植民地を拡大した (1492-1590)。こうして15世紀末から16世紀のヨーロッパ人にとって，世界は地球全体に広がった。

しかし，今日の人間にとって世界は，地球全体から宇宙空間へと広がって

---

[5] Baruch de Spinoza, *Tractatus Teologico-Politicus*, 1670, 19.
[6] J. S. Mill, *Utilitarianism*, 1863, ch. 4.

月へ観光客を運ぶ時代がやってきた。ビジネスも学会発表も観光旅行もグローバルなものになり，私たちは短時間でボストンに飛び，急用の仕事はローマやパリの知人に e-meil や電話で連絡をとりあう。また，テレビの普及によって，リアルタイムでイラク戦争の状況やスマトラ沖地震の被害状況を居間から眺めたり，宇宙から掛け替えのないこの「青い地球」を眺めることも可能になった。人間の世界は，宇宙，海底，DNA，量子などマクロとミクロの双方へ向かって拡大し，人民の人民による人民のための政治・経済・社会となってきた。こうして，市場開放，環境保全，国際テロ対策，大量破壊兵器の拡散など，一国では手に負えない地球規模の問題が現れてきた。これらは「国家の限界」を意味し，この問題をどう解決するかが人類の未来を決するキーポイントになる。では，なぜ，国家の限界なのか，その理由から検討を加えたい。

7.1-1　国境を越えたグローバル経済の現実

かつて，国家は，市場，国民，商品，資金，情報などを国境内に封じ込め，江戸幕府がそうであったように，それらを支配し，それらを国内法でコントロールしてきた。しかし今や市場は，国境を越えて独自の論理で動き，金利一つを取り上げても，すでに一国の裁量をこえたものとなった。もう市場／経済には国境がない。世界全体が国家の手に届かない人類共通の市場／経済となったのである。

人間も物資も，音速(マッハ1＝331.45m/sec)に近いスピードで国境を越え，世界中を飛び回っている。九州や四国では，50年前には江戸の日帰りでさえ笑われたが，世界の空に張り巡らされた航空ネットワークによって，いずれロンドンやニューヨークの日帰りさえ可能となろう。すでに日本のスーパーには世界中から空輸された新鮮な魚貝類や野菜や果物が並び，南半球から運ばれてきた夏の野菜や果物が冬の食卓を飾っている。

ノルウエー産のサバ一夜干し，アフリカ産のハマグリ，フィリピン産のエビ，中国産のウナギまでが食卓に並ぶ。工業製品の製造工程も，回路基盤はシンガポール製，ケースは台湾製，組み立てはメキシコといった具合にグローバルな分業化が進み，すべての工程を一国で仕上げる時代は過ぎ去った。

7.1 国家の限界

　資金や情報は，もっと早い光速（29.9792458万km/sec）のスピードで国境を越え，リアルタイムで世界の隅々まで飛び回っている。世界の株式市場も，自動取引のネットワークに接続され，居ながらにして株を売買できる。また，銀行に足を運ばなくて自宅のパソコンからUS＄やEU€などの外貨取引も，ネット上の商品購入・決済も，ダイレクト・カードによる口座振替の決済も可能になった。買い物はますます便利になって，今では大抵の国でクレジット・カードが使えるようになった。

　世界貿易の拡大によって，日々2か月分の貿易額（約＄6,000億／日）が外国為替市場を通り抜け，グローバルな海外投資の拡大によって，最高金利や投資先を求めて24時間，膨大な資金が世界中を飛び回っている。以前は大抵の国が海外投資を規制し，国内投資に限っていたから，取引の経費もリスクも高かったが，グローバル・ネットワークの拡大に伴って，経費は次第に安くなり，さらに，景気変動のリスク分散と情報量や選択肢の増大によってそのリスクも少なくなってきた。

　銘柄を選び投資するUSA預託証券（ADR），国別ファンド，地域別ファンド，グローバル・ファンドなど国際投資信託も，グローバルな投資を加速させる要因である。これに伴って証券取引所や銀行も，大きく変化を強いられている。'NASDAQ' は，だれでも，いつでも，どこからもアクセスでき，リアルタイムで決済が可能なグローバルな取引ネットワークであるが，NADOFF, INSTINET, POSIT, TRANSVIK など自動取引システムも現れ，株式市場は昼夜営業の自動仲介センターの観を呈してきた。銀行はこれまで貸し手と借り手の仲介役を果たしてきたが，今日では，パソコンのネットワークにアクセスし，銀行に仲介手数料を払わないで，直接，保険会社などから資金を調達できる。こうして，資金がなくても idea さえ優れていれば，起業家になれる時代がやってきた。つまり，企業にとっては資本はすでに前提条件ではなく，デジタル化・グローバル化した資本には，すでに国籍もない。収益性さえ高ければ，国境を越えて流れ出る。政府はこれを規制することはできない。金利を下げると，資金は海外へ流れ，金利を上げると，資金は海外から集まる。この「市場の法則」は国境を越えて遍く適用され，グローバルに成り立つ。すでに政府が景気対策のために金利や通貨供給量を

調整するといった従来型の財政政策や通貨政策に効果は望めない時代となったのである。

7.1-2　一国では対処不能な環境破壊の現実

　18世紀の産業革命以降，先進諸国は工業化社会をめざして我先に駆け出し，煙は空中へ吐き出し，排水は川へ垂れ流し，下水は海へ流し，毒性の廃棄物は地下に埋め込み続けて高度な物質文明を築き上げてきた。それでも，自然の浄化能力の範囲内にある限り問題は生じなかったが，その後の大量生産・大量消費がついに自然浄化の限度を超えるに至って深刻な環境破壊の問題を提起することになった。

　かつて川崎市上空がそうであったように，工場の煙突が吐きだす煤煙によって空は赤く濁り，冷蔵庫やエアコンの冷媒として使われたフロンガスがオゾン層を破壊していった。また，かつて多摩川が泡ぶくの水と真っ黒い砂利からなるメダカ一匹も住めない死の川であったように，化学洗剤を含む生活排水，有害物質を含む工場排水，ゴミ埋め立てなどで河川は茶色く濁り，地下水は汚染されてしまった。

　こうして大気中の二酸化炭素は増大の一途を辿り，それが地上を厚く覆って温室効果をもたらし，それに伴って地球温暖化，北極南極の氷の融解，海面上昇，海流の変化などの危機的な状況を生み出し，北極熊は絶滅の危機に瀕している。そればかりではない。車の増可と渋滞は大気中の発癌性物質を増大させ，人間の健康を蝕みはじめた。酸性雨による動植物への被害も増大している。アマゾン流域など，熱帯雨林の森林伐採がもたらすエコシステムへの悪影響も無視できない。生物の種の絶滅，空気中の酸素濃度の減少は，人類への警鐘である。頻発するオイルタンカーの事故は地球の海面を汚染し，頻発する無益な近代戦争が自然破壊，環境破壊ばかりか，人心まで荒廃させている。地球は，もうすでに固有の浄化能力を超えた耐えがたき「負荷」に悲鳴を上げている。他人を支配し，他国を支配し，自然まで支配できると錯覚した人間の傲慢さが自然の浄化バランスを崩壊させた。原子力発電に伴う核廃棄物の処理，核兵器への転用，核拡散の諸問題も，一歩間違えると人類を自滅に追い込みかねない問題である。

人口問題も脅威であり，もし世界人口（約65億人）が今世紀に2倍になれば，消費も塵も2倍以上に増大し，上記の環境破壊は，加速度的に進むに違いない。W.クノーキーによれば「過去半世紀に生産・消費・廃棄したものは，20万年前に現人類の祖ホモ・サピエンスが誕生し，延々と生産し消費し廃棄してきた加工物を凌駕する」[7]。先進国は1家庭1ｔ／年の塵を出す。核貯蔵所から滲み出る放射能や猛毒有機化合物・重金属を含む地下水は，周辺広域を汚染し，焼却炉や工場の煙突は，ベリリウム，ベンゼン，カドミウム，水銀などの毒性物質を撒き散らし，原子力発電所や核再処理工場は，放射性廃棄物や放射性副産物を排出し，発癌性物質を含む農薬（DDT，BHC，パラチオン，ホリドール，ヘプタクロル，クロンデルや各種水銀剤など）は，知らないうちに人体を蝕むことになる。

　すでに，フロンガスの増大とオゾン層の破壊・皮膚ガン・白内障との因果関係，二酸化炭素の増加と地球温暖化・永久凍土の融解・海面の上昇・海流変化・熱波・旱魃・洪水・ハリケーンとの因果関係も解明され，EUを中心に先進諸国では，環境保全のための政府の役割と法的規制を強化するに至った（環境税・炭素税・ガソリン税・毒物税の導入，政府による汚染測定・取り締まり・休業措置・汚染者収監・罰金の徴収など）。当該措置が有効に機能するか否かは各国の理解と自覚とにかかっている。今日のように，各国の理念と共通ルールとが国益の追求に反しない限り，また，容易に大量破壊兵器が手に入るなかで戦争さえ容認されるというような状況の下では，はたして，環境問題の解決が可能か否か疑問である。国益どころではないと気づいたときには，もう手遅れかもしれない。

7.1-3　国の手の届かない企業活動の現実

　近年の技術革新によって，企業は市場と販売ルートの拡大ばかりか，より安い労働力とより安い原料とを求めて，生産拠点の多国籍化からグローバル化の段階へと移行してきた。そして，経済的協力・分業のグローバル化は，

---

[7]　William Knoke著，成毛眞訳『壮大な新世界－21世紀の進歩と衰退－』講談社，1998, p.163を参照。

遂に「グローボ・コープ」という究極の企業形態を生み出した。地域の技を活かした分業化も進展し，ジェット機やIT機器はアメリカ製，ワインはフランス製，コーヒー・ポットはドイツ製，クッキーはデンマーク製，チョコレートはベルギー製，コーヒーはブラジル製，車やカメラは日本製，家具や玩具は中国製，ラジオは韓国製といった具合である。

　世界貿易額は年間US＄8兆を越え，GNPと貿易の比率もドイツやフランス，イギリスやカナダは1/2，アメリカは1/6と貿易依存度が上昇した。シンガポールの貿易取扱高は歳入の5倍となり，すでに20か国がGNP＜貿易額の状態にあり，国内経済は国際貿易で成り立っている。しかるに，世界経済の相互依存が強まると否応なく，国家間の関税障壁は崩壊へ向かわざるを得ない。たしかに，世界平均の関税率は，1950年初頭は50％であったが，現在は5％未満に引き下げられ，国境のない通商・交易の時代に突入した。

　現在，グローボ・コープは，約40,000社（アコモ，アグファ・ゲファエルト，エッソ，エクソン，フォード，ゼネラル・エレクトリック，ゼネラル・モーターズ，ガルフォイル，hp，ヘキスト，現代，IBM，コダック，キャノン，シチズン，シャープ，ソニー，リコー，リーバイス・トラウス，マクスウエル，モービル石油，モンサント，バークレイー銀行，バイエル，シティー銀行，コノコ，コカ・コーラ，デュポン，ネスレ，プロクター＆ギャンブル，シーグラム，シェル，シーメンス，スミス・クライン，テキサコ・インスツルメント，3M，ユニリーバ，ゼロックス，マクドナルド，チバ・ガイギー，富士フィルム，ホンダ，松下，マツダ，三菱，新日鉄，ニッサン，トヨタ，東芝，三洋，ヤマハ……）とされるが，今後は中国，カナダ，インド，ロシア，メキシコ，キューバなどの市場開放によって，飛躍的に増大するものと予想される。

　これは20世紀の多国籍（multinational）企業から，21世紀の脱国家的（transnational）な企業へ，つまり，地球規模で「富の追求」を企てる新しい地球企業（globocorp）への歴史的な変化を意味するが，この変化は環境問題と無関係ではない。というのは，先進諸国の環境保全に向けた規制の強化によって，有毒物質（ベンゼン，クロロホルム，トルエン，キシレン，PCB）を排出する石油化学，鍍金，染色，金属精錬，皮革なめし関連の企業は，その厳しい規制を逃れるべく，より税率が低く，労働力が安く，食を優先し，海外から投資

7.1 国家の限界

を歓迎する貧困諸国（アジア，アフリカ，東欧，中南米など）へと逃げ出したのである。これでは，汚染物質の発生源を先進諸国から発展途上諸国へと移し，環境汚染を世界に拡散させるだけであって，地球全体から見ると，受入国の環境保護規制が緩やかになった分だけ，地上の環境汚染は増大することになるからである。ゆえに，環境汚染の原因除去に向けた抜本的な解決にはならない。貧困か環境汚染かと迫る二者択一は，相手国の自尊心を侵害し憎悪の炎を燃え上がらせる当事国の鼻持ちならぬ身勝手な行為である。

この所見とは反対に，環境保全の視点からみれば，たしかに問題はあろうが，グローボ・コープ化によって，結果的には，世界の顧客に優れたサービスを提供し，知識を獲得するチャンスを与え，企業の拠点の分散は企業自体にとっても戦略的に有利であり，他よりも優位に立てるとの意見もあろう。ある所で開発されたアイデアは，別の所でも役に立つであろうし，そうした知識の統合と集積によって，企業の体質は強化され優位に立つことができるというものである。

たしかにグローボ・コープの拡大には，企業にとっては多くのメリットがあり，受入国にとってもグローバルな貧富格差の是正に役立つというメリットは窺がえようが，これには人類共通の視点から「グローボ・コープに環境破壊の逃げ道を与えない限り」との条件を付けなければならない。なぜなら，われわれ人類は「運命共同体」であって，地球環境の破壊は，人類共通の死活問題だからである。先進国・発展途上国といった区別はまったくなく，滅びるときは，みな一緒である。環境保全と資本主義は，いずれ適正に折り合いをつけないといけない問題である。

グローボ・コープに属するか否かは別にして，プロジェクト・チーム方式のグローバルなコラボレーションを立ち上げ，世界全体の良質な製品をつなぎ合わせて製品を組み立てることも，企業にとってはメリットが大きいという考えもある。一例として，「ユナイテッド・テクノロジーズ・オーチス・エレベーター」は，世界全体から卓越した専門家たちを選び出し，それぞれのチームが「最新型のエレベーターを開発する」という共通の目的の下に有機的なコラボレーションを繰り広げ，それが功を奏して実際に，世界でトップクラスの最新型エレベーターを開発した。ちなみに，フランスは「ドア・シ

ステム」を担当し、スペインは「小さい歯車部品」を担当し、ドイツは「エレクトロニクス」を担当し、日本は「モーター」を担当し、アメリカはそれら各々の部品を組み立て、製品として完成させたが、こうした連携プレイによって最新型エレベーターの開発期間は、約50％節約となったし、開発費は1000万ドルの節約になった。

こうしたグローバルなコラボレーションによって、多くの最先端の製品の開発コストを互いにカバーし合えるメリットは、きわめて大きい。世界的な協力・分業とグローバルな市場がなければ、膨大な先行投資が必要なマイクロチップなど驚異的な技術革新も困難であろう。また、開発期間がほぼ12年もかかり、開発費が2億5000万ドルもかかるような巨額の費用と長時間の研究を要する「新薬の開発」も困難であろう。各国が独自の基準で新薬開発を規制していては、助かる人まで死んでしまう。人民の人民による人民のための政治・経済・社会の時代には、すべての企業活動は、政府の手を離れてグローバルな理念と共通ルールの下に置かれ、人類全体のためということになるであろう。

7.1-4 法の支配が及ばない国際テロ問題

世界を震撼させたあの9・11事件（2001, 9/11）以来、アメリカは変わった。事件の翌年にまずボストンを訪ねたが、異常な警戒ぶりに驚き南下を諦めた。あの自由で陽気で寛容なアメリカから、臆病で憂鬱で狭量なアメリカへと変わっていた。明るくて鷹揚で開放的なあのアメリカが、いつの間にか自信喪失と猜疑心の坩堝と化し、疑心暗鬼の暗くて偏狭で閉鎖的なアメリカに変わっていたのである。

前代未聞の本土攻撃に大国の誇りと自尊心を侵されたアメリカは、これを戦争とし、怒り狂って復讐心に燃え、なぜ？と問う余裕すらなく短絡的に、国際テロを力尽くで殲滅すべき狂気の集団と片づけ、あの蘊蓄に富む仏：ドビルパーン演説にも耳を傾けず、国連の意見を押し切ってアフガンとイラクへの武力行使に踏み切ったが、推定されていたとおり、ベトナム戦争と同様な泥沼化の気配を呈してきた。

これはもう、人間の理性と良心の未熟なかの凶暴な古代ローマの再来を思

わせるような悲しくも傲慢な「力の正義」と「力の支配」の再来であり，国連への挑戦である．戦争で解決されるものはない．逆に，憎しみを心に植えつけ，報復の連鎖を生み出すのみである．戦争は怒りの表現であり，敵味方なく人命を奪い，万物を破壊する．環境もこの地球も．しかし，心までは奪えない．憎悪を植えつけ，逆効果である．

アメリカは，世界の舵取りに重責を負うべき大国である．大国には大国としての使命があろう．いかなる事態であれ，怒り狂って直情的・短絡的に，喧嘩腰になるのはみっともない．相手を許せといっているのではない．石川五右衛門でさえ，彼なりの義憤というかいい分があった．自爆テロ組織にも，彼らなりのいい分があるはず．理由もなく自爆テロに加わり，無意味に己の命をすてる馬鹿者はいない．

先決問題は原因の究明である．まず，大局的な視点から冷静に9・11事件の原因／理由を分析し，永遠の相の下に理性と良心の声に耳を傾けつつ再発防止の均衡解を求めるべきであろう．もし，グローバルな政治的・経済的・社会的協力の仕組みの現状に問題があるとすれば，国家の利害をこえた世界の視点から，その問題を審議し，公正に解決し，原因を完全に除去すべきであり，これこそ有効な「再発防止策」である．しかし，国家の限界にぶつかる．現状では，国家の権限をこえた国連の仕事である．「驕る平家は久しからず」というが，不公正に目を瞑り，力に頼るものは力で滅びる．ローマも滅びた．勇気をもって冷静さを取り戻し，叡智を結集して不公正の根っこを絶ち，報復の連鎖から完全に脱するための均衡解を求めることである．

ローマ帝国は北方蛮族の侵入に苦慮し，犠牲の多い不安定な「力の支配」からより安定した「法の支配」へと社会的協力の仕組みを改めたが，時代の変化に伴い「法」の不公正が顕著になって「法の支配」は次第に効力を失い，今度はより厳格な「神の支配」に統治の安定性を求めたが，神がかりの統治の仕組みは，人間の理性と良心と自由と批判力を奪い取って従順な「神の奴隷」にし，心の進化を中断させた．

問題は「法の支配」それ自体にではなく，時代が進み，やがて不公正となった「法」と不公正な「法の支配」による．歴史的変化に伴って，法は諸々の不公正を是正し，背景的公正を維持すべきところ，国の舵取りに責任を負

うべき元老院など統治集団の既得権への執着によって法と法の支配の不公正を看過したから滅ぶべくしてローマは滅びた。これは免れようにも免れ得ない世界共通の社会法則，いや，社会の進化を司るより究極の自然の法則である，といえるかも知れない。

　外部環境の変化に即して常に背景的公正を維持していく。これが，本来，法の目的ではなかったか。公正な分配以上の分配を求める私欲が己を滅ぼし，それを許すような背景的不公正が国を崩壊させる。増大傾向にある残虐な犯罪は，制度的に公正な分配より以下の分配を余儀なくされ，自尊心を侵され，夢と希望を失い，憎悪の炎となって終え上がった自暴自棄の最後の抵抗か怨念の悲鳴であり，絶望の渕に己の命を弾丸として戦う不公正な制度に対する命がけの警鐘であると捉えるべきであろう。その典型は，自爆テロやバイオテロや核テロであり，その脅威は世界に広がっている。

　爆弾を抱えて己の要求を突きつける自爆テロの犠牲と被害たるや，ただの市民不服従や良心的拒否の比ではない。彼らをして自爆の挙に挑ませ，かくも思い詰めた決死の行動に駆り立てた理由／原因は何か。なぜ，別の穏便な手段ではなく，究極の自爆テロに奔ったか。この問題は，テロの原因を除去し，発生の根を断ち切り，原因療法的な未然防止策に人類の智慧を結集するために，私たちが何としても理性的に解明すべき問題であり，無視してはならない問題である。

　しかし，いまアメリカを中心に日本も協力している対症療法的なテロ撲滅作戦は，依然として「力の正義」と「力の支配」に依拠する憎悪と狂乱と驕慢の入り混じった短絡的な報復措置以外の何ものでもない。下手すると双方に憎悪と反撃の炎を燃え上がらせ，世界規模の「報復の連鎖」→「世界大戦Ⅲ」の危機へ導くことはあっても，テロ根絶には至らない愚策である。有無をいわさず，相手を力でねじ伏せるような方策というのは，人間の理性と良心に基づく「対話と合意」の意思を真っ向から拒否し，自尊心を侵害し，憎悪の炎を灯すのみである。

　一般に「市民不服従」は，多数派の不公正な政策に対して，自己の要求を正当と捉える少数派が多数派の横暴を糾弾し，多数派の理性と良心に訴え，自戒と猛省を促すべく企てられた威嚇や脅迫に訴えない「忍耐の限度内の」

非暴力的・良心的・政治的な抵抗運動と定義される[8]が，これが正当とされるためには，①多数派も少数派も合意した社会的協力の理念に鑑みて，少数派の不公正是正の要求が正当であり，かつ②多数派に対する少数派の誠実な訴えが却下され，もはや市民不服従の他に方法がなく，効果も望めないとき，そのときに限る，という要件を充足していなければならない。

しかし，社会的協力が「多数派の多数派による多数派のため」とされ，堕落した「利益争奪戦」に陥ると，健全なら「チェック＆バランス」に有効なはずの市民不服従が効果を失い，社会的協力は崩壊への途を突っ走る。ちなみに，多数派が最初から多数の力を誇示して誠意を示さず，少数派の不公正是正の要求を完全に無視するばかりか，弾圧を加えるなど公然と敵対的な攻撃の暴挙にでるなら，これはもう少数派にとって忍耐の限度を越えた「数の暴力」とされ，暴力には暴力をもって，最後の手段たる暴力的戦闘へと発展していくことになろう。

このとき，多数派が己の利益のために，手段を選ばず，攻撃をエスカレートさせるなら，少数派も手段を選ばず，自尊心の侵害と失望の度合いに応じて自爆テロを含む過激な反撃へとエスカレートさせざるを得なくなるが，その責任を少数派の異議申立てに転嫁してはならない。すべての責任は，己も合意したはずの社会的協力の理念に鑑みて正当とすべき少数派の穏健な異議申立てを無視し，国権を濫用して己の不正義を権力で屈服させようとした多数派のエゴイズムと不誠実さにある[9]。

この条理は，ただ国内ばかりではなく，国際社会においても成りたつ。経済的・社会的な協力が国境に閉ざされていた時代なら，市民不服従など抵抗権の行使は，国内に限られていたが，今日のように，経済的・社会的な協力がグローバルに開かれた時代になると，その理念や共通ルールがどうであれ，

---

[8] C. Fried, Moral Causation, *Harvard Law Review*, 77, 1964, pp, 1268f は，市民不服従の定義を「忍耐の限界状況における抵抗」とした。これに対して J. ロールズは，多数派も少数派も合意した正義二原理への忠誠の枠内での「不公正な法に対する不服従」と定義している。藤井吉美著『ロールズ哲学の全体像』成文堂，1995，pp.145f を参照。

[9] J. Rawls, *A Theory of Justice*, Cambridge, Harvard University Press, 1971, p. 373 を参照されたい。

自然法があろうとなかろうと，少数派（個人と国を含む）の多数派（個人と国を含む）に対する市民不服従など抵抗権の行使は，グローバルに拡大されることになり，グローバルな問題提起となる。しかし，グローバルな協力を誤って「多数派の多数派による多数派のため」と曲解するなら，世界は「利益争奪戦」に陥って，崩壊の危機に陥るが，上記のとおり，その責任は，少数派の温厚な意義申立てにではなく，「力の正義」を振りかざして権力を濫用し，己の不正義を「力の支配」によって既成事実として正当化する多数派にあるということになる。

　J. ロールズは，多数派の責任を少数派に転嫁してはならぬと力説したが，ロックもこう述べている。己に戦争を仕掛け，敵意を示す輩を殺してよいのは，ライオンや狼と同じである。そうした輩は，理性の法にそむく極悪非道の輩であって，暴力以外にルールなき猛獣ゆえに捕らえて殺してよい野獣とみなすべきである。……戦争状態は，敵意に満ちた状態である。被支配者は死の恐怖に脅え苦悩すべきではない。戦争責任者を捕らえて殺す行為は正当防衛に他ならない[10]，と。J. ロールズも「指導層が利己的な亡者と化し，すでに共通の正義感覚に訴える余地というものがなく，世論が完全に分裂し，集団利己主義が支配する状態になれば，市民不服従には合理的な基礎がなく，それゆえ，不服従の効果も期待できない」[11]と主張するが，グローバルな経済的・社会的協力の「共通の理念」が未確立な現状において，各国が心すべき問題は何か，明確であろう。

　とりわけ，先進国の責任は重大である。一歩間違えると，自爆の覚悟を決めたテロとの戦いは，人類の自滅をもたらすであろう。アメリカのブッシュ政権は，アメリカに付くかテロにつくのかと各国に二者択一を迫ったが，依然として，一昔前の「力の支配」という発想に頼るようでは，世界は「利権争奪」の戦場となってしまう。上記の多数派の横暴と同じく，先進諸国が力を誇示し，発展途上諸国の不公正是正の要求に誠意を示さず，その要求を完

---

10)　J. Locke, *Two Treatises of Government, a critical edition with an introduction and apparatus criticus by P. Laslett*, Cambridge at the University Press, 1963, ch. 3, sec. 16 を参照されたい。
11)　J. Rawls, *Ibid*.

全に無視し，さらに弾圧を加え，公然と敵対的な攻撃を加えてくるなら，すでに忍耐の限度を越え，暴力には暴力をもって対処し，必然的に暴力的戦闘に発展するだけで合意に基づく理性的・良心的な解決は望めない。

　世界の市場にも，市場のさまざまな暴力から個人や弱小国を守るための共通の権利域を導入しなければならない。これまで弱小国を食い物にしてきた先進諸国は，己の不正義を反省し，グローバルな経済的・社会的協力に不可欠な合意に基づく共通の公正な理念と共通ルールの確立に向けて先導的な使命をはたすべきであり，彼らにはその責任と義務がある。これによってのみ，グローバルな不公正是正に起因する深刻な諸問題を合理的に解決することができ，ハイジャックによる自爆テロ，バイオテロ，核兵器テロなど国際テロ活動の脅威から解放されようが，これはグローバルな経済的・社会的協力の仕組みをどうすべきかという各国の利害がぶつかる問題であり，現在の国際社会において合意形成が求められる一国では対処できない問題である。

7.1-5　失墜する政府の管理能力の現状
　科学技術の飛躍的な進歩は，その恩恵を受ける人びとに多大な満足を与えたが，他方でその恩恵に浴さない人びとの心に多大な不満（嫉妬，羨望，いらだち，自尊心の喪失，屈辱，被害妄想，失望，絶望，自暴自棄，報復心情，破壊心情，自爆願望……）の念（悪徳）を植えつけ，テロの脅威を増大させた。まさに両刃の剣か，使いようで，人のためになり，人を殺すことにもなる。悪用すれば，人類が手にした科学技術は，すでに人類を瞬く間に死滅させるほどの震撼すべき脅威となってきた。

　かの9・11事件では，ハイジャックした旅客機がニューヨーク・マンハッタンの最高層の貿易センタービル二棟に突撃し，一瞬にして数千人の命を奪い取った。同様に軍の心臓部ペンタゴンにも突入し甚大な被害を与えた。その後，アメリカはまるで厳戒態勢のごとく警備を固め，世界にテロ包囲作戦を呼びかけ，アルカイダの拠点殲滅を理由にアフガンとイラクに派兵し，大規模な軍事作戦を展開したが，一連の自爆テロを企てた首謀者はまだ捕まっていないし，武力行使は泥沼化を呈してきた。

　バイオテロの脅威も増大している。肺炭疽病菌は容易に培養できる上に，

感染者のほぼ全員を死亡させるほど強い毒性をもつ菌である。また，ボツリヌス菌も極めて猛毒の菌であって，致死量はμg単位の微量である。空気や水道を媒介として広域に伝染させ，人間を死滅させるバイオテロの手口は，生存に不可欠な空気や水を支配し，人類を奈落の果てへ追いやる終末テロである。遺伝子組み換えの技術によって近い将来，人間に制御不可能な繁殖力・感染力・殺傷力をもつ新型の菌またはヴィルスが発見され，これがテロの手に渡るとすれば，事態は核兵器テロと同じかそれ以上の脅威に曝される。科学技術の進歩は限りなく，両刃の剣を片刃にする手立てはない。手遅れになる前に，グローバルな政治的・経済的・社会的協力の公正な理念と共通ルールの導入に向けて合意が成りたつよう人類の叡智を結集しておかなければならない。

　核兵器テロの脅威も高まっている。現在，核保有国は，アメリカ，ロシア，フランス，イギリス，中国，インド，パキスタン，北朝鮮，イスラエルとされ，リビア，ブラジル，アルジェリア，アルゼンチン，南アフリカ，イランが核開発を計画中とされる。核保有は，国際社会における発言権の増大を狙って拡散の一途を辿り，核抑止力の論理は，すでに，有効性を失うに至った。隣国が核をもてば我もわれもと連鎖的に拡散し，とどのつまり，すべての国が核を保有し，火薬倉庫の上で生きているに等しく，一触即発の事態となる。誰かが核のボタンを押す確率も，また，テロの手にわたる確率も高まり，これに伴って，人類滅亡の脅威も増大してくる。

7.1-6　国家の使命とその終焉

　伝統的な「国家の使命」は，外国からの侵攻や攻撃から国民を守るため，とされてきたが，国際テロが組織的に世界市場を自由に泳ぎまわる時代になると，事情は大きく違ってきた。法の支配が及ばず，政府の規制が届かない。こうして各国は，国家レベルをこえた世界レベルの深刻な問題に直面してお手上げの状態にある。世界レベルのネットワークを張り巡らした国際テロに対しては，政府の手が届かない。国家はすでに外国からの侵攻や攻撃から国民を守るためという本来の使命を果たせなくなった。

　古代アテネも，古代ローマも，古代中国も，国境を城壁で囲い，外敵から

の脅威に備えた。しかしその効果はなく，今となっては無用の長物と化したが，政府はそれを模倣してか，テロの脅威から国民を守るためとして警備強化に余念なく，まるで警察国家のような様相を呈してきた。とくに，空港警備はものものしい警察の見張り，指紋や写真の照合と持物検査に長蛇の列，必要とあらば，男女を問わず靴下まで脱がせて身体検査とは，厳戒態勢を思わせる。いやな世の中になったものだ。

　しかし，完璧な警備などありえない。空港警備だって穴だらけだし，国の端から端まで街全体に警官を配備して警備を固めても，監視カメラを設置しても，一人ひとりの行動を監視しても，されに，国際テロの攻撃から国民を守るために，一人の国民に一人の警官を割り当てようとも，彼らの活動理由が明確でかつ必死の要求（不公正の是正）が誠意をもって取り上げられず，無視された状態にある限り，政府と国際テロの戦いはエスカレートする一方であり，到底，完璧な防止策などありえない。それは財政的にも不可能なことであるし，また，警察国家など心理的にも狂気を催すであろう。

　防備を固めるには，街全体・国全体を監獄にし，警察国家にするしかないが，それでも不完全さは免れず，あのゴキブリが穴もないのに餌がある限り必ず何処からか入ってくるように，国際テロは僅かな隙を狙ってどこからでも侵入する。だからより厳重に！　という考えもあろうが，この考えはエンドレスにエスカレートする。政府は監獄にも平和はあるというかもしれない。しかし，誰が平和のために監獄に入るというのだろう。発想が貧弱すぎる。こういう対症療法的な貧弱で陳腐な発想では，テロ根絶などできない。伝統的な国家の使命の発想では，解決できない問題なのである。その意味において，従来の国家の使命は終焉したということができる。

　この問題は，従来の「国家の使命」の域を越え，すでに，法の支配を越え，政府の管理能力を越え，政府の規制の届かないグローバルな問題であって，いかなる大国といえども一国では対処しようのないグローバルな政治的・経済的・社会的協力の時代に現れた新たな問題である。したがって，各国が国家プロジェクトとして個々バラバラに対応するのではなく，世界共通のプロジェクトとして，グローバルな研究協力体制の下で，原因療法的な均衡解を求めるべく国際テロ問題の分析と解明に着手し，その結論を待って，各国の

合意形成に基づき，グローバルな協力の公正な仕組みを導入していくことが望ましい。しかしそのためには，国家を寄せ集めた現在の「国連」ではなく，国家を単位としないまったく新しい発想によるグローバルな政府機構に救いを求めざるを得ないということになるかも知れないが，こういう議論も閉ざしてはならない。

7.2 国家から連邦への論理的な必然性

世界大戦IIの戦勝国が創設した現在の国連は，その後，時代も変わり，機構上も現実に即応せず，時代遅れの観は免れ得ないから，すでに歴史的使命を終えたものとする考えもあろうし，あるいは，そもそも戦勝国が絶大な権限をもち先進国に有利な現在の国連では，国際テロ問題に合理的に対処する能力に欠けているから，国連改組も視野にいれた議論を展開することが先決問題だという意見もあろうし，それが不可能なら，先進国を説得してこの際，国連にかわる新機構を導入するしかないという主張もあろう。本節ではこうした人類の目指すべき羅針盤をどう選択するかについて検討を加えたい。

7.2-1 生きるために戦うから，生きるために協力するへ

すでに第3章「猛獣から人間へ」において，人びとはなぜ「生きるために戦う」という生きかたから「生きるために協力する」という生きかたへとシフトし，どのように互いに知恵を出し合って「生きるために協力する」その仕組みを発見したかについて検討を試みた。いわゆる「社会的協力」の仕組みだが，合意形成によって共通の理念と共通ルールを導入し，法の支配と背景的公正と安全保障を政府の使命とし，各人の秀でた才能を活かす社会的分業によって各人の幸福追求に寄与する仕組みである。

こうして人びとは，合意に基づき，社会的協力・分業の仕組みを導入し，自国の国境を定め，法の支配と背景的公正と安全保障（外国の侵攻や攻撃から国民を守ること）を政府の使命とした。しかし，国家の数が増え，人口が増え，食料が不足し……，それでも，相手の存在を認め，相手の価値を尊重し，相手の利益を配慮するなら，相手からも当方の存在が認められ，価値を尊重さ

れ,利益も配慮されるという「相互性の原理」が有効に機能し,互いに「棲み分け」の倫理を尊重し合い,互いに喧嘩を忌み嫌い,争奪行為を悪徳として禁じていた間は,国家間の平和は保てたが,その後,国家を取り巻く環境が大きく変化し,盗賊の集団に似た国家が出現するに至って,ついに,この世界は,国家間の争奪戦に明け暮れるジャングル状態の奇観を呈しはじめ,国民の一生は,戦争のために生まれ,戦争のために成長し,戦争のために死んでいくものとなった。

人間はせっかく,類人猿ボノボから分かれ,生きるために戦う状態から,生きるために協力する状態へ移行したにもかかわらず,今度は,盗賊国家の台頭によって国民の安寧は保障されず,再び,力が支配するジャングル状態へと逆戻りするどころか,人間が高度な武器を手にしたことから,より凶暴な猛獣の本性を回復させ,以前にまして他の猛獣さえ震え上がる壮絶な争奪戦を繰り広げるに至った。いわゆる「帝国」の出現であるが,先進西欧諸国は富と植民地を求めてアジア,南北アメリカ,アフリカへと進出し,群雄割拠の海賊行為による植民地の分捕り合戦を展開した。こうして,約500国あった西欧の国々は20世紀の初頭,25国に統合され,世界の9割近い土地を占領し,支配するに至ったが,その後,民族自決の動向と帝国の崩壊とに伴って旧植民地は分離独立し,1945年の発足時に51国だった「国連加盟国」は2007,12/19現在192国となった。

7.2-2 「力の支配」から「法の支配」へ

前述のとおりアレキサンドロスは,アリストテレスの国家論に基づき,普遍的な共通の秩序の下での平和の確立,つまり,パックス・ヘレナ(ギリシア化による平和の維持)の実現をめざして小アジア,エジプト,ペルシャ,インド……など多くの都市国家を併合し,各地に図書館や公共広場を設置しながら「力の支配」から「法の支配」への統治方法のシフトを試みたが,合意に基づかない押し付けの法の支配は,しょせん有無を言わせぬ力の支配の永久化に他ならず,ゆえに,アレキサンドロスの没後,併合された版図全体に力の支配が及ばず,法の支配も崩壊し,ギリシア帝国は3王朝,2王国に分割された[12]。その意味で,師アリストテレスから「パックス・ヘレナ」の哲学

を学んだアレキサンドロスは，夢半ばにして斃(たお)れ，この企ては完全に失敗に終わった。

評価は分かれようが，結果的に見れば，1,000年続いた「パックス・ロマーナ」（ローマの支配の下での平和の維持）も失敗に終わった。産業革命後に台頭した「パックス・ブリタニカ」（イギリスの支配の下での平和の維持）も失敗したし，その植民地だったアメリカが独立戦争に勝利して宗主国イギリスからの独立をはたし，とりわけ，世界大戦II以降，米ソ二大国が世界の覇権を握るに至って世界は二大陣営に分裂し，一方では「パックス・アメリカーナ」（アメリカの支配の下での平和の維持），また，他方では「パックス・ソヴィエト・ロシアーナ」（ソヴィエト・ロシアの支配の下での平和の維持）の間に「冷戦時代」が到来し，両陣営間に一触即発の睨み合いが続いた。世界大戦IIを教訓に「国際連盟」の精神を受け継ぎ，連合国が中心となって「国際連合」を設立した（1945，10/24）が，国連自体が冷戦時代の縮図の観を呈し，朝鮮戦争（1950，6/25～1953，7月休戦），ヴェトナム戦争（1960～75）など国家を二分する体制間の戦いは抑止しようがなかった。その後「ベルリンの壁」は崩壊（1989，11）し，ソ連邦は瓦解し，アメリカは独走し始めた。

冷戦終結後，アメリカは，情報化とグローバル化の波に乗って発展し，経済力を背景に世界的な発言権・政治力・支配力を拡大させ，「パックス・アメリカーナ」の強化を強引に進めたが，市場崇拝的なアメリカ民主主義の押し付け，イラクへの武力行使を拒む国連演説を無視しイラク戦争に奔(はし)った国連軽視の傲慢，国内優先の国家エゴイズム，力の正義と力の支配への驕り，小国の事情を無視した市場開放の圧力，背景的公正よりも効率性を重視する体質，国連の環境破壊対策に消極的な業界重視の姿勢，国連機構の不公正是正への無関心，不公正な核拡散禁止の戦略的な姿勢，世界に緊張を煽る軍事基地の拡大と軍備強化，他国への軍事費分担の要求，平和憲法の起草に係りな

---

12) ①プトレマイオス朝はアレキサンドリアを首都としてエジプトを統治した。②アンティゴノス朝はマケドニアを拠点としてギリシアの国事を支配した。③セレウコス朝はシリアとバビロンを統治した。④東方の領土は，間もなく失われ，バクトリアなどギリシア人たちによる独立した王国となった。また，⑤小アジアはペルガモン王国が支配することになった。

がらイラク戦争の賛否を問う不寛容，弱者への配慮を欠く強者優先の政策，冷静さを欠く9・11事件後の狂乱ぶり（次期米大統領候補による反省の弁に期待），業界の意思を代弁する業界のための政治，業界の圧力に屈した不公正な政策，自由を口実に自由を奪う銃社会の放任，弱者切捨ての格差社会の放置などなど，協力よりも競争をあおり，国内・海外を問わず，金力と武力をもって支配する手法は開拓時代のアメリカと古代ローマの再来を連想させるであろう．

世界の警察をもって任ずるアメリカの独善と傲慢に対しては，社会的協力の理念と共通ルールを異にする国々の間でさまざまな見方があり，国連においてさえ評価は大きく分かれるところであるが，共通する見方は，歴史的に立証されているように，グローバル化の一途を辿る今日においてさえ，ある覇権国が持続的に世界を支配することはありえないということである．「力の支配」は，力が衰えると終わる．これはアレキサンドロス没後のパックス・ヘレナの運命が示す真実である．

では，グローバル化の時代に一国では対応しきれない地球環境の破壊，国際テロ，国際犯罪組織，などなど，新たな問題の山積に各国はどう対処すべきか．思うにヨーロッパが実験を進めている連合体EUの試みこそ，人類の将来展望を拓く正しいヒントがうかがえるであろう．従来の「力の支配」から，各国の自発的な「合意形成」に基づくグローバルな共通の「法の支配」へと移行することである．要は，グローバルな経済的・社会的協力の理念と共通ルールの仕組みを公正な方法で選び出すことである．

古代ローマは，南下する蛮族に「力の支配」で対応しきれず，「法の支配」による統治へと移行した点で先見の明があったが，彼らの失敗はその「法の支配」を自発的な合意の形成によってではなく，有無を言わさず，力で押し付け，力によって服従を強いたことである．己の幸福追求に寄与しない不公正な社会的協力の理念と共通ルールとに従うよう強制しても意味はない．これは法の支配という名の下での力の支配に他ならず，本来の意味の法の支配とはいえない．法の支配が有効であるのは，その「法」と「法の支配」にともに自発的な合意が成立するとき，そのときに限るからである．その意味で，ヨーロッパ連合EUの法の支配は，古代ローマの法の支配とは異なる．

7.2-3 国々の対立と競争から協力の時代へ

　国家の仕組みは，個人の成熟とともに歴史的に変遷を遂げた。君主制（私有欲で堕落腐敗→僭主制：tyrannei）→貴族制（搾取欲で堕落・腐敗→寡頭制：oligarchie）→民主制（利己欲で堕落腐敗→衆愚制：demagogie）へとだが，どの国も幾分か階級／階層構造と排他的な権力組織と統治権とを備えており，外国の侵攻／攻撃から国民を守ることを主な使命／目的とする点で共通していた。しかも，国家（Politeia）は家族の延長線上に存する「実体」（substantia）とされ，国民はその要素／細胞とされた。

　しかし，ロックの社会契約論を契機に，近代国家は一般に民主社会の様相を呈し，国の定義も違ってきたが，主権在民の理念と共通ルールこそ異なれ，依然として排他的な権力組織と個々バラバラな法の支配の下での統治機構とを備え，外国の侵攻／攻撃から国民を守るという使命／目的の下に，国々が互いに対立し，競い合い，ときには戦い合うという状況に置かれていた点で違いはなかった。

　世界大戦Ⅰの反省から「国際連盟」を設置し，各国を国際連盟の支配の下に位置づけたが，各国の理念も共通ルールもバラバラな国益優先の排他的な主権国家の単なる集合体であったし，政治的・経済的・社会的な協力のグローバル化も，情報化社会も未成熟であったし，一国では解決できず，問題の解決に世界の協力が必要な時代ではなかったから，時期早々というべきか失敗に終わった。そして再び，人間は核兵器を手に世の終末を思わせる地獄絵図の大戦Ⅱを制止できなかった。

　現在の「国際連合」（United Nations, 1945, 10/24）は，世界大戦Ⅱの反省から，平和と安全の維持，各国間の友好促進，政治・経済・社会・文化・人道上の問題解決の国際協力をめざして設置されたが，その理念と基本ルールは『国連憲章』（The Charter of the United Nations，米・英・ソ連・中国が起草し，サン・フランシスコ会議で採択1945, 6，発効1945, 10/24，全19章，111条）にあるとおり，国際連盟の精神を引継ぎ，それを強化したものであって，群雄割拠の残虐な盗賊行為が依然繰り返される当時の国際情勢を背景とし，各国の理念と共通ルールが個々バラバラな旧来の排他的・閉鎖的な主権国家の連合体，しかも戦勝国アメリカ，イギリス，ソ連，中国，後フランスを中心

7.2 国家から連邦への論理的な必然性　265

とし，内政不干渉と民族自決とを前提に，主権国家を単位とし，基礎として設置された連合体であった。

しかし，現在では「国」は，政治的・経済的・社会的な協力の理念と共通ルールが支配する範囲を意味し，その理念と共通ルールは，従来の排他的・閉鎖的なものではなく，少なくとも国連憲章に示された理念と共通ルールをグローバル化の時代に守るべき共通の上位の約束事として承認し合うという寛容性と柔軟性をもって，他国と政治的・経済的・社会的な協力を推進していくことを了解し，世界に開かれたものとなってきた。その意味で，今日の「国」は，旧来の「国家」と異なる。

その後『世界人権宣言』(国連総会1948，12/10承認)，『国際人権規約』(経済的，社会的，文化的権利に関する規約，市民的，政治的権利に関する規約，1979, 9/21発効)と各国の理念と共通ルールの上に，各国が守り，従うべき世界的に共通の上位の理念とルールが覆い被さり，各国民は二重の法の支配に服することになった。①国レベルの法の支配と国も従うべき義務を負うその上位の②世界レベルの法の支配である。こうして，世界中の人びとが②世界レベルの法の支配に服するようになって次第に人びとの意識は世界中で共通のものになり，情報化社会の進展と経済的・社会的なグローバル化の流れがこれを加速させ，さらに環境問題や国際テロ問題，核拡散問題や国際マフィア組織など，一国では解決不能な諸問題がそれに輪をかけ国民の意識のグローバル化を促してきた。これに対し政府の対応は鈍く，世界の民の意識のほうが先行する観を呈している。政府が世界の変化と世界レベルの法の支配に関心を示さないで孤立し，次第に国民の意識から離れ，置いてきぼりをくらうなら，もう，国など不要の長物とされ，消滅を余儀なくされよう。

こうして，外部環境の急激な歴史的変化に伴って，以前は遅々として進まなかった国家エゴイズムからの脱却も進み，国々が対立し競い合う時代から，信頼し協力する時代へのシフトも単なる夢物語ではなくなった。その嚆矢は「欧州連合」(European Union)に見だしえよう。この流れは世界中に波及し，南北アメリカ，アフリカ，アジア等でも後を追うに違いない。社会の情報化，市場のグローバル化によって，国は次第に国民の安全と生活を守れなくなった。国の年金だって医療保険だって危ういと思う国民が増えたことは，先を

見通してのことだし,大抵の先進国がそうであるように,もう国は信用できないと国民が薄々感じ始めたからである。

しかし政府は,年金も医療保険も大丈夫……,アジア連邦だって設置には時間がかかるであろうし,いわんや「世界連邦」など夢のまた夢さといって政府離れを食い止めようとするに違いないが,この政府エゴイズムが人びとの夢にブレーキをかけ,夢の実現を遅らせるのみである。こうなれば,すでに政府は,国民の国民による国民のためと称して,じつは政府の政府による政府のためだったと化けの皮を剥がしたことになる。政府がもうすでに国民のためにならないどころか,かえって知的進化をおさえ,個人の成熟と社会の発展を遅らせ,個人の利益にも幸福にも負の寄与しか期待できないような政府ならば,いったい誰のため,何のための政府かを問い直すための絶好のチャンスである。政府エゴイズムが世界連邦への歩みを妨害し,世界の平和を破壊することになってはならない。

7.3　グローバル時代の羅針盤

本節では,世界的に注目されたカント(I. Kant, 1724-1804),ラッセル(B. Russell, 1872-1970),ロールズ(J. Rawls1921-2002, 11/24)などの永久平和・世界連邦・世界政府に関する考えかたの要点をまとめ,それぞれ特徴は何か,

I. Kant『カント全集』理想社,1969

B. Russell『人類に未来はあるか』理想社,1962

そして，現時点における人類の羅針盤として有効か否かについて検討を加えたいと思う。

7.3-1 カントの永久平和論

カントは「自然状態」そのものを不正の状態と解し，不正な敵にたいする国家の権利には限界がなく，公的契約の違反など権利を侵害された国家は，手段を選ばずではないにせよ自らを確保すべく自らの力の及ぶ限り，自らに許された手段を用いることが許されているとする[13]。なお，カントのいう「不正な敵」とは，公然と示された意志が，それに従えば，それが普遍的な規則とされる場合，国際的な平和状態が不可能となって自然状態が永遠化されざるを得ないような「格率」（Maxime）を示す意志をいう[14]。

このように，カントは「戦争／敵対行為への権利」について，法的状態にある場合には，係争は訴訟／調停で片付けることができるが，諸国家が自然状態にある場合には，そうはいかないわけであるから，ある国家が他の国家によって侵害されるような場合には，どうしても，自らの力で自らの権利を守らなければならず，それゆえ，戦争は許された方法であるが，その目的は，公的契約の違反など不正な敵の力を剝奪するためであるから，戦争への傾向に不都合な新しい憲政組織を採用させれば十分であって，不正な敵国を地上から抹殺／消滅させるものであってはならないという。

カントのいう自然状態は「法的状態」に対する「無法状態」（Zustand der Rechtslosigkeit），つまり「ジャングル状態」を意味しており，国家の場合も個人の場合と同じように契約によって無法状態から脱出し，一定の法的状態へ移行すべきであって，それまでは個々人のいかなる権利も，また，国家が戦争によって取得／保持しているいかなる権利も暫定的なものとされる。個々人を一国家たらしめる統一との類比においていえば，諸国家を一つの普

---

[13] Immanuel Kant. Samtliche Werke. Herausgegeben von Karl Vorlander. Band III (Der philosopischen Bibliothek Band 42). *Metaphysik der Sitten*. 1797, Herausgegeben von Karl Vorlander, 1922, pp. 172ff.『カント全集』第11巻，吉澤伝三郎・尾田幸雄訳「人倫の形而上学」理想社，1969，pp.219ff.

[14] 同上，p.228。

遍的な国家に統一して，はじめて国家は決定的に有効となり，真実の「平和状態」が実現される，とカントは考える。しかし彼は，国家の規模が広大すぎても，統治に支障をきたし，各成員の保護も困難に陥り，再び，内紛その他，内部の組織間に亀裂が生じて，戦争状態を惹き起すから，最終目標たる「永久平和」の理念は実現不可能だが，その目標への連続的接近に役立つ諸国家の結合という政治原則は実現不可能ではなく，そうした接近が人と国家の権利と義務に基づいて設定された課題である限りは，実現可能なものである[15)]とし，永久平和をめぐる結論としてこう主張する[16)]。

　私たちの内なる道徳的・実践理性は，その撤回すべからざる拒否権を発動していわく。いかなる戦争もあるべからず。自然状態における我と汝の間の戦争たると，内的には法的状態にあるにせよ，外的には無法状態にある国家間の戦争たるとを問わず，と。というのは，戦争は各人が自らの権利を追求するためにとるべき方法ではないからである。

　それゆえ，永久平和はありうるか否か，もしありうるなら，私たちは自らの理論的判断において自己を欺くことになりはしないかは問題ではなく，永久平和はありえないにせよ，それがありうるかのように行為しなくてはならず，永久平和の樹立と戦争を終結し，永久平和を招くために最も適した憲政組織（おそらく，すべての国家を統合した共和制度）に向かって努力しなくてはならない。こういう意図の成就は敬虔な一願望であれ，それを目指して不断に努力する格率を想定しても，その格率は義務である以上，決して己を欺くことにはならない。逆に，己の内なる道徳法則を欺瞞的とするほうが一切の理性を喪失させ，他の動物と同一視して嫌悪すべき願望を生ぜしめる。

　こうした普遍的・永続的な平和の樹立は，理性の限界内の法論の一部であるばかりか究極目的であることは，平和状態においてのみ各人の権利義務が法の支配の下に置かれ，自他共に憲政組織においてのみ権利と義務が保障さ

---

15) Immanuel Kant. Samtliche Werke. Herausgegeben von Karl Vorlander. Band III (Der philosopischen Bibliothek Band 42). *Metaphysik der Sitten*. 1797, Herausgegeben von Karl Vorlander, 1922, pp. 172ff.『カント全集』第11巻, 吉澤伝三郎・尾田幸雄訳「人倫の形而上学」理想者, 1969, P.229。
16) 同上, pp.234-235。

れる状態にあることから明らかとされる。

では，いかにして至高の憲政組織を選ぶかだが，それは過去の経験からではなく，理性からア・プリオリにであり，個々人の法的結合の理想から導かれる。こうして選び出される「諸法則が支配する憲政組織」こそは最も崇高な理念であって，もし，革命的／飛躍的な暴力的転覆によってではなく，確固たる原則に基づく漸進的な改革によって企てられ遂行されるなら，連続的接近というかたちで，最高の政治的善たる「永久平和」へと導きうるのである，とカントは述べている。

以上がカントの義務論的な「永久平和論」の主な要点である。その時代の背景も今とは大きく異なっており，必ずしも現状に適合しないかもしれないが，大切なのは永久平和が可能か否かではない。永久平和のための至高の憲政組織の理念という人類に共通なる努力目標を掲げたことそれ自体に意義があると考えるべきであろう。

7.3-2　ラッセルの「世界連邦」と「世界政府」

B. ラッセルは，マーローエの「初めに戦争を発明せる者に呪いあれ」を表紙に引用した。そして言う。「戦争は人間性の一部である。人間性は変えられぬ。仮に戦争が人間の終焉を意味するにせよ，我われは嘆息しつつもそれを甘受しなければならない」とする人がいても，偽善的な輩の嘆息である。暴力に魅力を覚える輩や民族がいるにせよ，そうした輩や民族を抑えうる何かが人間性の内にないということにはならない。殺人に興味をもつ人は刑法によって抑えられるし，我われの大多数は，人殺しが許されないからといって人生が耐え難いものとは思われない。戦争屋たちは認めたがらないかも知れないが，同じことは民族についてもいえる[17]，と。

B. ラッセルはA. N. ホワイトヘッドとの共著『数学原理』(*Principia Mathematica*, vol. 3, 1910-1913)で数学の論理学への還元に成功し，*Our Knowledge of the External World*, 1914など独自の論理学・科学哲学の

---

[17] Bertrand Russell, *Has Man a Future?* George Allen & Unwin, Ltd. London, 1959, B. ラッセル『人類に未来はあるか』日高一輝訳－初めに戦争を発明せる者に呪いあれ－マーローエ，理想者，1962, p.64。

思索を続けたが，晩年には社会哲学へと関心を広げ，とりわけ「世界大戦Ⅱ」後は，大量殺戮兵器（原爆，水爆，中性子爆弾……）の登場による人類の危機を訴え，世界の科学者と政府の責任者の自覚を促す活動を展開した。彼は核戦争の防止策や世界政府への途にも論及，核拡散，核実験，核戦争に反対し，ベトナム反戦活動にも参加した（後にノーベル文学賞を受賞1950）。

ラッセルはいう。死者についてエジプトの古書にあるように，人類最後の人間が地獄の閻魔の前に跪き，人類の滅亡を真に遺憾と陳述する際……，彼は「人生は幸福であった」と言って欲しいが，今日まで，農業の発明と社会的な不平等と組織化された戦争が始まって以来，人類の大多数は難渋と過度の労苦と時には悲惨な生活を営んできた。もし私が人類の存続をオリシスに嘆願するなら，こう言うだろう。

「おお，公正で容赦なき法官よ，わが人類が起訴されているのは，全くもって当然の報いであり，今こそ最も相応しいのであります。しかし，我われ全部に罪があるのではありません。それに環境が発達させてきたものよりも，もっと良い潜在的能力を内に備えていないものは殆どいません。我われはほんの最近，古代の無知と長年の生存競争という泥沼から抜け出したばかりなのです。我われが知っている事柄の殆どは，近々12代の間に発見したものです。自然を克服したい新たな力に酔って多くの者がその力を他人に振るよう誤り導かれています。これは我われが半ば抜け出した泥沼へと再び引きずり込むよう誘惑する狐火であります。……聖者や預言者たちは闘争がいかに馬鹿げた行為かを説教してきました。もし我われが彼らに耳を傾けるなら，新しい幸福に浴するでありましょう。……偉人が我われに示してきたのは，ただ何を避けるべきかだけではなく，人間の力の内には輝く美と素晴らしい光景の世界を創造する力があることを教えています。……こうした人間の力の内に横たわっているものは，時を与えられ将来に完成されるものでありましょう。……主オシリスよ！どうぞ我われに執行猶予を賜りますよう，そして，昔の愚かさから抜け出て光明と愛と愛しさの世界に入っていくチャンスをお与え下さいますように」[18]と。

ラッセルによれば，このような可能性こそが，我われの知る限り，とにかく「人類が保存するだけの価値のあるもの」なのである。

---

[18] 同上，pp.17-19。オシリスはエジプト神話の死者を裁く地獄の神をいう。

7.3 グローバル時代の羅針盤　271

　人間はE＝mc²の謎を解き，核エネルギーを発見し，ついに，究極の「大量殺戮兵器」を手にした。原子爆弾である。世界大戦IIの末期に，アメリカはウラン235型原爆を広島市に投下し(1945，8/6即死140,000人，計200,000人)[19]，また，プルトニウム239型原爆を長崎市に投下した(1945，8/9即死70,000人，計140,000人)。さらに，原爆よりも2,500倍も強力な水爆をビキニ環礁で爆発させた(1954，3/1)。

　「ペンタゴン報告」(1958)は，NATOとワルソーとの核戦争による死者数をアメリカ人160,000,000人，ロシア人200,000,000人，イギリス人全員，他の西欧人も全滅すると見積もった。しかし，この報告は，世界に大きな衝撃を与えたが，現実には，軍拡競争の熱を冷ますどころか，逆効果に終わった。なぜか，その愚鈍さに怒ったラッセルは，科学者の組織 "The Pugwash Movement" と密接に関係し次のような「ラッセル・アインシュタイン宣言」(1955，7/9，ア氏は死の2日前に署名)を米・英・ソ・仏・中・加の各政府首脳に送付し，これに続いて爾後，①核軍縮の緊急性，②核実験の禁止，③即時報復防止，④核拡散の禁止を世界に訴えてきた。

　　「人類が直面している悲惨な現状において，われわれは大量破壊兵器の発達の結果として起こった危険を見積もり，茲に添付した草案の精神に基づく決議を論議するために科学者たちが集まって会議をもつべきと考える。この際，われわれが語るのは，……人間として，人類の一員としてである。……われわれはみな同等に危険に冒されている。もし，その危険が理解されるなら，全員が挙ってそれを変えていく希望がある。
　　われわれは，新しい考え方で物ごとを考えるよう学ばなければならない。……

---

19)　戦後，現場を訪れた。広島は消え，原爆ドーム付近で，私は地獄の閻魔さえ目を背け身の毛もよだつ断末魔の足掻きのような恐ろしくて怖い光景を目にした。ボロボロの衣服に身を包み男／女も分からない鼻や耳の解けた人，目が潰れうじ虫がわいている人，片手のない人……，もう生きる力も望みを失ってみな無表情で心は虚ろ，まるで夢遊病のように荒れた廃墟の瓦礫を眺め彷徨い，怒りも憎しみもすべてをなくし，ただ，あの世を待つ人びとの哀れな最後の姿が目に焼きついて離れない。彼らはみな，数日後，数ヵ月後に，ばたばたと死んでいったに違いない。彼らは何を思い残して逝ったのだろう。人類の終末の光景か。9歳の魂，何歳までか，心の傷は今なお癒えない。私は広島・長崎への原爆投下というアメリカのかくも許し難い人道に反する犯罪を憎み，同時に，国民を騙して侵略戦争に狂奔し，民を戦場に送り，民を見捨て，民を裏切ってでも生き残ろうとした日本政府の断じて許せない蛮行と平和と人道に対する犯罪を憎む。罪なき良民を殺す権利は国にも誰にもない。

我われが自らに問うべき問題はこうである。その結果が全人類に惨害をもたらすに違いない軍事的な争いを予防するためには，いかなる手段を取り得るかである。……最高権威者たちは，水爆戦争が人類を終焉させそうである点で全員一致している。……即死はほんの少数であれ，大多数は病気と分解作用で徐々に拷問にかけられる。……我われは最も多く知っている者は，最も悲観的になっていることを知っている。そこで今諸君に，こわばった恐ろしい，避けられない問題を提起する。――我われは人類を終わりにするか？ 人類は戦争を放棄するか？

我われの前には，もし，それを選べば継続的に進歩しつつある幸福と知識と知恵とがある。しかし喧嘩を忘れ得ないからと，その代わりに，我われは死を選ぶであろうか。我われは，人間として人間に訴える－諸君の人間性を記憶し，他のことを忘れよ。もし，それが可能なら，道は新しい楽園に開かれている。だがもしそれが不可能なら，諸君の前には人類絶滅（全人類の死）の危険が待ち受けている。」

また，彼は「世界政府国会協会」（1955, 8, ロンドン）に次の決議案の動議を提出した。

「将来，世界戦争があるとすれば，必ずや核兵器が使用される危険があり，また，その兵器が計り知れない災難と破壊を惹き起す脅威があるので，我われは世界の各政府に対し，その目的の遂行に世界戦争によることはできないことを悟り，かつそれを公に承認するよう勧告する。その結果として我われは，最近の科学の発展が人類全体に対して，どういう意味を含んでいるかを即時調査するよう，そして，国際紛争のあらゆる問題を平和的に解決する方法を促進するよう勧告する。」

ラッセルは後に「The Pugwash Movement」の精神を支配する次のような「決議文」を信書に同封し各国首脳に送付した（署名者 Max Born, R. W. Bridgeman, Albergt Einstein, L. Infeld, J. F. Joliot-Curie, H. F. Muller, Linus Paulinng, C. F. Powell, J. Rotblat, Hideki Yugawa, Bertrannd Russell 全員ノーベル賞級研究者，計11名）。

「拝啓　私は核戦争に関する最も優れた若干の科学的権威者によって署名された声明書をここに同封します。同書は核戦争が含意する徹底的な取り返しのつかない惨害に鑑みて，戦争以外の何らかの方途で国際紛争を解決しうる途を発見する必要がある点を指摘しています。貴台が本声明で論じている問題，しかも人類が今まで直面した最も重大な問題についてご意見を公式に表明され

るよう熱望します。敬具」
　「決議－我われは，次の決議に賛同されるよう本会議を通じて世界の科学者と公衆に請い願う－
　『将来のいかなる世界戦争においても，たしかに，核兵器が用いられようという事実，そして，そうした兵器が人類の継続的な生存を脅威に陥れるという事実に鑑み，我われは世界の各国政府がその目的を世界戦争によって促進することはできないことを悟り，かつ公式に承認するよう勧告する。そして，それ故に彼らの間のあらゆる紛争問題解決のための平和的手段を発見されるよう勧告する。』」

ラッセルは第3回「The Pugwash Movement」で満場一致の採択をみた「ウイーン宣言」(1958, 9/20) を引用して言う。その概要は次のとおり。

　「我われは核兵器の発達が自らの文明と己自身を滅ぼす可能性が明白になったとき，キッツビュールとウイーンで会合をもった。……全面核戦争が未だかって経験しない大規模な全世界の破滅を意味するだろうという考えに全員が一致した。我われの考えでは，核攻撃に対する防衛は極めて困難である。何の根拠もなく防衛手段があると信じ込むことは，戦争勃発に寄与することにさえなり得る。……戦時の核兵器使用を制限する唯一の途は，平和時にすでに締結済みの核兵器使用禁止の協定であろう。……軍備競争は国家間の不信の結果である。……戦争を取り除く条件を確立することが人類の主要かつ直接の問題である。我われは科学者として，各民族の信頼と協力を確立すべく貢献することが極めて重要だと信ずる。……我われはどの科学者も，人類と自国のために思想と時間と精力を国際協力の促進のために捧げる責任を認めるよう希望する。……科学者は，国の安全保障に貢献した者として賞賛されているか，大量破壊の兵器を発明し人類を危険に陥れたとして呪われているか，どちらかである。我われはこういう事態に陥った実情を遺憾に思う。平和の維持と安定を万人と政府に訴える。」

もし一発で人類を絶滅させる最終兵器が開発され，ある国が自尊心上または利害関係上，怒り狂って自暴自棄に陥るとせよ。結果が人類の破滅を意味していようとも，残念ながら絶対にこれを使用しないという保証が果たしてどの国にあるといえるだろう。ラッセルは「ヒットラーが最後の日に，降伏の不名誉よりは人類の終焉のほうを選んだだろうことは疑いない」[20]と述べ

20）　ラッセル前掲書，p.52。

ているが,世界大戦IIの末期にみせた軍国日本の狂気のカミカゼも一億玉砕のための手榴弾の配布もこれを裏づける有力な証拠とされようとも,決して,それを否定する根拠にはならない。

ロシアとアメリカが水爆を抱いて地球の周りを人工衛星で飛びかい極悪の大虐殺をなしうる世界を想像してみよ。そういう状態は,はたして住みよいか? 人間の神経が耐えられるだろうか? 全世界に不安が拡がり,最後に人びとは,日に日に,時々刻々と迫る恐怖の生活よりも,むしろ出し抜けの惨事のほうがましだと思うようになろう。……この世界には従来,あらゆる危機に臨み,よりよく分別を保った死を選ぶという積極的・支配的な意志がある。もし,我われが生き残ろうとすれば,このような状態を続けていてはならない[21]。

ラッセルは,核によって危険を減らそうとする一切の手段がかえって危険を増やすのだ(核のディレンマ)という。どの国も他国の核兵器に恐れ慄いている。恐怖はますます恐怖の危険を増す不合理な反動をもたらす。互いに敵意をなくせば,科学技術を人びとの福祉や愚かさが招いた恐怖という負担のない生活に捧げられよう。悪魔が宿っているのは,人間の心である。人間が造った巨大な恐怖の道具は,我われ自身の邪悪な感情を形にしたものである。問題は,人間の心にある。治療すべきは心の啓蒙にある。

戦争を人間性の一部とみなす人もいるが,「人間性」はおもに習慣と伝統と教育の結果であり,文明人ほど原始的な本能が占める割合は少ない。戦争は人の心に悪魔を宿し決闘を崇めていた時代の遺物である。心に取り憑かれた闘争の悪魔を払いのけ,決闘を馬鹿げたものと思う人間が生き残ったように,心の悪魔を追い出して,戦争は途方もなく馬鹿げたものと思うような文明が生き残るであろう。こうしてラッセルは,人類の長期生存の条件として世界連邦・世界政府[22]をあげている。

アメリカ国防大臣マクミランは1955,3,下院にて,純然たる軍縮と管理は,実際の権力を付与された有効な国際的/超国家的権威に委ねるべきとし,

---

21) ラッセル前掲書,p.52を参照。
22) 同上,pp.101f。

「議員諸君は国連を……何か世界政府のようなものに高めつつあるとされましょう。それは何も悪いことではなく、むしろ望ましい傾向で、結局、人類に残された唯一の出口であります」[23]と述べたが、ラッセルはより具体的に合意に基づく世界連邦に言及し、世界憲法の制定、人口比例的な代表による世界立法府、違憲行為に対する下部9連邦への干渉、平和を破壊する暴力的教育制度への干渉、世界立法府に対して責任を負う執行機関（司法・行政府）の設置と武装兵力の維持と違憲行為に刑罰を科す権限の保持について論じ、国際的権威が好戦的感情に向かう動機を減らすべく、各地の生活水準を経済的に平等にする努力が必要なこと、富裕国と貧困国があると、嫉妬や経済的圧迫を生みだす。経済的な平等に向けた努力こそが安全と恒久平和の追求の一部であることを説いている。

ラッセルによれば、①国家主義の感情から反対意見はあろうが、「世界政府」は長期的な戦争予防には絶対に必要な要件である[24]。国家の自由という感情は近々150年間に高まってきたが、人を殺す自由の規制は、個人も国も同じであろう。世界政府を創設する際には、この感情を計算に入れ、可能な限り満足させるべきだが、個人と国とを問わず、規制は自由のためである。自由の規制は、ただ、自由を最大化させるためである。大国が他国民を殺す自由は、正義のため国家を守るために死ぬ英雄的な特権として変装され、愛国者は祖国のために死ぬことを誇りとし、人殺しをするとは言わない。なぜか？

②世界政府は現状を固定し合意形成に基づき理念と共通ルールを求めることは困難だという意見もあろうが、経済的・社会的協力のグローバル化・情報化が進めば、世界における各国の協力の仕組みも変化し、各国ともに対話と合意の重要性が自覚される。ゆえに、現在以上に寛容さが求められ、歩み寄る傾向を呈し、問題はない。

③世界政府は軍事的な専制政治として新しい危険を生みだしはしないかとの危惧を抱く人もいようが、アメリカでもイギリスでもソ連でもそうだが、先進国では、文官による軍部統制がうまく保たれてきた。軍部を世界政府の

---

23) 同上。
24) 同上、pp.108f。

指揮の下に置くことが国の政府の指揮下に置くよりもなぜ難しいというのか。その理由は何ひとつない。世界政府への忠誠を教え諭し，武装兵力は国籍混合とすべきであろう。

④世界政府にはもう一つ心理的障害の問題がある。社会的結合は本能的な共通の危険や共通の敵によって促進され，秕政者がよくこれを悪用する。これは教育の問題だが，世界政府への忠誠が欠けると，再び，核戦争が起こり，敵味方なく絶滅する危険があることを人びとに理解させることである。

ラッセルは世界政府に対する懸念材料をこう払拭し，産業革命以来の技術革新が国々のサイズを拡げる理由となっている点を指摘する。地球のサイズは限られており，そうした技術の発達によって必ずや全世界の統一政府は構築される。過去の国々のサイズは，二つの相対立する力の均衡によって調整されてきた。一方は，政府側の権力愛，他方は，国民の側の独立愛である。発達のいかなる段階でも均衡状態を保つ均衡点があるが，これは主に技術によっている。機動性のスピード・アップと兵器のコスト・アップとによって，容易に政府の単位は拡大され，経済的・社会的協力のサイズも広がるのである。いまやラッセルさえ予想を超えたスピードで世界政府構築の期は熟してきたといえよう。

すでに，情報も資金も光速で地球を飛び交い，また，人間も物資も音速で地球を回っている。経済的・社会的協力は国境を越え，サイズは今やグローバルとなった。アメリカのサブプライム・ローン問題がただアメリカ国内に止まらず世界中の同時株価暴落を招いているように，地球上のいかなる国内問題も同時に世界共通の問題になってきた。こうしてラッセルの「世界政府」のサイズは，①核兵器の莫大な破壊力，②兵器輸送の迅速性，③甚大な犠牲／人類滅亡によって要件を充たした。

科学技術の急速な進歩に伴って，世界政府の構築に向けた外的条件整備は進む一方であるが，残念ながら，核迎撃ミサイルの開発に安堵し，万が一の確率上の生存を信じても何の意味があろうか，核兵器の蓄積と核拡散の脅威は，今なお増大しこそすれ，減少することはなく，依然として，国家の威信，宣伝，力の政治という罠にかかって抜け出せない閉塞した状態にある。これが世界政府への動向を遅らせている一つの原因である。だからといって，国

連には，組織上，大きな欠陥がある。現状では，世界政府の代替的な役割を「国連」に期待することはできない。ゆえに，国連の改組と強化が早急に求められる[25]。

①国連はすべての国に公正に門戸を開いておくべきである。

②国連は，現状の軍備に依存する限り拒否権の排除は困難であり，拒否権を認めている限り世界政府にはなれない。

③東側・西側・中立側から各々4名の委員で構成される「和解委員会」を設立し，中立側が公正な全世界的観点に立てば，賢明な妥協的解決への道が開かれ，究極の世界政府を確立する影響力の大きいモラルの権威をもつだろう。

④軍縮は安定した平和の維持には十分ではないが重要かつ根本的な第一歩である。大量破壊兵器は道徳に反し，一人の人間を殺すことが悪なら，2億人の人間を殺すことは2億倍悪である。現代兵器の特徴は，戦争になれば，確実に敵も味方もなく敗れるということである。瀬戸際政策(brinksmanship)の鼓吹者は，神経戦では相手が先に参ると確信しがちだが，ヒットラーのそうした誤算が自己の滅亡と国の崩壊を招いたように，アメリカにもロシアにも，自分の方が勝つと確信する根拠のない信仰を流布させるような非常に危険な戦争屋たちがいる。戦争志向の政策に寛容な人というのは，悪魔に惑わされた犠牲者たちである。戦って死ぬことを高貴で名誉な行為とみなす誤まった考えを抱くもっと危険な狂信者共もいる。ソ連のフルシチョフが全面かつ完全な軍備撤廃を提案したとき，西側はそれを信じられないトリックだとして退けた。

⑤国連は核拡散に無力である。核兵器は武装平和の戦略の下に統御されている。しかし，恐怖の均衡という戦略は，核攻撃を抑止する方法として失敗である。核保有国が多くなると偶発戦争の確率も高まり，ある国に核弾頭ミサイルが打ち込まれても攻撃者がテロ組織だか国か誰だか分からず，報復はできない。間違った報復は，連鎖反応を起こし全面戦争へと発展する。人間はミスを犯しコンピューターも故障する。太陽の黒点

---

[25] ラッセル前掲書，p131を参照。

の変化で誤作動も起こす。核ボタンを押す可能性は，増大の一途を辿る。人類の運命が核ボタンにかかっている……とは心穏やかならぬ空恐ろしいことである。

以上，国連を改組・改革しても限界にぶつかる。世界連邦・世界政府しか人類の生き残る途はない。我われに今大切なことは，地獄を天国に変えるように国ぐにが互いに憎みあい恐れあうことをやめ，悪が宿った我われの心から悪を引き抜くことである[26]。

相手の存在を認め，相手の価値を尊び，相手の利益に配慮を注ぐ「愛」の心情を美徳とし，逆に相手の存在を拒み，相手の価値を蔑み，相手の利益を奪うという「憎」の心情を今日の悪徳とするが，そのような憎悪も，時間と金と知的能力を破壊兵器に用いる浪費も，相手からの攻撃を怖れる恐怖も，じわじわと迫りくる人類終末の危険も，すべてが人間の愚かさが生みだした産物である。それは運命の女神の仕業ではない。それは人間の心から湧き出る邪悪である。それは野蛮なジャングル時代／古代の残酷さと迷信に深く根ざしている。それは往時の群れの存続に相応しい美徳であったにせよ，今日では，人間の幸福を破壊し，生命まで破壊する悪徳である。

ラッセルは，暗黒の現在(1961，7)，本書『人類に未来はあるか』(Has Man a Future?)が出版され，それが読まれるまで，人類が存続するか否か判らないと前置きしていわく。何事も望むことを戦争によって成就することは可能か。ケネディとフルシチョフは「然り！」と言うが，正気の人は「否！」という。両者とも人類絶滅の時期が到来したことでは意見が一致しても，プライド，自尊心，尊大さ，そしてイデオロギーの偏狭さが彼らの判断力を曇らせ，それに彼ら自身の盲目，圧力団体の盲目，宣伝が惹き起す一般民衆ヒステリーの盲目さが輪をかけている。そこで悲観論者は，なぜ，人類を生存させるか。悩みや憎悪や苦痛や暗黒の恐怖がなくなって嬉しい。長い悪夢の終末だ！　ついに平和が！　静かに眠れる，と悲嘆と残酷さが入り混じる真理の半面を訴える。だが人間には，その半面，想像をこえた偉大さと素晴らしさの可能性がある。もし，その可能性に賭けるのなら，いま，我われのなす

---

26)　同上，p.154。

①戦争を追い払うべく，虐殺準備のための戦費(往時)£300億／年(70兆円／年)を福祉の増進に使えば，この地上から貧困も飢餓も栄養失調も消えて，貧困国の人びとが富裕国の生活水準をエンジョイでき，それを恩着せがましくではなくして富裕国の貧困国に対する公正な義務（世界政府になれば地方交付税）として提供すれば，貧困国の富裕国に対する妬みはなく，犯罪行為に対する未然防止策にもなろう。すると，貧困国の比類なき美しい自然を伐採によって破壊しないでこれを守り，人類共通の貴重な「楽園」として，また，安全なリゾートとして活用することもできよう。

②人殺しを煽る自由や犯罪を唆す自由は，当然，国内法でも禁じられるように，戦争を煽る自由や国家主義を煽動する自由を除いて，将来の世界政府へのプロセスと両立可能な言論出版，信教旅行の自由など，基本的自由は最大限に保障される。自由の規制はただ自由最大化のためであり，自由を制限するためではない。こうなれば，国の都合で自由が制限されている人びと，自由を奪われている犠牲者に救いの手が伸べられ，幸福追求の自由が増大し，夢と希望が湧いてこよう。

③世界政府へのプロセスにおいては，教育の目的も変化する。教育の視点を「人類」に求め，自国やその集団には求めない。グローバルな協力の理念に基づき，自国の利益ではなく共通の利益に関心をもたせる。自国の功績を過大に強調しない。戦争ではなく平和の価値と功績に重点を置く。教育関係当局は盲目の愛国者的な感情を煽ったり，世界政府に武装反乱を鼓吹したりしない。評判のよくない意見でも，戦争の惹き起す危険がない限り寛容に見守るべきだが，戦争愛を煽る「Do as they do do」は禁句に。

　学生にはグローバルな協力（全世界的協力）の可能性を気づかせ，人類全体の利益に関心を広げる習慣の修得を教育の目的とし，「競争」よりも「協力」の方を奨励する。科学技術の進歩に伴い，望ましい協力の範囲が増大し，競争を欲する領分が減少する。しかしながら「競争」が動機としての意義を失うわけではない。問題は「競争」が広範囲に損害を負わ

せる形態，つまり「戦争」という形態をとってはならない，ということである。こうした教育の結果，全般的に，友情の感情が芽生え，従来，大抵の国で「国家教育の一部を構成してきた憎悪の宣伝が減少するであろう。」[27]

④グローバルな経済的・社会的協力は，各国の制度や国民の人間性が追いつけないほどの猛スピードで，目まぐるしく進んできた。しかし，協力のグローバル化も生活環境の情報化も，生存条件の変化を意味している以上，適応は必ずしも不可能ではない。すでに現実の世界は，各国が互いに独立した集合としての世界ではなく，各国が互いに有機的に結びつき，政治的・経済的・社会的協力において互いに影響し合い，助け合うという運命共同体としての世界となってきた。現実の変化に適応した制度に改め，国民に最適状態を提供するのは各国の責任に属し，これは各国に課された自然的義務である。

また，国民の人間性というものは，敗戦後の日本でも立証済みだし，ラッセルも指摘しているように[28]，9/10は教育上の訓練により，残り1/10が発生的・本能的である。人間性のわずか1/10の部分が大部分の残り9/10を支配するとは考えられず，いずれは，発生的・本能的な部分も，生きていくには科学に服すべきことを悟るであろう。

⑤現実のグローバル化と情報化に対応した世界連邦・世界政府へのプロセスの過渡期にある現在，もしこの壮大な歴史的実験が成功を収めたなら，一体，この世界はどう変わるだろうか。学問や芸術はどうなるか。人生はどう変わるのか。まず，私的な経済上の恐怖と公的な戦争の恐怖から解放され，貧苦の地獄に泣く苦痛と悲哀から救われ，過去の地獄は光輝に満ちた美しく荘厳な天国に変わる。こうした人間精神の解放によって過去の残忍な締め付けの世界は雲散霧消し，閉ざされた心は解放され，精神は高揚し，世界に開かれた心に無限の自由がみなぎり，相次ぐ偉業によって夢と希望が鼓舞される。

---

27) ラッセル前掲書，p.176を参照。
28) 同上，p.177。

ラッセルも言うように，まだ，人類は幼児期にある。人類が将来何を成就するか，想像もつかない。わが心の眼に光栄と歓喜が広がる世界，心が躍り胸が膨らむ世界，夢と希望が実現する世界，狭量な考えで高貴な思索を蔑むことのない世界が見える。こうした未来の素晴らしい光景を選ぶか，それとも愚かさによって定められる人類の終焉を選ぶか，このどちらを選ぶかは，現世代の我われにかかっている。

こうした二者択一に抵抗を覚える人もいるであろう。とくに「世界大戦Ⅱ」を知らない若い世代とか，核兵器の恐怖を体験していない現在の若者には，もはや核戦争など過去の問題であり，自分たちには関係がないとされるかも知れないが，決してそうではないことを認識しなければならない。ラッセルの警告も彼の世界政府論も，とっくの昔に過ぎ去った老人のたわごとと一蹴し，また来た道へ引き返そうというのは，面白半分に本能に訴えて不信や憎悪や恐怖と敵対と戦争愛を煽ったり，Do as they do do と言って恥じない恐しくも愚かな厚顔無恥の風潮に危機感を覚えざるを得ない。ラッセルの二者択一は，今なお日々私たちに迫っている永遠の問いである。

7.3-3 ロールズの「万民の法」

ロールズは，カントの『永久平和のために』(1795)を範として『万民の法』[29]を著わしたが，既述のとおり，カントは永久平和を巡る結論において自然状態における我と汝の間の戦争たると，内的には法的状態にあるにせよ，外的には無法状態にある国家間の戦争たるとを問わず，戦争は自らの権利を追求するためにとるべき方法ではないとして，すべての戦争を否定し，永久平和はいかに現実には困難なことであれ，それがありうるものとして行為すべきであって，戦争を終結し永久平和を招くために最も適した憲政組織(各国を統合した共和制)に向かって不断に努力すべき義務がある，と考えた[30]。しか

---

[29] John Rawls, *The Law of Peoples*, Harvard University Press, Mass. 1999. ロールズ著，中山竜一訳『万民の法』岩波書店，2006。S. Shute, S. Hurley, ed. *On Human Rights*, -The Oxford Amnesty Lecture-1993. 中島吉弘・増田まゆみ訳『人権について』みすず書房，1998，pp.51-101部分収録。

[30] Imanuel Kant. Samtliche Werke. Herausgegeben von Karl Vorlander. Band III (Der philosophischen Bibliothek Band 42). *Metaphysik der Sitten*. 1797, Heraus

もカントは、そうした至高の憲政組織は、過去の経験からではなく、人間の理性からア・プリオリに個々人の法的結合の理想から導かれるべきであり、諸法則が支配する憲政組織こそ最も崇高な理念であって、暴力的な転覆によってではなく、確固たる原則に基づく漸進的改革によって企てられ遂行される限り、連続的な接近という形で最高の政治的善たる「永久平和」へと導くことができる、と述べている。

しかるにロールズは、世界政府——この言葉で私が意味しているのは、通常なら各国の中央政府が行使する諸々の法的権限をもつ統一的な政体のことである——は、結局、地球規模の専制体制となってしまうか、あるいはさまざまな地方や民衆が政治的な自由と自治の獲得を目指して頻繁に引き起こす内乱によって引き裂かれた脆弱な帝国支配となってしまうか、いずれかであろうと考え、「世界政府」に対しては否定的な立場を示した。カントは「永久平和へ導く至高の憲政組織」への不断の努力を義務論的に説き、その憲政組織とは「各国を統合した共和制度」[31]をいうと考えたが、これに対してロールズは「万民の法」の判断にしたがい各国間の協力を調整したり、一定の承認された諸義務を果たす任務を負うような多種多様な機関が存在することになるかもしれない」[32]とし、その機関として「理想的な意味で理解された国連」[33]をあげている。

ロールズによれば、この「国連」に類似の機関は、秩序だった万国民衆の社会を代表してそれ以外の国々の正義に反した国内制度や人権侵害の明白な事例に対して非難する権限を有する機関も含まれ、目に余る場合には、経済制裁や軍事介入の権限を行使し、不正を糺すこともあるが、そうした権限の射程は万国の民衆をカバーしており、その国内問題にまで及ぶものという。これで明らかのように、ロールズは世界国家／世界政府を支持されないものとし、カントの「永久平和のための憲政組織」（各国を統合した共和制度）を現

---

gegeben von Karl Vorlander, 1922, pp. 172ff. 『カント全集』第11巻、吉澤伝三郎・尾田幸雄訳「人倫の形而上学」理想社、1969、pp.229-235。
31) ロールズ同上、p.48。
32) 同上。
33) 同上。

7.3 グローバル時代の羅針盤　283

在の国連のような「国際組織」と解釈している。

　こうしたロールズのカント解釈は，もしそれが正しいなら，カントの永久平和のための憲政組織は，従来の国際社会を前提にしており，現在の国連が抱えている諸問題にどう対応すべきかという難問にぶつかる。しかしカントは憲政組織を「各国を統合した共和制度」とみなしている。もし，カントが今も生きていれば，「私のいう各国を統合した共和制度は現在の国連を意味しない」というかもしれない。

　というのは，現在の「国際連合」(United Nations) は，社会的協力の理念と共通ルールとが個々バラバラな諸主権国家を基礎とする連合体に他ならず，今日のように，科学技術が想像を絶する急速な進歩を呈し，すでに従来の一つの独立国のように，世界規模のグローバルな政治的・経済的・社会的協力が有機的・全体的に成立し，しかも，高度な情報化によって協力範囲が世界全体に広がった現在の世界とは，まったく状況が異なっている。

　それゆえ，ロールズは，新たな科学的方法を駆使して，国境を越えて適用可能とされうる普遍的な「公正としての正義二原理」を導き出し，それをグローバルな協力の時代に必要かつ不可欠な人類共通の理念（正義二原理を核とする）と共通ルール（万民の法）の核に据えたのではなかったか。より具体的には，国連は「国連憲章」の前文において「われら連合国の人民は，われらの一生のうちに二度まで言語に絶する悲哀を人類に与えた戦争の惨害から将来の世代を救い，基本的人権と人間の尊厳及び価値と男女及び大小各国の同権とに関する信念を改めて確認し，正義と条約その他の国際法の源泉から生ずる義務の尊重とを維持することができる条件を確立し，一層大きな自由の中で社会的進歩と生活水準の向上とを促進すること……」と明記しているが，ロールズは「正義二原理」が憲章の「正義」の意味を明らかにし，また「万民の法」[34]が万民に尊重されるべき憲章の「義務」の意味を明らかにしようとしたとみれば，納得のいく解釈になるであろう。

　しかし，問題は，ロールズの「正義」と「義務」の概念が合理的な根拠に

---

[34]　Jhon Rawls, *The Law of Peoples*, Harvard University Press, Mass. 1999. ロールズ著，中山竜一訳『万民の法』岩波書店，2006を参照されたい。

基づいて正しいとされ，かつ万民の合意が成立したにせよ，絵に描いた餅にしないためには，それを司る共通の政府と「法の支配」・「正義の支配」とが不可欠の要件ではないか，しかるに，国連は「国連憲章」第二条1項において「加盟国の主権平等の原則」を掲げ，平等とはいえども戦勝国と敗戦国との間に発言権が大きく異なるそれぞれ違った独立国家・主権国家を前提とした諸国家の連合体である，という点にある。

　国連には共通の理念やルールはあっても，共通の政府がないため，国内の事件なら，犯罪は強制力をもつ裁判によって解決されるわけだが，国連ではせいぜい経済制裁・軍事的制裁にとどまり，従来どおり戦争の余地を残し，最終的には，武力による解決しか期待できないという点に大きな問題が残されている。相手が軍事大国の場合，はたして，国連は立ち向かえようか。一大国が国連決議を無視し，拒否権の行使を恐れて単独行動で武力行使の挙にでるとき，はたして，国連はその我がままを抑えられようか。相手が小国であれ，核兵器が容易に入手できる今日，最後に人類を道連れ！の危機を避けうる保証はあるだろうか。

　すでにサロンか仲良しクラブと化した日本私立大学協会とか日本私立大学連盟のように，すでに国連も世界のサロンか仲良しクラブではないか。現在の世界は「国際的ジャングル状態」である。寄らば大樹の影というが，国連は現実の国際的ジャングル状態に君臨する恐竜然の五大国を中心に集う加盟国(192ヶ国，2007，12/19現在)の見かけ上のサロンか，仲良しクラブに他ならない。個人がジャングルから脱出して社会的協力へ移行した理由は，国家の場合にも当てはまるであろう。各国が個々バラバラに国益を求め競い合う現在の国際的ジャングル状態を放置し，国連に救いを求めようとする限り，戦争はいつまでも続く。しかも，兵器の威力は飛躍的に増大し，すぐに世界に拡散する。戦争の可能性を残すことは，最悪の場合に，人類滅亡の可能性を残すことを意味している。

　状況は変わった。すでに実態は政治的にも，経済的にも，また社会的にもグローバルな協力の時代に入った。にもかかわらず，政治的な対応が遅れ，依然として世界の現状はジャングル状態を呈し，個人の場合にそうであったように，すでに法の支配も及ばず，国の手も届かない難問の続出に苦慮し「国

家の限界」を承知しながら，国家間に熾烈な競争・残酷な戦争が続いている。こういう事態になれば，「社会契約論」においてすでに指摘されているとおり，人間の理性と良心は自らに対して，競争から協力へ，戦争から平和への仕組みを考えろということになるであろう。現在の「国連」に固執するのではなく，国連の前提を含めて，グローバルな協力の仕組みを問い直すべきときがきた。

　ロールズは『正義の理論』(J. Rawls, *A Theory of Justice*, Harvard UP. Cambridge, Mass, 1971) において導き出した「正義二原理」を一国の理念の核と共通ルールの前提として置いたのであるが，今度はこれを「国連憲章」に謳う「正義」と「義務」の概念に置き換えることによって，『万民の法』(John Rawls, *The Law of Peoples*, Harvard UP, Cambridge, Mass. 1999. S. Shute, S. Hurley, ed. *On Human Rights*, -The Oxford Amnesty Lecture-1993, John Rawls, *The Law of Peoples* を部分収録) へと敷衍し，前著の手続きとの類比において自由で民主的な諸国人民の正義原理としてまとめた。その若干の原理[35]は，こう定式化される。

1. （各政府によって組織される）人民は自由かつ独立しており，その自由と独立は他の人民から尊重されるべきである。
2. 万民は平等であり，自らの合意を取り決める当事者である。
3. 万民は自衛の権利を保有するが，戦争の権利はもたない。
4. 万民は（他の社会への）内政不干渉の義務を遵守すべきである。
5. 万民は条約および協定を遵守すべきである。
6. 万民は（自衛目的を前提とする）戦争遂行に課された一定の制約を遵守すべきである。
7. 万民は人権を尊重すべきである。などなど。

　問題は，問題の解決に戦争を認めている点である。自衛のための戦いだと称して，他国の独立を脅かすような最悪の事態というのは生じないか，もし

---

[35] John Rawls, *The Law of Peoples*, Harvard UP, Cambridge, Mass. 1999. 中山竜一訳『万民の法』岩波書店，2006，pp.49-50。S. Shute, S. Hurley, ed. *On Human Rights*, -The Oxford Amnesty Lecture-1993, 中島吉弘・増田まゆみ訳『人権について』みすず書房，1998, p.68。

生じた場合に，戦争当事者の何れかが強い不信，憎悪，恐怖に苛まれる余りに自暴自棄に陥って戦争がエスカレートの一途を辿り，結局，全人類を巻き込むような最終的な世界大戦Ⅲとなる惧れはないという保証はあるのだろうか。各国各様のグローバルなジャングル状態においては，そのような保証はどこにもなく，最悪の事態を避ける術は，現在の国連にもない。たとえ条件つきの戦争であれ，戦争を容認せざるを得ないような仕組みに，果たして平和を維持する資格や能力がありうるであろうか。内政不干渉の義務遵守にも実状に合わない時代である。

7.4 グローバルなジャングル状態からグローバルな協力状態へ

ロールズはカントの『永久平和のために』から次の所見，すなわち，「国際法の理念は，それぞれ独立して隣り合う多くの国家が分離していることを前提とする。こうした状態は，それ自体としては，すでに戦争状態であるが(諸国家の連合的合一が敵対行為の勃発を予防するということがない場合は)，しかしそれにもかかわらず，まさにこうした状態のほうが理性の理念による限り，他を制圧して世界規模の君主制を築こうとする一強大国によって，諸国家が溶解してしまうよりも，ましなのである。なぜなら，法は統治範囲が広がるにつれて益々重みを失い，魂のない専制政治は善の萌芽を根絶したあげく，最後には無政府状態に陥るからである」を根拠に「世界政府」に反対しているが，ロールズが反対意見の根拠としたカントの見解は，18世紀の哲学者たち[36]に共通していたとはいえ，今とは，歴史的な背景がまったく異なっており，反論にはなっていない。

ラッセルによれば，①国家主義の感情から反対意見はあろうが，「世界政府」は長期的な戦争予防には絶対に必要な要件である。カントの言うように，国家的自由の感情は近々150年間に高まってきたが，人を殺す自由の規制は，個

---

[36] Patrick Riley, *Kant's Political Philosophy*, Totowa, N. J. Rowman & Littlefield, 1983. ヒューム『市民の国について』小松茂夫訳, 岩波文庫, 1982, F. H. Hinsley, *Power and the Pursuit of Peace*, Cambridge UP. 1966, はカントの他にモンテスキュー, ヴォルテール, ギボンなどにも言及している。

7.4 グローバルなジャングル状態からグローバルな協力状態へ　287

人も国も同じである。なぜ，人を殺す個人の自由は規制し，大量に人を殺す国家の自由は規制しないのか。大国が他国民を殺す自由は，正義と国家を守るために死ぬ英雄的な特権とし，戦争で祖国のために死ぬことを誇って人殺しをするとは言わないのは何故か。

　世界政府は現状を固定するとか，カントなど18世紀哲学者やロールズのように軍事的な専制政治として新しい危険を生みだすという人もいるが，英米ソでもそうだが，先進国は文官による軍部統制がうまく機能してきた。ラッセルも強調しているように，軍部を世界政府の指揮下に置くことの方が国政の指揮下に置くことよりも難しいという理由は，全くないのである。教育において万民に対して世界政府への忠誠を理解させ，人口に比例して政府要員を送り込み，武装兵力は国籍混合とするなど，障害を除去する合理的な仕組みはいろいろと考えられる。世界政府に対するもう一つの心理的な障害は，秕政の輩がよく用いる「敵を外に造り」本能的な共通の敵と危険とを煽って社会的結合を促進しようというものだが，これは教育の問題であり，世界政府への忠誠を欠くなら，核戦争によって人類絶滅の危機が迫ることを万民に理解させる教育が重要である。

　過去の学説は往々にして足を引っぱる。原爆登場後，世界は大きく変わった。産業革命以来，技術革新によって国家のサイズは大きく拡がってきた。もうすでに政治的・経済的・社会的協力は，グローバルな規模に広がり，地球のサイズを越えようとしている。それゆえ，科学技術の発達は，必然的に全世界の統一政府を求めるし，良識ある国々は，世界政府を必要とする時代に入った。18世紀の社会的協力のサイズなら，カントの考えは頷けたかも知れないが，それを大幅に超えてグローバルな協力に広がり，機動性のスピード・アップと兵器のコスト・アップとによって「政府の単位」も拡大されてきたのである。

　すでに，情報も資金も光のスピードで地球を飛び，人間も物資も音のスピードで地球を回っている。政治的・経済的・社会的協力は，国境を越えて世界全体に広がり，それらのサイズは，今やグローバル化した。一国の舵取りが国内に止まらず世界中に影響を及ぼすように，万国万民が互いに有機的につながり，いかなる国内問題も，同時に，世界共通の問題になってきた。こ

うして「世界」を捉える前提は18世紀の知識人の常識を完全に覆すほどに大きく変化した。判断の前提が変われば，当然，その結論も変わる。それゆえ，もし，彼らがいま生きていたら，「世界政府」は地球的規模の専制政府になるとか，内紛によって引き裂かれた脆くはかない帝国になる[37]との判断を下すことはなく，賢明な彼らは，率先して，今こそ人類の生きる途は，万民の合意に基づき「世界政府」を樹立するしかないと大声を張り上げて叫んでいるに違いない。

私たちを取り巻く環境の目まぐるしい変化は科学技術の急激な変化と深い関係をもっているが，とりわけ，世界大戦Ⅱにおける核兵器の登場と以後の拡散，大量殺戮兵器の進歩による殺傷力の格段の増大とその非人道性，大量破壊兵器の世界的な拡散がもたらす人類絶滅の危機の増大が，私たち人間の生存に対する危機意識を極限の状況にまで高めることになり，国連を過渡的機関と位置づけ，いずれ平和の維持とその危機回避策をグローバルな社会的協力の「共通の理念」（公正としての正義を核とする）と「共通ルール」（憲法を公理とする）に基づく「世界政府」または「グローバル政府」の統治に頼るしか人類が安心して生きる途がないことは，力の支配が横行する現在のグローバルなジャングル状態の不安定さからも明らかであると考えざるを得なくなったのである。

また，技術革新による交通手段の急速な発達，輸送の迅速化，リアル・タイムの情報の伝達がグローバルな高度情報化社会を生みだし，これが新たな社会システムを必要として従来の経済的・社会的協力のサイズをグローバルな協力のサイズに急速に拡大させるよう意識改革を迫ったことも，大きな変化である。しかるに，そうしたグローバルなサイズをカバーするだけの共通ルールも，共通の法の支配も，従うべき政府も存在しない。これをジャングル状態という。しかも，そのサイズはグローバルである。ゆえに，現在の世

---

[37] S. Shute, S. Hurley, ed. *On Human Rights*, -The Oxford Amnesty Lecture, 1993, 中島吉弘・増田まゆみ訳『人権について』みすず書房, 1998, p.67を参照されたい。ロールズはカントの「永久平和のために」に強く影響を受けていると考えざるを得ない。ロールズは「国連主義者」であるが，これは彼のリベラリズムからくるのかどうか疑問である。

7.4 グローバルなジャングル状態からグローバルな協力状態へ

界はグローバルなジャングル状態なのである。かりに国連があろうとも，主権国家の集まりに他ならず，万国万民の合意形成に基づく共通の理念と共通ルールに従って世界全体を統括する中央政府／連邦政府がない以上，実効性はなく，仲良しクラブの延長にすぎない。しかるに，専制主義や帝国主義は，グローバルなジャングル状態に現れる。それゆえ，カントやロールズが危惧したような専制主義や帝国主義は，「世界政府」または「グローバル政府」においてではなく，逆に，国連さえも抑えの効かない強大国が出現する危険のある現実のグローバルなジャングル状態において現れる。

　国連は個々バラバラな主権国家の集まりに他ならず，違法者に対しては経済制裁と武力行使しか制裁の途はないが，問題は武力行使の余地にある。複数の政府／複数の主権国家があれば，必ずや利益争奪戦が生ずる。個人と国家とを問わず，すでに与えた論理的証明からも明らかのように，ジャングル状態は戦争状態なのである。グローバルなジャングル状態を共通ルールに基づくグローバルな協力の状態に変化させる仕組みが必要なのである。苦肉の策か否かは別として，合理的な仕組みを「世界政府」または「グローバル政府」に求めざるを得ない時代が到来したことは事実である。

　これに輪をかけ，国内の法の支配と規制を越え，国家の手の届かない世界で経済活動を展開するグローボ・コープの台頭とか，国際テロ犯罪の急増とか，国際麻薬組織の拡大とがグローバルな司法協力や共通ルールの不可欠性を痛感させ，さらに地球環境破壊の歯止め対策にグローバルな協力が不可欠の要件となり，国境をこえ世界全体と協力の規模に達したグローバルな協力のサイズは今日すでに各国の力量をこえ，世界規模の政府でなければ，とてもカバーしきれないサイズとなってしまった。このように，社会的な協力のサイズが一昔前と違ってグローバルな協力のサイズに大きく変化しかつ地球市民の自覚が高まってきたことも「世界政府」または「グローバル政府」に救いを求めざるをえないという状況が到来した一つの大きな理由であるといえよう。

　万国の万民が「世界政府」または「グローバル政府」を受け入れる準備はすでに整っていると解しうる。そこで問題は「世界政府」または「グローバル政府」の仕組みをどうすべきかである。専制主義や帝国主義に陥らない工

夫はいろいろとある。要は，その合理的な仕組みゆえに，決して専制主義や帝国主義には陥らないという要件を充たしておけばよいのである。この要件は歴史が教えてくれるように，倫理や道徳に訴えるのではなく，その合理的なシステムゆえに，決して専制主義や帝国主義には陥りようがない，という保障のあるものでなければならない。それは現在の人類の叡智を結集すれば，必ずや万国万民の合意形成に基づき，きっと解決される問題であるに違いないであろう。

第8章　世界政府の不可欠性
―――戦争のない世界の仕組み―――

> 8.1　ジャングル状態では戦争は避けられない
> 8.2　戦争回避のための仕組み
> 8.3　万国万民のための世界政府の仕組み
> 8.4　万国万民のための公正な社会的協力
> 8.5　万国万民のための公正な社会的協力の理念の定式化

　この最終章においては,「力の均衡」から「理性の均衡」への移行と, 本著の結論である「戦争を必要としない世界の仕組み」について考察を試みる。

　現在の「国際連合」(United Nations)は, 国際社会の現状を前提にそれぞれ独立した国々を加盟国とし, 平和の維持を活動の目的としてはいるが, 国家間の権利係争など国際紛争に際しては, 問題解決のための最後の手段として武力行使＝戦争を容認している[1]。

　勿論, 現在の国連から「武力行使」をなくすと, 国連は崩壊する。しかし, 武力行使を認めると, 永遠に世界から戦争はなくならない。問題は, 現在の世界がジャングル状態にあるという点である。個人の場合も, ジャングル状態にあっては, 最終的には殺し合いの戦いになる。なぜなら, 個人間の権利係争を合理的に解決する裁判所など公的な仕組みがないからである。

　だから, 社会契約論者が説くように, 個々人は合意形成に基づき政府を造り, こうして生きるために戦う状態から, 共通の社会的協力の理念と共通ルールに従って平和に生きるために互いに協力していく仕組みを考案したのである。このことは, ただ, 個人の場合ばかりか, 国家の場合にもあてはまる。生きるために戦わざるを得ない国際的なジャングル状態から, 万国万民の合

---

[1]　『国連憲章』第42条においては, 第41条に定める措置では不十分と判断される場合には, 国際の平和及び安全の維持又は回復に必要な空軍, 海軍, 陸軍の行動をとることができるとある。これは戦争の肯定である。

意形成に基づき，共通のグローバルな協力の理念と共通ルールに従って平和に生きるために互いに協力していく仕組みを発明することである。以下，この問題について考えたい。

8.1 ジャングル状態では戦争は避けられない

現在の国際的ジャングル状態Jにおいて，領土問題をめぐって，A国とB国とが激しく争っている。そして，A国にはA国の法体系があり，また，B国にはB国の法体系があるとする。こうした双方の国内法に基づき，A国は当該領土をA国に属するものとし，またB国も当該領土をB国に属するものと主張して譲らない場合，どちらかが泣き寝入りして領土を諦めるか，武力行使に訴えるか，いずれにせよ，どういう解決策をとるかは「力の均衡」にかかっている。もし，A国がB国より強いなら，A国は力尽くでB国を押さえようとする。しかし，B国は戦勝の確率が1/10であれ，A国への不信と憎悪と恐怖から玉砕を覚悟で決死の戦闘を挑むかもしれない。こうして戦争が勃発する。

国際的ジャングル状態をJ，A国の主張をS，B国の主張を$\neg S$とするとき，Jを前提とする限り，A国の主張をSも，B国の主張$\neg S$も共に正当化される。この場合は，戦争しか解決の途はない。すなわち，

$$\Rightarrow ((J \supset S) \cdot (J \supset \neg S)) \supset (J \supset (S \cdot \neg S))$$

これが個人であれ国であれ，戦争のもとである。なぜなら，Jを前提とする限り，主張Sと主張$\neg S$は矛盾関係（両立不可能な関係）にあるからだ。共通の理念と共通ルールが前提とされない限り，話し合いによって合理的に解決する途は閉ざされてしまう。それでも断固として解決を求めるなら往古蛮族の「力の支配」へと逆戻りせざるをえない。ジャングル状態Jは，その本性ゆえに平和とは相容れない状態である。

8.1 ジャングル状態では戦争は避けられない

証明[2] (LK):

$$
\cfrac{
\cfrac{
\cfrac{J \Rightarrow J \quad S \Rightarrow S}{J \supset S, J \Rightarrow S, J \quad S, J \supset \neg S, J \Rightarrow S}
\quad
\cfrac{
\cfrac{J \Rightarrow J}{J \Rightarrow J} \quad
\cfrac{
\cfrac{J \Rightarrow J \quad \neg S \Rightarrow \neg S}{J, S \Rightarrow \neg S, J \quad \neg S, J, S \Rightarrow \neg S}
}{J \supset \neg S, J, S \Rightarrow \neg S}(\supset\Rightarrow)
}{J \supset \neg S, J \Rightarrow S, J \quad S, J \supset \neg S, J \Rightarrow \neg S}
}{
J \supset S, J \supset \neg S, J \Rightarrow S \quad\quad J \supset S, J \supset \neg S, J \Rightarrow \neg S
}(\supset\Rightarrow)
}{
\cfrac{J \supset S, J \supset \neg S, J \Rightarrow S \cdot \neg S}{J \supset S, J \supset \neg S \Rightarrow (J \supset (S \cdot \neg S))}(\Rightarrow\supset) と (I\Rightarrow)
}
}{
\cfrac{(J \supset S) \cdot (J \supset \neg S) \Rightarrow (J \supset (S \cdot \neg S))}{\Rightarrow ((J \supset S) \cdot (J \supset \neg S)) \supset (J \supset (S \cdot \neg S))}(\Rightarrow\supset)
}(\cdot\Rightarrow)
$$

古くはアリストテレスやストア学派，そして，新しくはホッブズ，ロック，ルソーなど社会契約論者がすでに洞察していたように，戦争の究極の原因はジャングル状態の前提にある。前提 J においは，J の本性上，A 国の主張「S」も，またそれを否定した B 国の主張「¬S」も共に正当化されるわけだから，到底，戦争状態は避けられない。では，どうすべきか。J を否定する。つまり，

$$\Rightarrow ((J \supset S) \cdot (J \supset \neg S)) \supset (\neg J)$$

とし，戦争の原因を除去する。

証明 (LK):

$$
\cfrac{
\cfrac{
\cfrac{
\cfrac{J \Rightarrow J}{J \supset \neg S \Rightarrow \neg J, J}
\quad
\cfrac{
\cfrac{J \Rightarrow J \quad S \Rightarrow S}{S \Rightarrow \neg J, J \quad \neg S, S \Rightarrow \neg J}(\supset\Rightarrow)
}{
\cfrac{J \supset \neg S, S \Rightarrow \neg J}{S, J \supset \neg S \Rightarrow \neg J}(I\Rightarrow)
}
}{J \supset S, J \supset \neg S \Rightarrow \neg J}(\supset\Rightarrow)
}{(J \supset S) \cdot (J \supset \neg S) \Rightarrow \neg J}(\cdot\Rightarrow)
}{\Rightarrow ((J \supset S) \cdot (J \supset \neg S)) \supset (\neg J)}(\Rightarrow\supset)
$$

---

[2] LK の推論規則とその適用法については，藤川吉美著『論理学』早稲田大学出版部

そのために「国連」を造ったという人もいよう。しかし「国際連盟」(創設1920)[3]は、なぜ失敗に終わったか。国際連盟でも紛争処理の手続きや主権侵犯国に対する制裁を定めてはいたが、条約違反国に対する「制裁規定の不備」や「大国の武力政策」に対する抑止能力を欠いていた。リーダーとして他国以上に重大な責任を負うべき提唱国アメリカが加盟しないばかりか、条約違反を責めるべき立場にあった常任理事国の日本とドイツとイタリアが主権侵犯の条約違反で脱退し、ソ連がフィンランド侵攻で除名された。

本来なら幹部国が率先して世界平和の確保と国際協力の促進に努めるべきところ、それとは逆に、幹部国が率先して世界の利権に奔り、自ら争奪戦の悪事を働き、加盟国の熱い期待を裏切った。せっかく世界大戦Ⅰの猛省により創設された国際連盟であったが、その不合理な仕組みゆえに、世界は依然として「ジャングル状態」のままであった。たかだか、仲良しクラブの域を出ない「国際連盟」では、世界平和の確保と国際協力の促進といった目的は達成できず、崩壊すべくして崩壊したのである。世界大戦Ⅱを教訓として創設された現在の「国際連合」にも同じ問題がある。依然として、世界のジャングル状態は続いているし、残虐な人殺しが続いている。

国連には『国連憲章』も『国際法』もあるから、世界大戦Ⅲのような最悪の事態は避けられるという説もあろうが、これは楽観論である。なぜ、アフガンやイラクでいま泥沼の戦争が続いているのか。なぜ、女性や子供や老人など多くの非戦闘員まで殺し続けているのか。報復措置ならジャングル状態

1986, pp.135ff。『記号論理学』大竹出版1986, pp.69ff。同『判断の論理学』慶應義塾大学出版会2003, pp.56ff を参照されたい。

3) 「国際連盟」(League of Nations) は、アメリカ大統領ウイルソンの提唱により、世界大戦Ⅰの反省から1920, 1月ベルサイユ条約に基づき、世界平和の確保と国際協力の促進を目的として創設された史上最初の諸国家の連合体である。スイス・ジュネーブを本部とし、加盟国は創設時42ヶ国, 1934には58カ国。事務局、総会、常任理事会(英・仏・伊・日・後に独・ソを追加)、国際労働機関 (ILO)、国際司法裁判所、各種専門委員会を常設し、紛争処理の手続きや主権侵犯国への制裁を定め、最高機関を総会とし、全会一致の議決を原則とした。

しかし提唱国のアメリカが加盟せず、日・独が1933年脱退、伊が1937年脱退、ソ連を除名、条約違反国に対する制裁規定の不備や大国の武力政策に対する抑止能力を欠き、世界大戦Ⅱの勃発後は機能停止に陥った。「国際連盟」は「国際連合」の発足(1946, 1)に伴って同年4月に解散した。

であり国連の趣旨からして正当化されない。個人なら一人を殺しても重罰だし，100人殺せば確実に死刑であろう。なぜ，戦争では英雄視されるのか。人権を口にしながら，戦争を例外扱いするところに現在の異常さと国連の奇妙さがある。平和のための戦争というのは詭弁である。このままいけば現在の「国連」も「国際連盟」と同じ悲惨な運命を辿るであろう。

8.2 戦争回避のための仕組み

現在の国連があっても，現実のグローバルなジャングル状態を手付かず状態に放置している限り，前の論理式$\Rightarrow ((J\supset S)\cdot(J\supset \neg S))\supset (J\supset (S\cdot \neg S))$から明らかのように，我われは「力の支配」から脱出できず，永久に，殺し合いは止まない。戦争はいつまでも続き，より残虐な大量殺戮になるだろう。どうしても戦争を避けなければならない。いかなる理由があろうとも。しかし戦争を避けるには，論理式$\Rightarrow ((J\supset S)\cdot(J\supset \neg S))\supset (\neg J)$から明らかのように，前提のジャングル状態を否定しなければならない。戦争の原因を除去するしかない。

矛盾する前提の場合，結論は何でも OK である。大蛇がでるか恐竜か，何が出てくるかわからない。これが「戦争の究極の原因」である。この危険な原因を取り除くなら戦争は避けられる。そのためには現在の「国連」の前提を否定しなければならない。連盟は同じ前提ゆえに自滅した。「国連」も同じ前提ゆえに，自滅は時間の問題である。では，どうすべきか。国連の代わりに何があるか。

もう一度，アリストテレスやストア学派，そして，ホッブズ，ロック，ルソーなど社会契約論者の知恵を活かし，戦争の究極の原因はジャングル状態の前提にある，ということを理解しなければならない。そうすれば，自ずと代替案に辿りつくであろう。単一の政府の下で生きるのである。具体的には，合意形成に基づく人類共通の理念と共通ルールの下で万国万民が単一の秩序を形成し，共通の理念を尊び，共通ルールに従って，安全に生きるために協力し，協力して生きていくのである。国は多くの人を殺せば殺すほど重罰を科すが，戦時下では逆に英雄として称える。この不条理を改め，人と国とを

問わず，どういう場合にも，人殺しを禁止する状態を造ろうではないかというのである。

　共通かつ単一の政府がないジャングル状態は，各人各王の状態であり，各人に各政府と各法があるという状態である。したがって，個人が100人いれば，100人の王と100個の政府と100個の法があるに等しい。そして，どの王も，それぞれ一城の主ゆえに，人一倍プライドが高く，妥協の屈辱に耐えられず，協力を恥じ，とことん戦うか，決闘によって決着をつけようとする。妥協を許さない。これが生きるために戦い合うという往古蛮族と同じ現実の世界である。国際連盟や国際連合は平和のための戦争を認めた。平和のための戦争を正当化したのである。しかし平和のためであれ，戦争は人殺しに違いない。戦争は最大の人権蹂躙であり，環境破壊である。戦争を避け永久平を実現するには，国連とは違った発想にしたがい，現実のグローバルなジャングル状態をその合理的な仕組みゆえに，必然的にそうでない状態（契約論者たちの説く平和状態，楽園状態）へと「パラダイム転換」を図らなければならない。世界政府は必須不可欠である。

　世界政府など窮屈で不自由で危険だという説もあろうが，人を殺す自由の規制は個人も国も同じで，また，各国政府も世界政府も同じである。世界政府が規制すべき自由というのは，ただ，自由のため，より多くの自由を保障するためである。しかるに戦争は，最も大切な「生命の自由」を奪い取る。それゆえ，世界政府は万国万民の生命の自由と安全を守るために一切の戦争を禁ずる。なぜ，戦争の自由を規制することが窮屈で不自由で危険なのか。戦争の自由を認めるとき，すべての自由が消滅してしまう。なぜ，戦争の自由を規制しないのか。諸悪の根源を絶つべきなのである。

　逆に，外に敵を造って国民の自由を奪い，国民の自由を締め付け，合理的な根拠もなく，独断で自由の制限を強める専制主義や帝国主義の政府こそ，窮屈で不自由で危険ではないだろうか。このように，専制主義の政府は，ある国家目的のために国民の自由を締め付け，恣意的に自由を制限する。しかし，世界政府は決してそうではない。自由の規制はただ，自由のためにのみ限られる。世界政府の専制化は杞憂に過ぎない。

　次に，世界政府による統治は，先進国と発展途上国とを固定化しないか，

8.2 戦争回避のための仕組み　297

有利／不利が生じないかという意見もあろうが，政府要員の公正な仕組みを導入することによってその懸念は払拭されよう。もし不正があれば，共通の理念と共通ルールに基づき，国内法の場合と同じように裁判によって裁定され，万国万民から付託された権限によって判決は執行に移される。ただし世界政府には，個人の生命の自由を奪い取るような死刑は，容認されていないだろう。先進国と発展途上国とを問わず有利／不利の不公正がなく，人類の叡智を傾けて共に有利な分配が保障されている限り，貧国の富裕国に対する妬みも憎しみも恐怖も不信もなく，相互尊重と相互扶助の義務が高まり，各国が競い合うのではなく，協力し合う状態になろう。

　次に，世界政府の軍部クーデターの危険を指摘する人もいようが，これも歴史的な教訓から合理的な仕組みを学べばよい。英米ソなど先進国は，文官の軍部統制も安定的に確保しており，世界政府への忠誠を理解させかつ武装兵力を公正に編成する限り，世界政府の軍部統制を各国政府のそれよりも困難とする理由はどこにもない。

　次に，世界政府は政治的・経済的・社会的協力の規模が広大過ぎ，理念と法の支配が行き届かないのではないかという懸念もあろうが，理念と共通ルールは万国万民の合意形成に基づくものであり，しかも，技術革新によって経済的・社会的協力がすでにグローバルな規模に拡大された今日，世界政府の眼の届かない地域はない。すでに光速・音速の時代である。むしろグローバル化と高度情報化の著しい今日の方がそうでない古代ローマよりも効率的に全体を掌握できるであろう。

　ラッセルは前述のとおり[4]「国連」の改組と強化を求めたが，しかし，世界政府の前提は現在のグローバル化された世界規模の高度情報化社会である。決して「国連」が前提とした個々バラバラな主権国家を加盟国とする国際的ジャングル状態ではない。それゆえ，この前提まで含めた改組／強化でなければ意味がない。むしろ3度目の正直は，その前提まで覆す決心と勇気をもって新しい構想に基づく世界政府を創設すべきであろう。改組は古いしがらみを棄てきれず，結局，それにより機能不全に陥りがちであるが，大量破壊

---

[4]　ラッセル前掲書 p.131を参照のこと。

兵器の世界的な拡散の危険に鑑みて，核ボタンの誤作動によって取り返しのつかない終末を迎える前に，今回こそは，万国万民の知恵を出し合って，諸般の事情を考慮し，完全な仕組みを導入して置くべきであると考える。

　しかし，各国各王か，各大統領か，各首相かのいる現状において万国万民が公正であると判断するような仕組みを創設することは容易ではない。誰しも，このまま放って置けば偶発戦争か，自暴自棄の核弾頭つきミサイル発射か，それとも，世界規模の富の偏在への怒りと憎しみと嫉妬からくる原爆を抱えた皆殺しに自爆テロか，いずれにせよ人類絶滅の危機が迫っていることは十分に承知している。しかし，国のリーダーとしてのプライドやメンツや尊大さ，そして，立場上の傲慢さや，偏狭なイデオロギーへの固執が正しい判断を曇らせているからである。

　グローバル化・高度情報化への進展が著しい今日，変化に敏感な人びとなら，ごく当たり前のこと／当然の推移として，世界政府が必要となったこと，世界政府の時代が到来したことを感じ取っている。故意にか無意識にか，この流れに一番鈍感なのは，自分の地位や権力や利権に最も敏感な国のトップたちのようである。どの国でもそうだが，世界政府が必要だということは百も承知していながら，消極的な態度をとりがちなのは，国王然たる居心地のよさであるとすれば，そういうトップを頂いた国民こそ国の犠牲者ではないかというしかないであろう。

　さらに，過去の国権濫用や強権発動に泣かされた人びとは，国の政府でさえその強大な権力のリヴァイアサンに脅えていたのに，その架空の怪獣「リヴァイアサン」を約200も集めて新しい「世界政府」を造るとすれば，単純計算でも，200倍も怖いリヴァイアサンの支配の下に置かれることになり，「これはかなわん」と恐れおののく人がいるかもしれないが，この判断は間違っている。国家が戦争を理由に，国民の幸福と人権を奪い取るという自由と権限を制限すること，簡単にいえば，国家が戦争をおっぱじめる自由を失うことのどこが怖いのか，なぜ，戦争の自由が必要なのか。

　すでに戦争で用いる兵器は，広島・長崎以来どの国も使用していないから忘れてしまったか，しかし，いつでも使用できるよう地下に格納され保管され，人類を皆殺しにさえできる威力を備えた大量殺戮・大量破壊兵器なので

ある。日進月歩の兵器開発によって，将来は一発で瞬時に人類を死滅させる兵器をどこかの国が作るだろうし，世界に拡散するだろうし，それはもう時間の問題である。そこで，我われには，忘れてはならない判断の前提がある。我われは毎日，いつどこで爆発するかもしれない原爆・水爆が地下室に隠されている倉庫の上で寝泊りしている，という事実である。これには恐怖心を抱かずして平然としていながら，そういう危機を打開するための「世界政府」の権力に恐怖心を抱くというのは，まったく奇妙としかいいようがなく，自滅へ誘う悪魔の囁きを覚える。これは明らかに非科学的な歪んだ教育に問題があるといえよう。

これも本能に深く根ざす恐怖心の一つだが，国を家族の延長たる国家とみなし，祖国のアイデンティティーはどうなるのか，祖国の威信はどうなるか，祖国の統治権はどうなるのだろうと，心配する人もいるであろうが，これも教育の問題である。国家に固執して人類を全滅させるような我われの無垢の心をむしばむ悪魔こそ，論理的・科学的なリベラル教育によって一掃しないといけない悪魔である。

もう一つ，本能に根ざした恐怖心がある。それは独裁者への恐怖である。ある独裁者が世界政府の権力を握る可能性はないか，ないとすればその理由は何か，あるとすれば，どうすべきか，という懸念と恐怖心である。しかし，歴史は我われに真実を語ってくれる。知的成熟を遂げた先進国に独裁者は現れない。世界政府は世界から選り抜かれた叡智の結晶による「万人の万人による万人のための政府」である。次節で述べる合理的な仕組みゆえに独裁者を選ぶ余地はなく，万一狂気を催しても，チェック＆バランスの機能を組み込んだ公正な政治の仕組みゆえに独裁者が世界を舵取ることなどありえない。

8.3　万国万民のための世界政府の仕組み

世界政府は，現実のグローバルな経済的・社会的協力を共通の政治の支配・法の支配の下に置いて従来の「戦争の自由」を根絶し，万国万民に最大の自由と安全と幸福とを保障するために創設される。そのためには，「世界政府の

仕組み」は公正なものでなくてはならない。というのは，個人の喧嘩と同様に，「戦争」は主に不公正な処遇が生みだす自尊心の侵害，貧困，不信，憎悪，恐怖に由来するからである。したがって，愚かな戦争をなくすには，その元凶たる「不公正な処遇」をなくし，万国万民の自尊心を充足し，その公正な仕組みゆえに，清純な良民の無垢の心に不信感や憎悪の念や恐怖心など悪徳が宿ることのないよう配慮を尽くさなければならない。

8.3-1 公正な仕組みに必要な「不知のヴェール」[5]の仮定

　各人の私的・個人的な価値（善・美・聖，満足，幸福……）の中身は，各様であって，当人にとって何が善いかは，何が有利かと同義である。私人として己が善いと思う選択／有利な決定を下す場合にはそれでよい。しかし，公人としての立場から，公正な選択／公正な決定を求められている場合には，それでは困る。自分にとって何が善いか，何が有利かの判断に必要な具体的な情報が与えられている限り，一部の碩徳や聖人を除いて，無意識または心に宿る悪魔の囁きに屈し，不公正な判断への誘惑に襲われよう。このとき，もし，誘惑に負けると，公正な判断は期待できない。

　そこで，誰が当事者になろうとも決して不公正な結果とならず，万国万民が公正な判断として容認するような「完全合意の均衡解」へと導いていくために「不知のヴェール」の仮定を導入する。

　当事者たちを「不知のヴェール」で覆うとは，当事者たちから自分にとって何が善いか何が有利かという判断を下すために必要な前提となる個人情報をすべて排除し，そうした判断を下せない状況に置くことをいう。不知のヴェールに覆われた当事者たちは，自分の社会財（social goods：貧困か裕福か，経済状況，社会的地位，職務，職業，報酬，給与，国籍，学歴……）や己の自然財（natural goods：才能，性格，個性，適性，性別，肌色，髪色，顔付，身長，体重，

---

[5] 不知のヴェール（veil of ignorance）は，個人の恣意性を避けるために，ロールズが「原初状態」に導入した重要な仮定である。邦訳では「無知のヴェール」が多いが，一般に「無知」は無知蒙昧など，愚かなこと，知識や知恵がないことを意味し，原初状態の当事者には相応しい概念ではないので，私は法廷でよく用いる「不知」という概念こそ最適と考え，単に知らない状態を意味する「不知のヴェール」を用いる。

健康……)を知らない。自分が富裕なアメリカンとか，貧窮なアフリカンとか，弁護士とか，目が青いとか，肌が黒いとか，鷲鼻とか，未婚の女性とか，何も分からない。与えられているのは，一般的な情報だけである。

　これによって，誰一人として社会運や自然運がどうであれ，自分の努力や功罪に無関係な偶然的諸要因によって有利，または，不利にならないような「公正な仕組み」が導入される。自分が世界政府の仕組みを選ぶ当事者の一人である点だけは確かだが，どの国の何者かに関する具体的情報は，不知のヴェールで覆い，すべて捨象されている。

8.3-2　最も安全確実な仕組みへ導く「マキシミン・ルール」

　うまくいく確率はゼロに近いけど，悪魔の囁きに誘惑され，ついつい最善のケースに賭けるという場合があろう。いわゆる賭けの心理だが，お遊び程度ならまだしも，賭け事で身を滅ぼし，一夜にして豪邸ほか全財産を失い一家離散という悲劇もある。ある奴隷の主人が自分は絶対に奴隷にはならないと信じて奴隷制に賛成したが，「不知のヴェール」を払って鏡に映った自分の哀れな奴隷の姿をみつめて溜息をついたとしても，もう遅過ぎる嘆息である。こういう悲劇を回避するには，とりわけ，万国万民の一度きりの人生展望を確定してしまうような世界政府の共通ルールなどの重大な選択や決定に際しては，最も安全確実なケースを選ぶよう導く「マキシミン・ルール」に依拠すべきである。

　というのは，「マキシミン・ルール」(maximin-rule = maximum minimorum-rule) は，最悪の場合にも最大の利得を保証する最も安全確実なケースへと導いてくれるからである。利得 G は，決定 D と状況 C とを変数とする関数 $G=f(D, C)$ ゆえに，単位を億円とし，3種の状況と3種の決定からなる次の「損得表」(gain and loss table) が与えられ，

	C_1	C_2	C_3
D_1	−10	10	20
D_2	−7	8	15
D_3	5	7	10

事前確率計算は成立せず、どの発生確率も不明とするとき、マキシミン・ルールは私たちを D_3 へと導いてくれる。我われはややもすると、「最善の場合（20億円の儲け）に賭けろ」と囁く悪魔の誘惑に負け、D_1 を選ぶかもしれないが、これは危険な賭けである、と。

社会的協力の理念（正義原理を核とする）や共通ルール（憲法を公理とする）など孫末代に亘って各人の人生展望を法の支配の下に置き、各人の幸福追求の自由を人為的に規定するような社会の基本構造や主要制度の選択に際しては、けっして、一か八かの賭けの要素を残していてはならない。そのためには、耳元で囁く詐欺師・山師・賭博師・戦争屋など、悪魔の賭への誘いをすべて排除する装置を導入しておかないといけない。

我われの心に宿る悪魔は、王様になれ、カースト制だ、奴隷を使え、奴隷制だ、奪え、盗め、騙せ、戦え、殺せ……と唆すかもしれないが、「マキシミン・ルール」がこれを禁じるのは、最悪の場合には、王様になるどころか、カーストの底辺で貧苦に悶える自分の哀れな姿に泣き崩れざるを得ないか、奴隷の主人になるどころか、まるで、拷問や責め苦のような激しい重労働に喘ぎ苦しむ哀れな己自身の姿に絶句せざるを得ない誰もが避けたいと願うような悲劇は避けるべきだからである。

しかも、自分がどういう人物か、自分の自然財や社会財はどうかとか、自分の自然運はどうか、何かハンディーがあるか、自分の社会運はどうか、金持ちか貧乏か、また自分の世代運はどうか、嫌な世代か好ましい世代か、などなど、自分に有利な判断を下すための具体的な個人情報は、すべて「不知のヴェール」で覆われているから、少なくとも最悪の事態だけは避けなくてはならない、という心理の働く状態にある。

誰しも奴隷にはなりたくない。たとえ奴隷制を導入すれば、社会的な功利性を増大することになろうとも。自分は例外であることが確実な場合なら、相互性を拒否し己に有利な計らいを耳元で囁く悪魔の仕業によって、奴隷制に賛成するかもしれないが、導入された「マキシミン・ルール」と「不知のヴェール」がそういう悪魔を一掃してくれるから、誰の耳にも悪魔の囁きは聞こえない。万国万民に例外なく、奴隷になる確率は同等にあるから誰一人としてそういう危険な賭けには乗らない。

こうしてグローバルな政治的・経済的・社会的協力の理念と共通ルールを巡って公正な仕組みが万国万民の合意形成に基づいて導入され，それに従って，世界共通の公正な社会システム，公正な制度，公正な法の支配，公正な分業を保障し，万国万民に最大の自由と最大の安全と幸福を保障する「世界政府」が創設されよう。これによって，地上は初めて盗賊の巣窟から解放され，万国万民が公正な世界政府の公正な「法の支配」の下で戦争のない人間らしい生活をエンジョイできる時代が到来するであろう。

8.4　万国万民のための公正な社会的協力

　社会的協力の理念は，その仕組みゆえに本性的に安定的・効率的であることが望ましい。そのためには，社会的協力は「公正」でなければならない。なぜなら，国内国際を問わず，不公正な社会的協力の仕組みが人びとの心に深く潜(ひそ)む不信と憎悪と恐怖の本能を蘇(よみがえ)らせ，社会的協力を不安定と非効率の悪循環へと導いていくからである。

　この内外の悪循環を断つために「力の支配」を強化しようとすれば，現在の世界全体が陥っているように，膨大な戦費が必要になる。そうでなければ社会福祉や教育に回せるであろう予算が監視カメラや警備の強化や警察力の増加や軍隊の増強や自爆テロの防止策や人殺しに費やされる。これは「戦争状態」の再来である。人を見れば，泥棒と思え，人を見れば，敵と思えという状態は，異常ではないか。

　しかし，歴史が語っているように，不信や憎悪や恐怖は，けっして「力の支配」では取り除けない。むしろ逆に，火に油を注ぐに等しい。愚かな「力の支配」の信仰は，愚かにも悪魔の支配を意味し，不信や憎悪や恐怖のエスカレーションによって結局，最後には無辜の良民を「自爆テロ」へと奔らせ，人類を奈落のドン底へと連れ込み，人類の時代に終止符を打ちかねない。悪魔が囁く「力の支配」による社会の安定化・効率化の達成などありえない。これは愚かな幻想に他ならない。

　原因は，政府による「力の支配」が不足しているからではなく，社会的協力の仕組みが不公正だからである。社会的不公正に力の支配を以て処すとは，

愚かにもアクセルを一杯踏み，同時にブレーキを一杯踏むがごとしで，ただ単に，非効率極まりないというよりも，本体のエンジンを焼き切らすという惨禍をもたらす。先決問題は，社会的協力の仕組みを公正ならしめ，社会的協力の過程を公正な法の支配下に置き，その合理的な仕組みゆえに互いに信じ合い，愛し合い，安心して生きていける条件を整えることである。そうすれば，自ずと社会的協力は安定的・効率的となり，力の支配に要する莫大な無駄な経費は，もう要らなくなる。その費用を己の責任でそうなったわけはなく，また選り好んでそうなったわけでもなく，偶然の悪戯でそうなたというべき世界の貧しい地域の貧しい人びとの教育や医療や福祉に回し，さらに万国万民の生活レベルの向上や相互扶助や相互尊重のための費用に回せばよいのである。万国万民の合意形成に基づき，互いに手をつなぎ，世界政府の公正な法の支配の下で協力し合うなら，グローバルなジャングル状態における従来のような心に宿る野生の悪魔，つまり，不信と憎悪と恐怖の本能を払拭し，きっと人間は，他の存在を念じ，他の価値を尊び，他の生活を労わり合う博愛に満ちた明るくて平和で，殺し合いのない自由で豊かな世界を造っていくに違いない。

　古来，性善説も性悪説もあったが，要は，生存条件である。それが公正なら愛の美徳が発揮されるが，それが不公正なら憎の悪徳が発揮される。その意味で，愛の美徳が現れている人か，憎の悪徳が現れている人かは，個々人が置かれた社会の生存条件を変数とする関数であって，生まれながらにして一定ではない。しかし，両学説は人間自体を本性的に善か悪かと問う。ゆえに「性善説」も「性悪説」も間違っている。というのは，両学説は「先決問題要求の誤謬」を侵しており，具体的には，その先決問題たる「生存条件を無視する誤謬」に陥っているからである。

8.5　万国万民のための公正な社会的協力の理念の定式化

　ここで，万国万民のための公正な社会的協力の理念を基礎づける「自由均等の原理」と「格差原理・公正な機会均等の原理」を定式化して置きたい。

第一原理：万国万民は，他者と類似の自由のシステムと両立可能な限りの平等な基本的自由の最も包括的な最大の自由のトータル・システムを享受することのできる平等な権利をもつべきである。

第二原理：万国万民に許される経済的・社会的な格差は，(1)そうした格差が最も貧しい層の利益を最大にし，しかも，(2)その格差は，公正な機会均等を条件に，万国万民に等しく開かれた地位・職務に属すものであるようにアレンジされていなければならない。

優先規則Ⅰ：自由は，ただ，自由のためにのみ規制されるべきである。理由は何であれ，他の目的のために自由を規制してはならない。

優先規則Ⅱ：第二原理は効率原理や功利原理に優先され，公正な機会均等の原理は，格差原理に優先されなければならない。

こうした定式化によって「理念」の公正さが明らかになろう。何国何人にとっても有利／不利の偏りはなく，個人の努力は公正に報いられる。

こうした「理念」をもつ世界政府の法の支配の下でのグローバルな協力によって，現在のような地球上の「経済格差」は縮小する。なぜなら，妬みや戦争の脅威や恐怖から解放された富裕国は，これまで力の政治と力の支配に費やしてきた膨大な費用を大幅に削減することができ，貧困国は富裕国が当然の義務として支払う地域交付税によって，生活水準が向上し，次第に平均化されていくからである。

こうして，我われの人生も，我われの世界も大きく変化する。万国万民は人生における貧困の苦しみと悲哀から救われ，いつ襲われるかもわからない経済的な貧窮の不安と恐怖から開放されよう。また，万国万民は，いつ死を覚悟すべきかもわからない戦争の不安と恐怖からも解放され，過去の国家による残忍な締め付けも殺し合いもなくなろう。そして人間の閉ざされた心は開放されて，人間精神は光輝に満ちて高揚し，世界に開かれた心には自由と美徳が溢り，人間の夢と希望が相次ぐ偉業によって達成される。

自分だけが幸福になることはありえない。誰もが幸福になることによって，はじめて自分も幸福になることができるのである。

著者略歴

藤川 吉美（Yoshimi Fujikawa）
（フジ カワ ヨシ ミ）

- 1936年　愛媛県に生まれる
- 1963年　慶應義塾大学卒業，慶應義塾大学大学院（哲学）修了，文学博士
- 1972年　ハーバード大学哲学科，客員研究員（－1974）
- 1981年　ハーバード大学哲学科，客員研究員（－1982）
- 現　職　東京工業大学助教授，九州共立大学教授，九州女子大学教授・学長，千葉商科大学政策情報学部教授，大学院政策研究科教授，大学院政策情報学研究科教授，大学院会計ファイナンス研究科教授，現在，同客員教授を歴任。
- 著　書　『科学哲学概論』理想社 (1985)
  『論理学』早稲田大学出版部 (1986)
  『記号論理学』大竹出版 (1988)
  『一般抽象化理論』大竹出版 (1989)
  『公正としての正義の研究』成文堂 (1989)
  『合理的な決定とは何か』慶應義塾大学出版会 (1990)
  『自由の女神のつぶやき』行路社 (1992)
  『新時代の価値観』共著，北樹出版 (1992)
  『環境論理の課題』共著，行路社 (1993)
  『私道と公道の物語』朝日新聞社 (1993)
  『哲学的探求の新構想』共著，北樹出版 (1993)
  正義の研究1『規範科学の基礎』成文堂 (1994)
  正義の研究2『ロールズ哲学の全体像』成文堂 (1995)
  正義の研究3『社会思想史』成文堂 (1997)
  『大学がかわる，日本がかわる』総合政策研究所(2002)
  『西洋思想の日本的展開』共著，慶應義塾大学出版会(2002)
  正義の研究4『政策原論』成文堂(2003)
  　その他

正義の研究5
合意形成論

定価（本体3000円＋税）

2008年4月25日　初版第1刷発行　　© 2008 Y. Fujikawa

著　者	藤川　吉美
発行者	阿部　耕一

〒162-0041　東京都新宿区早稲田鶴巻町514
発行所　株式会社　成文堂
電話 03 (3203) 9201 (代)　☆ Fax (3203) 9206
http://www.seibundoh.co.jp

製版・印刷・製本　藤原印刷　　　　検印省略
☆落丁・乱丁本はおとりかえいたします☆
ISBN978-4-7923-6089-4　C3010